驿道三师

广东省“三师”专业志愿者委员会 编

SPM
南方出版传媒
广东经济出版社
·广州·

图书在版编目（CIP）数据

驿道三师 / 广东省“三师”专业志愿者委员会编. — 广州：广东经济出版社，2019.11
ISBN 978-7-5454-6899-1

Ⅰ. ①驿… Ⅱ. ①广… Ⅲ. ①志愿者–社会服务–研究–广东 Ⅳ. ①D669.3

中国版本图书馆 CIP 数据核字（2019）第 228653 号

驿道三师　Yidao San-shi

出 版 人：李鹏
出版发行：广东经济出版社（广州市环市东路水荫路11号11～12楼）
经　　销：全国新华书店
印　　刷：广州市骏迪印务有限公司（广州市黄埔区联达路8号大院2号101）
开　　本：787毫米×1092毫米　1/16
印　　张：19.5
字　　数：390千字
版　　次：2019年11月第1版
印　　次：2019年11月第1次
I S B N：978-7-5454-6899-1
定　　价：88.00元

广东经济出版社官方网站：http://www.gebook.com　微博：http://e.weibo.com/gebook
发行部地址：广州市环市东路水荫路11号11楼
电话：（020）87393830　邮政编码：510075
如发现印装质量问题，影响阅读，请与承印厂联系调换。
广东经济出版社常年法律顾问：胡志海律师

清远连州秦汉古道—南天门古道（广东省自然资源厅供图）

序一

在南粤大地上，有这么一群志同道合的人，他们有理想、有抱负、有奉献精神，他们把自己的专业知识、服务理念和志愿文化深深根植于广大的乡村之中。他们用智慧和工匠精神为村民解决问题，同时创造属于自己的优秀作品。建设美丽乡村是他们贯彻始终的目标。

他们利用各种渠道自愿服务乡村，为科学规划建设乡村、改善农村人居环境、保护和传承历史文化、建设美丽宜居家园奉献自己的一份力量。他们有一个共同的名字——“三师”（规划师、建筑师、工程师）专业志愿者。

谁是最可爱的人？是“三师”专业志愿者。越来越多的“三师”专业志愿者积极主动投身到新农村规划与美丽乡村建设的社会活动中，推动古驿道沿线及周边的活化、保护利用与发展。

他们乐于助人。他们觉得志愿服务不仅仅是一项工作，更是一大乐事。他们在乡间田野中穿梭，在古村古道上奔跑；他们聆听村民的诉求，为村民排忧解难。他们收获无限的快乐、成就和幸福。

他们甘于奉献。他们不惧风吹日晒，用脚步丈量每一个村庄、每一条古驿道，用心感悟乡村深沉的文化内涵。他们不吝于奉献自己微薄的力量，规划、设计、建造，无一不饱含着他们辛勤的汗水。

他们热爱生活。他们激情澎湃，积极向上，热爱每一寸生生不息的土地，热爱每一个朴实祥和的村庄。他们的笑脸如格桑花绽放在蜿蜒的古驿道旁，笑声传遍古村的山水河流。

初心不曾忘，轨迹不曾改，“三师”一直在路上。只愿永远，望得见山、看得见水、记得住乡愁。

邱衍庆
广东省城市规划协会理事长
广东省城乡规划设计研究院院长
2019年7月24日

Preface 1

On the South Guangdong, there are such a group of people with ideals, ambitions and dedication, who share same ideals and follow the same paths. They rooted their professional knowledge, service concept and volunteer culture in the vast countryside. Through their own profession, wisdom and craftsmanship, they solve problems for the villagers and create their own excellent works.

They volunteered to serve the countryside through various channels, contributing to the scientific planning and construction of the countryside, the improvement of rural residential environment, the protection and inheritance of history and culture, and the construction of beautiful and livable homes. They have a common name – the "San-shi" (planners, architects, engineers) professional volunteers.

Who is the most lovely person? They are the "San-shi" professional volunteers. More and more professional volunteers actively participate in the social activities of new rural planning and beautiful rural construction to promote the activation, protection, utilization and development along the historical trails and surrounding areas. Their constant goal is building beautiful countryside.

They are ready to help others. They consider that volunteering is not only a job, but also a great pleasure. They shuttle in the countryside and run on the ancient villages and historical trails; they listen to the villagers' demands and solve their problems. They reap limitless happiness, achievement therefrom.

They are willing to dedication. They measure every village and every historical trail with their feet and feel the deep cultural connotation of the countryside with their hearts, not afraid of the wind and the sun. They are not stingy to devote their meagre strength to planning, designing and building, all including their hard sweat.

They love life. They are passionate, positive, and loving every inch of land with everlasting vitality, loving every simple and peaceful village. Their smiling faces blossom like Galsang flowers along the winding historical trails, and laughter spreads through the mountains and rivers of the ancient villages.

The original aspiration has never been forgotten, the track has never been changed. The "San-shi" have been always on the road. I wish I could see mountains, water and keep nostalgia in mind forever.

Qiu Yanqing
Director of Guangdong City Planning Association
Director of Guangdong Urban&Rural Planning and Design Institute
July 24, 2019

序二

乡愁是一杯酒，乡愁是一段情；乡愁是“三师”专业志愿者下乡的脚步，乡愁更是我们国家对乡村发展模式的重视和对传统乡土价值的尊重。

从2014年9月，广东省在中山市三乡镇启动“规划师、建筑师、工程师专业志愿者下乡服务”活动以来，“三师”专业志愿者的脚步就从未停歇，为科学规划建设乡村、改善乡村人居环境、保护和传承历史文化做出了积极贡献。

乡村建设靠的是政府主导和市场导向，同时也要有具备建设乡村技能的“三师”专业志愿者所提供的多方面的推动，“三师”专业志愿者下乡活动是政府、市场和乡村建设之间搭建的桥梁。

回顾多年来“三师”专业志愿者下乡活动的点点滴滴，记录下这段“三师”专业志愿者下乡活动的历程，很有必要。

记住乡愁、科学建设乡村是一篇大文章，写好这篇大文章既需要理论思维上的创新，又需要实践操作上的创新，多年来“三师”专业志愿者下乡活动的实践无疑在这两个方面写下了浓墨重彩的一页。

倪阳
全国工程勘察设计大师
广东省注册建筑师协会会长
2019年7月24日

Preface 2

Nostalgia is a cup of wine, is a love story; nostalgia is the footstep of the "San-shi" volunteers to go to the countryside, is our country's emphasis on rural development model and respect for traditional local values.

Guangdong Province launched the "Planner, Architect and Engineer Professional Volunteer Service to the Countryside" in Sanxiang, Zhongshan since September 2014, the "San-shi" volunteers have never stopped and have made positive contributions to the scientific planning and construction of the countryside, the improvement of the rural residential environment, the protection and inheritance of historical culture.

Rural construction is government-led and is market-oriented, which at the same time needs the multi-faceted promotion provided by the "San-shi" volunteers with the skills to build the countryside, for the activities of the "San-shi" volunteers to the countryside are the bridges between the government, the market and the construction of the countryside.

It is necessary to record the process of the volunteer activities of the "San-shi" to the countryside through reviewing it over the years and compiling this book.

Keeping nostalgia in mind and building countryside scientifically is a big article. Writing this great article requires innovation not only in theory and thinking, but also in practice and operation, both of which has undoubtedly been written a colorful page by the "San-shi" volunteers through their practice of activities to the countryside for many years.

Ni Yang
National Master of Engineering Survey and Design
President of Guangdong Province Registered Architect Association
July 24, 2019

序三

“悠悠天宇旷，切切故乡情。”如果说乡愁是一首动人的歌曲，那么奏出其中优美旋律的，则是一群为保护和传承历史文化、建设美丽乡村自愿集结的“演奏家”。他们的名字叫“三师”（规划师、建筑师、工程师）专业志愿者。

从2014年9月，广东省在中山市三乡镇启动“规划师、建筑师、工程师专业志愿者下乡服务”活动以来，一批批富有理想、抱负、奉献精神的规划师、建筑师、工程师把握历史机遇，积极投身广大乡村，推动古驿道沿线及周边的活化、保护利用与发展，他们利用各种渠道提供志愿服务，为岭南乡村振兴事业谱写出一曲曲感人至深的美妙乐章。

服务，是他们的行动之本。5年来，一批批“三师”专业志愿者不辞劳苦，将积极投身乡村建设的热情洒向岭南乡村的每一片土地，泥泞乡道上有他们到乡村服务的脚印，败落祖屋里有他们勘察探访的身影。正是有了他们，城乡间才有了打破隔阂的桥梁，祖屋里才迎来焕然一新的春天！

奉献，是他们的行动之源。5年来，“三师”专业志愿者的步伐从未停歇，乡间田野中留下了他们与村民交流的暖心话语，古老村落里也留下了他们用情、用心设计创作的建筑作品。正是有了他们，灰瓦白墙间才多了五彩缤纷的美丽色彩，村旁古道边才有了芳草遍地、山水环绕的迷人风景！

友爱，是他们的行动之魂。5年来，“三师”专业志愿者在乡村辛勤耕耘，收获快乐与成就，他们播撒友爱的种子，向民间工匠学习，广泛吸取民间养分，将其融入建筑设计创作中，也将团结友爱、携手向前的精神薪火相传。正是有了他们，原汁原味、具有岭南特色的建筑历史文化才得以被科学地保护和利用，南粤古驿道、古村落活化利用的南粤文化品牌才得以被重新打响！

进步，是他们的行为之要。5年来，“三师”专业志愿者坚守着工匠精神，以自强不息的拼搏精神和精益求精的品质追求，将每一座普普通通的乡村建筑打造成与人民美好生活紧密相连的空间载体，不断提升农村人居环境品质。正是有了他们，岭南乡村才焕然一新，成为盛满乡愁的岭南特色文化宝库，成为独具创新活力的一片希望田野！

“守初心、担使命”，多年来，“三师”专业志愿者秉承“服务、奉献、友爱、进步”的精神，用心打造出了一批批优秀的乡村建筑设计作品。此书将他们的经历记录成册，弘扬开拓者精神，以激励更多后继者。

唯愿，“三师”精神永远在路上！

陈星
广东省工程勘察设计大师
广东省工程勘察设计行业协会会长
2019年7月25日

Preface 3

"Under the spacious sky, sorrowful homesick becomes heavy." If nostalgia is a moving song, those who play its beautiful melody are a group of "performers" voluntarily assembling to protect and inherit history and culture and build beautiful countryside whose names are the "San-shi" (planners, architects, engineers) professional volunteers.

Guangdong Province launched the "Planner, Architect, Engineer Professional Volunteer Service to the Countryside" campaign in Sanxiang, Zhongshan since September 2014, a group of planners, architects and engineers with ideals, aspirations and dedication have seized the historical opportunities and actively devoted themselves to the vast countryside to promote the activation, protection, utilization and development along the Historical Trail and surrounding areas. They provide voluntary services through various channels, composing a moving and wonderful movement for the cause of rural revitalization in Lingnan countryside.

Service is the foundation of their actions. Over the past five years, a group of the "San-shi" volunteers have spared no effort to sprinkle their enthusiasm for rural construction on every piece of land in Lingnan countryside. On muddy rural roads, there are footprints of their service in the countryside. In the house of the lost ancestors, there are figures of their explorations and visits. It is them who bridges the gap between urban and rural areas, and bring a new spring to the ancestral house.

Dedication is the source of their actions. Over the past five years, the "San-shi" volunteers have never stopped. Their warm words for communicating and architectural works designed and created with their heart and soul have been left in the countryside and to the villagers. It is them who bring much more beautiful colors among the grey tiles and white walls, and charming sceneries around historical trails beside the villages, which are full of fragrant grass and surrounded by mountains and rivers.

Friendship is the soul of their actions. Over the past five years, the "San-shi" volunteers have worked hard in the countryside and harvested happiness and achievements. They sow the seeds of friendship, learn from folk craftsmen, widely absorb folk nutrients and integrate them into architectural design and creation. They also spread the spirit of solidarity, friendship and walking hand-in-hand. It is them that the original architectural history and culture with Lingnan characteristics can be scientifically protected and utilized, and the cultural brand of south Guangdong, which is actively utilized by South China Historical Trail and villages, can also be rehabilitated.

Progress is the key to their actions. Over the past five years, the "San-shi" volunteers have adhered to the spirit of "craftsmen". With the spirit of self-improvement and quality pursuit, they have built every ordinary rural building into a space carrier closely linked to the people's good life and have continuously improved the quality of rural residential environment. It is them that the Lingnan countryside has taken on a new look and become a cultural treasure house full of nostalgia and a field of hope with unique innovative vitality.

“Keep the original aspiration and take on the mission”. Over the years, the "San-shi" volunteers have been adhering to the professional volunteer spirit of "service, dedication, friendship and progress", and have devoted themselves to creating a number of excellent rural architectural design works. Here we record their experiences and carry forward the pioneering spirit in order to inspire more successors.

I wish the spirit of "San-shi" will always be on the road!

Chen Xing
Master of Engineering Survey and Design in Guangdong Province
President of Guangdong Engineering Exploration & Design Association
July 25, 2019

梅岭——南粤雄关（广东省自然资源厅供图）

目录

驿道三师

志愿者眼中的古驿道

阿瑞

中国文化遗产线性保护首位实践者和推动者

Aray

The First Practitioner and Promoter of Linear Protection of Chinese Cultural Heritage

阿瑞，建筑师、工程师、副院长、副市长、副主任、博士、副省长、政协委员、学者、志愿者……过去30年，阿瑞身上的职务和头衔越来越多，不过，在公众面前，他最喜欢的或许还是别人亲切地叫他志愿者阿瑞。他是文化遗产线性保护和活化利用在中国落地开花的首位实践者和推动者，有句走到哪带到哪的口头禅："只要真心为老百姓办件实事，他们就一定会记住你。"正是这份温暖而朴素的荣誉感，贯穿着这位学者型官员的前半生。

Aray, Architect, engineer, deputy dean, deputy mayor, deputy director, doctor, vice-governor, member of the CPPCC, scholar, volunteer... Over the past three decades, Aray has gained more and more jobs and titles. However, in public, he would like to receive the kind call of volunteer Aray. He is the first practitioner and promoter of the linear protection and activation of cultural heritage in China. As the saying goes, "If you really do something practical for the people, they will remember you." It is the warm and simple sense of honor that runs through the first half of the scholarly official's life.

精彩观点

南粤古驿道活化利用工作旨在“以道兴村”，要保持完整性和原真性，不喊空口号，不搞花架子。“有效利用”是活化利用充实完善的关键。要把南粤古驿道打造成开放式的自然历史博物馆和体验式的红色之旅。深化和拓展南粤古驿道网络，使其成为粤港澳三地协调联动的情感纽带。要将香港文物径、澳门世界遗产历史城区和南粤古驿道形成“古道游”的新旅游产品，共同展示三地的包容性和岭南文化特质。

Viewpoint

The aim of activating and utilizing South China Historical Trail is to "revitalize villages with trails". It is essential to maintain integrity and authenticity. Empty slogans and pretentious flourish should not be promoted. "Effective utilization" is the key to the enrichment and perfection of activation and utilization. We should turn South China Historical Trail into an open natural history museum and an experiential red journey. Deepening and expanding the network of South China Historical Trail will make the trail become the emotional hub of coordination and linkage among Guangdong, Hong Kong and Macao. Besides, we should develop some new tourism products of the “Historical Trail Tour”, which combines the Hong Kong Cultural Relics Trail, Macao World Heritage Historic District and South China Historical Trail, to show the inclusiveness of the three places and Lingnan culture.

改革开放40多年来，我国经历了人类历史上规模最大、速度最快的工业化、城镇化进程，在社会经济发展方面取得了一系列举世瞩目的成就。据统计局数据，城镇常住人口从1978年的1.7亿人增加到2017年的8.1亿人，中国GDP占世界经济总量的比重也从1978年的2%左右上升到2017年的15%。直到今天，高速发展的城镇化和工业化，仍然被认为是中国稳增长和保民生的关键引擎和主要动力。2018年，GDP超万亿元的中国城市扩至16个，其总和占全国GDP总量的比例已远超30%。

不过，在2016年第5期的《中国文化遗产》期刊上，有一篇题为《线性遗产空间的再利用——以中国大运河京津冀段和南粤古驿道为例》的文章，却以理性而不乏自信的态度提出："寻找华夏古驿道，讲述中国好故事，为小城镇和乡村发展注入新活力，是在当下城市化与工业化互动提供的主要动力之外，可以借助的另一种动能。"这篇文章的发表，标志着南粤古驿道的保护利用工作在全国率先揭幕。而伴随着广东省"三师"专业志愿者委员会在广州的成立，中国的知识分子和文化精英也正式以一种全新的理念和姿态介入广东的乡村建设和文化保护。

而后，阿瑞在他创办的南粤古驿道网上全文转载了此文，同时将其另一篇长达万言的文章《南粤古驿道文化遗产之旅主题选择的倡议——再论线性遗产保护与活化》印刷成册。在2017年的省政府工作报告中，马兴瑞省长正式提出，广东要"深入挖掘南粤古驿道内涵，强化保护传承和合理利用"。彼时，全省登记在册的"三师"专业志愿者已经达到334名。作为他们当中的一员——志愿者阿瑞，在南粤古驿道活化利用的事业上，也顺利完成了从一个钻研者到游说者、从一个游说者再到推动者的转变。

中国文化遗产线性保护和活化的推动者

理工男阿瑞，或许从小就热爱足球运动的缘故，因此练就了一身随时能

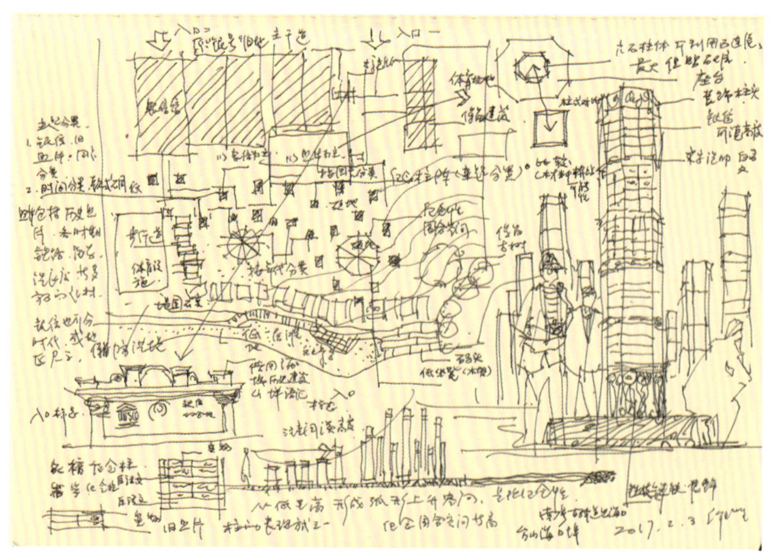

江门台山海口埠规划草图（2017年阿瑞手绘）

江门台山海口埠银信广场（广东省自然资源厅供图）

够上山下乡的好体魄。在华南工学院（现华南理工大学）建筑学读本科和研究生的那7年，他可以轻松翻越一堵2米高的墙到隔壁的华南农业大学饭堂打饭。30年后，他带着一帮知识分子和地方干部走在南粤古驿道周边的村庄和山岭上，可以一口气直奔几公里而不用休息。

10年前，他在中山大学人文地理学专业攻读博士学位的时候，关注的焦点集中在城市。而10年后的今天，他的视野却更多地延伸和发散到了乡村。有人说，若不是选择了从政，阿瑞肯定能成为一位全国乃至国际知名的教授。即使是每天像农民一样在自己管理的责任田上早出晚归，他也依然乐此不疲地摸爬在历史和古籍里，引经据典，著书立说。

他是无党派界别的全国政协委员，还是2010年广州亚运会筹备的直接组织者。因为长期从事与城乡规划设计相关的工作，他有机会周游列国，对不同国家和城市的人文地理与自然景观进行实地考察和比较分析。当他自由穿梭于欧洲大陆的时候，发现那里的城市就像一座座庞大而豪华的艺术博物馆，城区宫殿、广场和公园绿地相互交融，让人在一种古典优雅的人文和自然景观里流连忘返。尤其是那些遍布各大城市、斑斓多彩的历史文化遗产，被宗教、王朝、温泉等一条条不同主题的文化旅游线路串联在一起，形成了一个外延宽广、内涵丰富的徒步游径系统。

随着考察的范围越来越大，阿瑞逐渐意识到，对文化遗产进行线性保护与活化，在欧洲已经是一种运用得非常普遍和成熟的模式。从1987年的第一条文化之旅线路——圣地亚哥朝圣之路（法国段）正式诞生以来，

南雄珠玑古巷（马向明摄）

截至2016年，欧洲文化线路委员会一共认定了33条不同文化主题的线路，包括圣地亚哥·德·孔波斯特拉朝圣之旅、汉萨联盟、欧洲莫扎特之旅、维京之路、橄榄树之旅、工业遗产之旅、罗马皇帝与多瑙河红酒之旅、哈布斯堡之旅、查里五世皇帝之旅、新艺术运动之旅等不同领域的文化体验线路。通过构建跨越不同国家的同一文化主题旅游线路的方式，欧洲文化线路委员会成功地深化了欧洲不同国家间对共同历史的认识，在充分尊重文化多样性的同时最终达到了不同国家和地区的和平共处。同样重要的是，这些文化线路的形成和推广，极大地推进了跨国、跨行政区域的旅游合作项目，成为各国经济发展不容忽视的动力。

作为四大文明古国之一，中国现存的文化遗产并不比欧洲少，何不把这套国际上成功的做法有选择地复制到广东来呢？从欧洲回来后，阿瑞心潮澎湃，马上一头扎进对中国文化遗产保护与活化的探索研究中，在经过长达数年的不懈努力和深入钻研后，他针对南粤古驿道的挖掘保护和活化利用撰写了一系列见识卓绝、匠心独运的文章，尤其在他那篇《南粤古驿道文化遗产之旅主题选择的倡议——再论线性遗产保护与活化》的宏文里，他用开阔的视野和深邃的历史眼光，策划和提出了多条主题文化遗产线路，包括：对维系国家多民族历史版图完整性有重要意义的“南北通融文化遗产线路”、将道教和中医药文化紧密结合的“葛洪与中医药文化遗产线路”、追寻“东方莎士比亚”戏剧人生的“汤显祖岭南行文化遗产线路”、探索岭南农耕文化的“驿道古酒文化遗产线路”、追溯东西文化交融的“西学东渐文化遗产线路”、探寻近代革命者遗迹的“香山古驿道群英故里文化遗产线路”，以及反映海内外华人集体记忆情感空间的“《世界记忆》侨批和银信文化遗产线路”等，并梳理出这些线路背后具有历史文化价值的事件和人物，让国人在深入领略岭南独特的文化景观与历史场景的同时，也重温了广东重要的历史记忆，对广东全面开展对南粤古驿道的保护和活化利用工作，既提供了价值观，又提供了方法论。正是这一系列著作，为广东后来的南粤古驿道保护利用工作和粤港澳大湾区文化遗产游径建设提供了扎实的理论基础和前期准备。

南粤古驿道工作不喊空口号、不搞花架子

不过，要把那些埋没在荒山野岭近百年、早已丧失了实际交通功能的古驿道重新拉回公众的视线，尤其在现代轨道交通和高速公路纵横大地、交织成网的今天，要重新唤醒人们对这些遗忘和荒废已久的公共资源的关注和保护意识，这项工作存在着不容忽视的障碍。

但在阿瑞看来，这种障碍并非无法克服。

从一开始，阿瑞便明确提出，南粤古驿道工作，不能喊空口号，更不能搞花架子。在政府和学者的心目中，南粤古驿道无疑是广东乃至全国人民宝贵的文化遗产，但如果只是由政府投一笔钱把它们破旧或残败的本体重新挖掘和修复起来——哪怕能够做到百分之百的修旧如旧，也未必能够在以后得到完好的保护。因为对当代人来说，它们已经是不可否认的“过去式”。只有在传统和现代的文化语境中建立一条通道，让这些古老的场所和建筑转化为现代人生活的有机组成部分，它们才真正具有了第二次生命，从而吸引当代的年轻人去接近、了解和珍惜、保护它们。因此，过去几年来，无论是在官方，还是在民间的各种不同场合，阿瑞只要有机会，就会不厌其烦地向身边的学者、干部和群众反复强调，对南粤古驿道及其周边的文化遗产来说，“最好的保护应该是活化利用”。

为了让这一理念能够深入人心，阿瑞非常注重和善于借助外脑和不同专业的声音来加速对南粤古驿道的传播。譬如，作家刘恒、艺术家王明明、编剧吴江、考古学家周忠和气象专家宇如聪等国内外名流，在阿瑞的邀请下都曾经对南粤古驿道的保护和利用提出了许多真知灼见。在提议创立南粤古驿道网站后，阿瑞还在“驿道讲堂”频道开设专栏，广邀天下名士，对南粤古驿道的保护和活化建言献策。其中，由他亲笔撰写的有关理论性和工作性文章，便有数十篇之多。在南粤古驿道工作启动之初，他发表的《线性遗产空间的再利用——以中国大运河京津冀段和南粤古驿道为例》《“世界记忆”文献遗产在城市空间的展示——历史文献公共展示方式的创新》《南粤古驿道文化遗产之旅主题选择的倡议——再论线性遗产保护与活化》等系列鸿篇大论，在信息嘈杂、一片浮躁的公共舆论场，既如清音入耳、动人心魄，又似醍醐灌顶，让当时还对这项工作一头雾水的党政干部和学者教授豁然开朗。2018年9月，他编撰的《关于2019年南粤古驿道活化利用工作的设想建议》，洋洋五千言，对未来一年的重点工作娓娓道来，图文并茂、深入浅出，逻辑严密、旁征博引，一位地方官员读后不禁感叹：能够对南粤古驿道的工作做到像阿瑞这样博闻强记、如数家珍的“三师”专业志愿者，相信再也找不出第二个了。

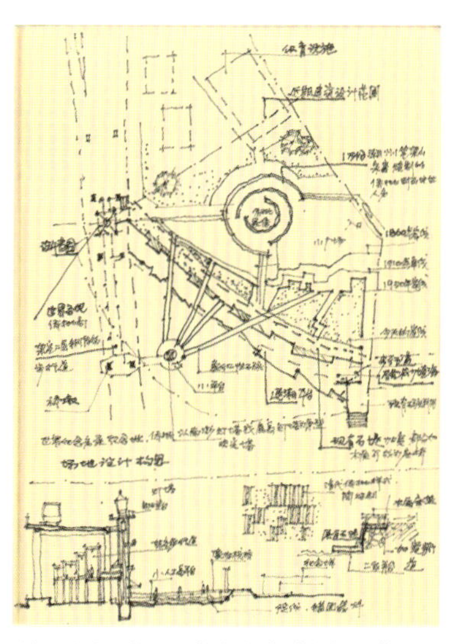

关于汕头西堤公园侨批纪念地的构思草图（阿瑞手绘）

长期在阿瑞手下工作的一些内部人员透露，阿瑞是一个在生活和作息规律方面非常注重健康的知识分子，不管平时的工作多忙，他始终坚持早睡早起，每天凌晨4点多便起床看书、写作。正因为抓住了每天早上几个小时的黄金时间，他才能成为一名“高产作家”，在白天各种会务工作密不透风、大脑高速运转的情况下，还能保证有那么多引经据典、论证扎实的文章。他勤恳务实、治学严谨、笔耕不辍的精神，让许多大学教授汗颜。

发动“三师”下乡打造永不落幕的自然历史博物馆

古语云：“闻道有先后，术业有专攻。”

在2016年南粤古驿道工作开始试点之初，阿瑞便预感到，对历经百年沧桑、本身就非常脆弱敏感的各种文化遗产来说，不管是修复保护，还是活化利用，无疑都是一项非常复杂的系统工程。这类工作，只靠一些地方干部和民间工匠的力量是很不现实的，稍有不慎便可能“用好心办坏事”，对古道和周边的文物造成无可挽回的损失。要想不出现“保护性的破坏”，就必须在每一个环节都有专业人士的参与。

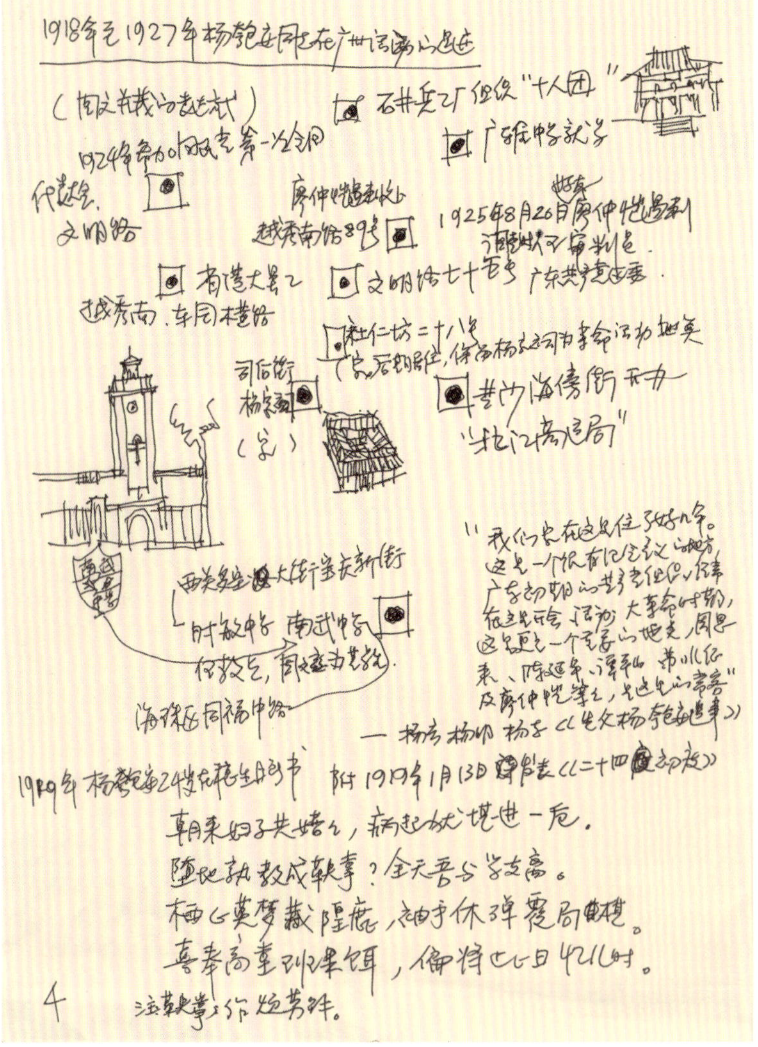

杨家祠活化利用的手稿1（阿瑞作）

事实上，早在2014年9月，在阿瑞的直接倡议下，广东便启动了“三师”专业志愿者下乡服务活动，通过发动规划师、工程师和建筑师等国内外城乡规划设计、建筑设计、工程管理专业技术人员和高等院校相关专业的师生，自愿与村镇结对，从传统村落格局、特色风貌建筑以及环境改善等方面展开针对性的工作，为促进农村科学发展、加强传统村落保护发展、提高全省村镇规划建设管理水平提供技术服务。经过一年多的发展，这支队伍不仅从第一批的34名逐步扩增到了近200名，而且在宣传如何保护有价值的文化遗产、提高村干部和村民对古建筑的保护意识和保护能力、协助申报文物保护工程中央补助专项资金立项、结合村落中长远目标给予具体保护发展建议和指导等方面取得了丰硕的成果。

不过，起初的“三师”下乡，在全省各地也并不总是能够顺利地被当地的村民和干部所理解和接受。对志愿者在服务村庄的过程中遭遇的质疑和难题，阿瑞亲自站出来给年轻人打气，说志愿者并非“救世主”，无法改变很多现实，但是如果不行动，村庄就永远处于落后的状态。他说：“这一年来，志愿者们遇到过怀疑的目光，也有过悲观的情绪，但我相信，即使最后只剩下一个志愿者了，这个服务活动也是胜利的。”

2016年12月9日，为了让这支从“三师”下乡中锻炼出来且不断壮大的专业队伍，能够与接下来的南粤古驿道保护和利用工作实现无缝对接，继续发挥他们在挖掘古驿道沿线历史、人文、自然等特色资源，弘扬岭南优秀传统文化、建设美丽乡村、拉动乡村经济、助力乡村振兴等方面的专业引导和技术支撑作用，在阿瑞的推动下，广东省“三师”专业志愿者委员会在广州正式成立。在成立仪式上，阿瑞再次向在场的志愿者呼吁，一定要将“三师”专业志愿者的活动继续推动下去，三年、五年、十年……持续开展，一直坚守。他语重心长地说，在“三师”下乡活动中，一个人的力量是有限的，一定要与其他相关组织协作。在实践案例中，志愿者们与当地各组织的通力配合，就是一个很好的例子。众人拾柴火焰高，“三师”下乡不应该仅限于“三师”，而应该有国土、环保、水利等更多行业的专业人士一起来参与。

此后3年，这个组织的发展印证了“星星之火，可以燎原”的箴言。驿道“三师”的脚印一步步地印在了全省21个地级市57个县区近400个乡社（含省定贫困村），从“点对点”技术服务到“多对一”技术帮扶、从“专业咨询”到“文化探索”、从“落在乡村”到“走在道上”，通过持续不断的探索，先后开展了“南粤古驿道文化创意大赛”“艺道游学•中国南粤古驿道少儿绘画大赛”及“广东美丽宜居乡村行动——农房改造示范项目”等一系列具有重要品牌影响力的活动。与此同时，在阿瑞“把南粤古驿道打造成永不落幕的自然历史博物馆”的感召下，“三师”专业志愿者的“无形”成果，也为南粤古驿道及沿线古村落、贫困村带来了巨大的客流量，成为各地推动乡村振兴和发展区域经济的新动力。

在别人看来，作为“三师”专业志愿者里边最资深的一位会员，阿瑞这一路走来更多地扮演了一个策划师和鼓吹手的角色。他为南粤古驿道网站撰写的所有著述和文章，均不收取分文稿费；他为各地南粤古驿道活化利用工作而绘制、编写的图纸、文章、规划，也从未索取过任何回报。

多年来，南粤古驿道的活动走到哪，阿瑞的脚步便跟到哪。“不管是最陡峭的山峰，还是最泥泞的乡间，又或是最破败的老屋，都能看到阿瑞的身影。”来自广东省建筑设计研究院的一位志愿者感叹。阿瑞有一幅最为得意的漫画——漫画家笔下的他，戴着一顶草帽，脸上一副乐呵呵的表情。在漫画家看来，走在南粤古驿道上的阿瑞，就像一位常年起早摸黑的农民，或许他最为惬意的事情就是，农闲时分找一处高地，望着满眼的郁郁葱葱和欣欣向荣发个憨呆。　　（文：冯善书）

关于杨家祠——杨匏安故居外围环境景区的营造
文章选择参考，——[illegible]

"杨家祠原来面积很大，西邻执政广东督署衙门，大革命时期为省长专员公署。紧贴公署有一条青石板铺成的杨家祠，道的东西是杨家祠的产业。从西而东为棉花铺、米店、善堂、"兆丰楼"。

杨家祠道约三十米深，南面为祠后街、北面为公署内的兵营。杨家祠道北端向东，进入一道拱门，便是一个约六十平方米的草坪。拱门南侧有一个小屋，是看门人古婆母子住屋。拱门对正是一条丁字形的石板路把草坪分西东北三侧。一座两进深的坐北向南的旧式建筑就是杨家祠主要部分。家祠门前两侧，种有两棵十多米高的梧桐树。家祠前座大门二米宽三米高，门楣上挂有两"泗儒书室"横额。大厅深九米半，连东西厢房横宽十二米，连接天井处有两根青石方柱，直支上盖，与后座两根对称为四方形。后座比前座浮些，后堂正中是杨氏宗亲的神主牌位，后座西墙挂有黑板，还有长台、长凳等设备。

前后座东西均有厢房，厢房有小阁楼，各自有精巧的楼梯上下。家祠草坪的东面，还有一个圆拱门，内有水井、石榴树、厕所等。家祠东侧为厨房、并有小门通祠后街。

一九一七年，我出生在澳门，是杨匏安长子。我还未会走路，父亲便带全家迁回广州。居住在杨家祠。五四运动前后，父亲开始在《中华新报》发表宣传马克思主义的文章。一九二〇年，学习注音字母，推广讲'国语'，是文化与科学的进步内容之一。故在组织中共广东组织的同时，就在杨家祠内挂起了'注音字母训练班'的招牌，杨章甫、杨匏安均有任教。注音字母训练班形成了掩护共产党组织活动的一面招牌。"

杨文《回忆父亲在杨家祠的革命岁月》

1

杨家祠活化利用的手稿2（阿瑞作）

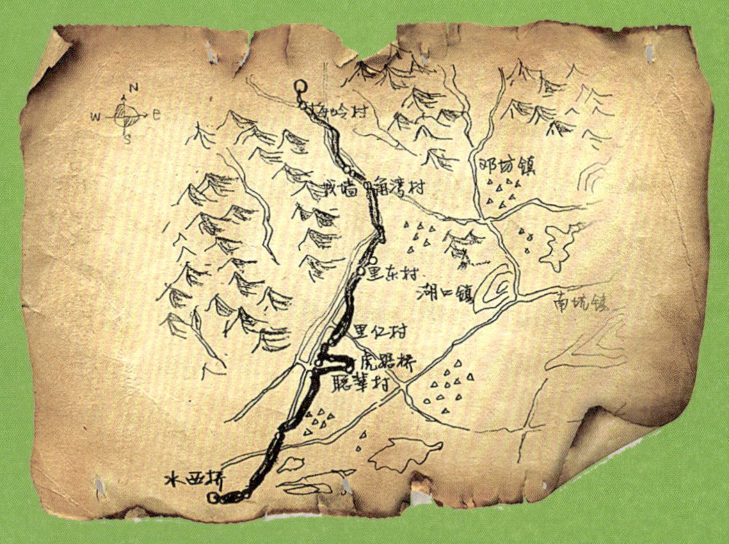

韶关南雄梅关古道、乌迳古道

韶关南雄市拥有广东省内丰富的古驿道资源，梅关古道、乌迳古道如长龙盘旋于山峦之间。苏轼在遇赦北归经过梅关古道时，曾写下了“梅花开尽百花开，过尽行人君不来”的诗句。岭南早春，寒梅盛放，夹道数十里，疏枝坠玉，香雪满山。一株古梅前，一座“夫人庙”诉说着开凿古道时的感人历史：唐代宰相张九龄身负皇命前来开凿驿道，遇一处层峦叠嶂，须用孕妇之血祭祀。身怀六甲的宰相妾侍戚夫人得知后，手执长剑，剖腹献身，继而开山山裂、凿石石开，古道得以顺利修筑。如今，梅关古道的梅花清冷芬芳，宛若戚夫人的高贵品德，香泽四野。乌迳古道上的乌迳镇被称为“中原南迁第一镇”，镇上的新田村拥有横跨唐、宋、元、明、清五朝的古建筑群，村内各式古老庭院台阁数不胜数，青砖瓦房鳞次栉比，昭示着其比珠玑巷更深远、更古老的历史文化。

郭壮狮

漫步旧时光，触发新动能

Guo Zhuangshi

Walking in the Old Times, Triggering New Kinetic Energy

郭壮狮，2018年南粤古驿道保护和修复利用工作第一指导组组长，组织编制《广东省南粤古驿道线路保护与利用总体规划》，推动成立南粤古驿道历史遗存修缮指导委员会。广东省住房和城乡建设厅党组成员、副厅长。

Guo Zhuangshi, the head of the First Guiding Group for the Protection, Rehabilitation and Utilization of South China Historical Trail in 2018, compiling *General Plan for Protection and Utilization of South China Historical Trail*, has promoted the establishment of a steering committee for the renovation of South China Historical Trail historic relics. He is a member of the Party Group and deputy director of the Department of Housing and Urban-rural Development of Guangdong Province.

精彩观点

越是了解古驿道文化，越深感有责任去挖掘它、保护它、利用它。“古驿道+”的保护利用模式，是广东对优秀传统文化创造性转化、创新性发展的探索实践。乡村振兴迫切需要树立乡村文化自信，驿道“三师”是乡村文化自信的播种机、宣传队。

Viewpoint

The more we understand historical trail culture, the more we feel it is our duty to excavate, protect and utilize it. The protection and utilization mode of " historical trail plus" is the exploration and practice of creative transformation and innovative development of excellent traditional culture in Guangdong. In order to revitalize the countryside, it is urgent to build up confidence in countryside culture. The “San-shi” of Historical Trail are self-confident seeders and propaganda teams of rural culture.

毕业于汕头大学法学专业的郭壮狮，是一名跨界的“三师”专业志愿者。他在广东省住房和城乡建设厅工作近10年，负责过城市建设、执法监察、城乡规划等业务工作，作为一名组织管理者和实践者，他最为看重的是一个人的责任心和行动力。正如他说的：“有责任，才会有内生动力去参与；有行动，才会有一步一个脚印的收获。”

在“驿道三师”的眼里，郭壮狮是“特别拼的一个人，很勤奋、很细心，思路开阔，工作要求很高”。进入工作状态的郭壮狮，并不喜欢把自己变成一位纯粹的铁面将军，而更愿意以“融入”和“支撑”的方式带领团队和倡导社会，尤为推崇有温度和有态度的工作表达。过去两年，他的脚步和微笑被深深印刻在南粤大地的每一条古道上。在广袤的乡野田间，不管是风里来雨里去，还是一脚泥一脚水，他始终最享受以一位志愿者的身份去与历史对话、与乡村同行。在他看来，落实好广东省政府对南粤古驿道的保护和活化工作，仅仅履行好住建本职工作还远远不够，还需要多部门、多行业仁人志士的共同参与，尤其是专业志愿者的无私奉献。

古道保护需聚集人气

刘禹锡从中原跋山涉水来到连州当刺史，走的是哪条路？是秦汉古道。韩愈从西京跨越万水千山来到阳山当县令，走的是哪条路？是西京古道。

如今，千百年过去了，这两条岭南年纪最大的古道，都因为历尽沧海桑田而变得残破荒凉、人迹罕至。随着交通方式的改变，尤其是进入飞机、高铁和汽车的高速时代，这些只能应用于步行和马车行使的狭窄古道，不再适应现代人的生活节奏和出行需要，已逐步淡出了人们的视野。

郭壮狮在珠海古道调研指导古道保护和修复工作（冯善书摄）

郭壮狮与少年儿童分享交流驿道故事（田思劭摄）

与其他许多的专家学者一样，郭壮狮对南粤古驿道的第一印象是文化深厚，但人气萎靡。正因为如此，不乏当地的工匠或村民见到“三师”专业志愿者便问，唤醒这些已经沉睡了几百年的破落老路，有意义吗？

作为南粤古驿道保护和修复利用工作的第一批组织者和参与者，郭壮狮的回答是不仅有意义，而且意义重大、深远。在广东省委、省政府已经提出的一系列工作目标和要求的基础上，他以《漫步旧时光，触发新动能》为题，专门写了一篇文章来阐述南粤古驿道保护和修复利用的现实意义，并且用了“以道兴村、古为今用”这八个字来高度概括南粤古驿道活化的重要价值。

怎样才能唤醒人们对古驿道的保护意识，激发他们快速加入古驿道的保护和利用工作中来呢？郭壮狮提出的建议是，古驿道要兴，首先需要聚集人气。“因为有人气才会有关注，有关注才会有了解，有了解才会有行动，有行动才会有成果。”

在南粤古驿道工作正式启动的前3年，作为牵头单位负责人，几乎每一条规划建设和保护的重点线路工作，郭壮狮都冲在最前面。

为了聚集古驿道的人气，他以“古驿道+”为思路，牵头协调和组织有关单位创办了南粤古驿道定向越野大赛、文化创意大赛和艺道游学等一系列广受社会关注的活动品牌，广邀各路体育明星、文化名人和当地村民参与活动，到现场给古驿道代言发声，同时在活动期间发动当地举办形式多样的文化展览和农副产品展销，并邀请全国的主流媒体持续报道与古驿道相关的所有活动和新闻事件，紧紧抓住南粤古驿道保护和利用工作推进的每一个节点，在国内外掀起一浪接一浪的舆论热点。2016—2018年，郭壮狮参与了大部分与古驿道相关的重要活动的组织和审定工

2018年6月16日，郭壮狮在连州白牛桥村为村民讲述如何共建共治生态文明（田思劭摄）

作，每到一处都积极推广介绍南粤古驿道的最新情况。

在深圳城市空间规划建筑设计研究院常务副院长唐曦文的印象中，郭壮狮虽然不是规划专业科班出身，但对南粤古驿道的工作一直非常上心，全身心地投入了大量的时间和精力，他是最快了解到广东对整个南粤古驿道工作基本要求的一位。不管从宏观的总体规划的设计方面，还是具体的线路建设实施方面，他都亲力亲为，基本上跑遍了全省的重点线路，有些地方甚至是反反复复考察过多次。平时，指导组和专家组出去搞实地调研，他总是走在最前面。不管是大热天，还是下雨天，他自始至终都与指导组和志愿者一起活跃在现场，再难走的路也要走完全程，将自己的视野覆盖到所有的环节和关注点，把规划设计当中的要求一项项地落实到每一条线路上，确保每一项工作都能够按照省里的要求去推进和落实到位。

尽管郭壮狮的作用不是体现在设计研究这些具体的工作上，但是在把握整个工作的进度和质量，以及全面协调各地方、各单位的工作关系上，他几乎是事事关心、事无巨细。唐曦文说：“没有他们这种真抓实干、事必躬亲的工作作风，南粤古驿道这几年的工作不可能如此高效率和高质量地推进落实。”

古道利用是为了兴村

除了想尽办法聚集南粤古驿道的人气以外，让郭壮狮最上心的无疑是修复后的南粤古驿道能否得到最充分的活化利用。具体来说就是，这项工作能否为探索符合广东实际的乡村振兴之路做出具有启发和借鉴意义的实践，并为乡村经济发展增添新动能，让散发着旧时光般古朴之美的南粤乡村洋溢出新鲜活力。

保护、修复南粤古驿道是广东的又一次创举。“保护什么？为谁保护？”落实起来可以说处处是挑战。“南粤古驿道工作的根本出发点是助力乡村振兴，落脚点是促进农民增收。”郭壮狮坦言，唯有搞明白了这一点，才能为保护和修复利用的工作找到正确的方向。

因为每个月都要抽出时间与专家组和志愿者一起，到全省各地翻山越岭地实地走访和探索那些刚刚被发掘或者正处于保护建设中的古道线路，郭壮狮几乎走遍了这些古道周边所有的名镇古村。

事实上，在全省的南粤古驿道沿线，散落着一大批名镇古村和传统村落，这些村镇尽管历史积淀丰厚，但是作为发展旅游经济的主要资源却显得过于分散。由于村与村之间缺乏资源整合，有的村庄整体面貌保存得好，却没有突出价值的点，有的拥有个别价值较高的历史建筑或者文物，却整体环境一般，要想真正加以有效利用并将其发展成为乡村经济发展的新动能，其实并不容易。特别是随着交通方式的转变和城市的发展，昔日繁华的村庄逐步萧条、破败，早已失去以往那种可以推动经济发展的有利条件。不过，这种“百废待兴”的境况，恰恰成为郭壮狮和广大“三师”专业志愿者们做好南粤古驿道保护和修复利用工作的最大动力。

经过反复调研，志愿者们发现，南粤古驿道的沿线其实分布有1320个省定贫困村，约占全省贫困村总数的60%。“这充分说明，古道兴村的愿景是对的，干好了是完全可以实现的，就看我们怎么干了。”郭壮狮认为，通过南粤古驿道保护、修复利用工作，一方面，可以把名镇古村、古村落、贫困村、自然风光、田野等串珠成线，打造成为一条历史文化游径，吸引更多的人来走古驿道，带旺人气，促进地方旅游、文化产业兴旺，从而使农民增收。另一方面，可以通过这项工作，汇聚当地规划、建设、旅游、体育和教育等资金和政策，产生叠加效应，以古驿道活化为抓手，改善人居环境，完善配套设施，整合资源，多措并举，真正达到以道兴村的目的。

每当迎着轻风、踩着阳光漫步在风景如画的田野山间，郭壮狮与其他同行的志愿者和“文化人”一样总会有感而发，恨不得将满眼的诗情画意永远地留在自己的心间。“常住城市的人，最向往的就是大自然；快节奏的人，最好的调节就是慢生活。”在他看来，古道修复利用工作为参与的所有专家和志愿者提供了一次次回归大自然的机会。此情此景使他深受启发：“南粤古驿道的保护和修复利用工作，还应该有一个重要目的，那就是为大众提供优质的公共生态产品。”

古驿道虽然大多分布在偏远人稀的地区，但这些地区恰恰是广东生态资源环境破坏最少的地方。郭壮狮经常跟身边的同事表示，当前我国生态文明建设已经进入关键期、攻坚期和窗口期的特殊时期，如果借着推进古驿道保护这股劲头，把古驿道资源活化利用于地方发展生态农业、生态工业、生态旅游等不同领域，帮助山区人民将自然生态优势转化为经济社会优势，必定能够为广大乡村走出一条人与自然和谐共生的现代发展之道。“从这个意义来讲，南粤古驿道保护、修复利用工作就是一项为保护生态环境而努力的事业。”为此，他多次提出，在这项工作的推进过程中，一方面要以改善农村人居环境为切入点，完善古驿道周边基础设施建设，原则上不征地、不拆迁、不改变原有土地使用性质；另一方面要营造集健身、文化、娱乐、摄影于一体的休闲旅游环境，引领一种绿色健康的生活方式，倡导“不留痕迹的旅程”，使南粤古驿道成为优质的公共生态产品。

每一次组织专家组和志愿者到驿道周边开展旅游、体育、研学活动举办前的调研和论证工作，都是一次近似于风餐露宿的旅行。这里边，有苦有乐、有汗有泪。郭壮狮回忆说，有一次到连州城区已是黄昏，为了使第二天的志愿活动更丰富、更有效，他和几位同事晚饭也顾不上吃，就直奔秦汉古道白牛桥现场察看四个节点的方案，与罗竑、杜黎宏、张强等志愿者一起研究、敲定次日的工作内容。回到酒店时，已是晚上9点多，山区的灯光格外明亮，郭壮狮感慨道：“驿道‘三师’专业志愿者，重实干，是一种导向，如改造一栋房屋、砌一堵墙、扎一段篱笆……往往是以小见大。”

2018年6月16日，郭壮狮在连州丰阳古村参观指导古驿道文化创意大赛优秀作品展览（田思劭摄）

古道活化利用带旺了山区农产品销售（黄睿民摄）

做乡村文化自信的播种机

岭南文化底蕴深厚，兼容并蓄。带着这样一种感受去实地走访每一处古驿道，特别是穿梭于那些有着几百上千年历史的名镇古村，看着一栋栋被历史的风霜吹刮得斑驳陆离的古建筑群，那些灿若繁星的民间智慧和历史文明，总是能够让郭壮狮找到一种与历史对话的无名感动。

不管是站在台山海口埠那样的壮阔海上丝绸之路的起点，还是面对连州骑田岭那样衔接中原与岭南、纵横九州且穿越两千年沧海桑田的重要关卡，郭壮狮都有一种强烈的意识——保护和利用好这些古人留给我们的珍贵文化资源。“文化自信是最深沉、最基本、最持久的，古驿道及周边村落曾经都是最繁华、最重要的地方，承载着不同朝代的优秀传统文化，我们在修复台山海口埠、澄海樟林古港古驿道示范段时，深刻了解到海口埠、樟林古港承载着漂洋过海华人的珍贵记忆，他们忘不了那岸上的最后一级台阶。修复好了，家乡人马上拍照片传到海外，圆了老一辈华侨的同心梦，也激励了新生代的华侨回国回乡。从这个角度看，南粤古驿道不仅是值得广东人骄傲的文化遗产，也是中华民族的文化象征，是海外华侨共有的精神财富。”郭壮狮坦言，保护和利用好它，是行走在古驿道上的每一个人的责任。

当前，处在经济相对落后的山区的人，向往城市生活，追求高楼大厦，迎合城市文化，而对传统的文化缺乏自信，对身边的文化或建筑了解不深，靠的是村里老人口口相传，没有系统整理，更无力创新发展。在郭壮狮看来，乡村振兴最根本的是树立乡村文化自信。在这种背景下，南粤古驿道的保护、修复利用工作恰是时候，专家组和志愿者在参与推进这项工作中，注重挖掘当地传统文化内涵、历史遗迹和人文故事等，采用创新的形式在传统节庆、墟日举办非遗文化展、摄影展等，让古老村庄和传统文化焕发新的生命力和灵气。“事实证明，这些年我们围绕南粤古驿道开展的系列活动，譬如定向越野大赛、文化创意大赛、农产品展销活动、艺道游学活动等，的确为古道乡村集聚了人气，恢复了古村生机，在挽救许多即将消失的传统技艺的同时，也给村民搭建起一个展现家乡历史底蕴和文化的平台，唤起了乡愁，激发起在外创业村民对家乡的热爱和自豪。”郭壮狮自信地表示，随着广东持续深入推进南粤古驿道保护和利用工作，许多原本在异地就业的村民目前已返回村中从事民宿、农产品、文旅等产业，这从一个侧面证明了南粤古驿道保护、修复利用工作改变了村民思想上对农村的固有认识，让他们更充满希望，更有获得感和自豪感，极大地提升了村民的文化自信。

乡村是中国的“根”，是中国人的乡愁所在，古驿道、古村落、老屋又是寄寓乡愁的载体。郭壮狮说，保护古驿道符合人民群众对美好生活的向往，修复古驿道就是修复人心。

2016—2018年，在广东省人民政府的正确领导下，在政府有关部门和社会组织、专业志愿者的共同努力下，广东省连续3年将南粤古驿道保护和利用作为一项重要工作部署，先后开展了普查，摸清了家底，编制出台了《广东省南粤古驿道线路保护与利用总体规划》《南粤古驿道保护与修复指引》《南粤古驿道标识系统设计指引》等技术标准文件，推进了8处示范段300多公里、11条重点线路780多公里的古驿道保护、修复工作，修复了185处历史遗存，开设了“南粤古驿道网站（www.nanyueguyidao.cn）”“南粤古驿道App”等宣传平台，设置了“南粤古驿道展厅”，采集了梅关古道等重点线路三维影像数据，制作了古驿道VR，多角度、全方位展示古驿道工作成效。此外，还推动文化、体育、旅游、农业等绿色要素融合，持续举办文化创意大赛、定向越野大赛、艺道游学•少儿绘画大赛以及其他文化展示活动，为乡村带来客流、资金和全新观念，提振乡村文化自信，改善乡村人居环境，为乡村振兴、全域旅游和精准扶贫注入新动能，助推全省生态文明建设和城乡高质量发展。（文：冯善书）

连州秦汉古道上的标识牌（黄睿民摄）

西京古道猴子岭心韩亭（广东省自然资源厅供图）

李永洁
古道活化
是众皆悦之的民心工程

Li Yongjie
The Activation of the Historical Trails is a Popular Project for All to Enjoy

李永洁，中国城市规划学会理事、控规学术委员会委员，教授级高级城市规划师，广东省住房和城乡建设厅原总规划师。2018年南粤古驿道保护和修复利用工作第三指导组组长。2019年南粤古驿道保护和修复利用工作第五指导组组长。

Li Yongjie is a director and a member of the Academic Committee of Regulation and Planning of the Chinese Urban Planning Society, a professor-level senior urban planner, and a former master planner of Department of Housing and Urban-rural Development of Guangdong Province. She is the head of the Third Guiding Group and the Fifth Technological Guiding Group for the protection, rehabilitation and utilization of South China Historical Trail in 2018 and in 2019 respectively.

精彩观点

让人们看到希望，就意味着活化后的古驿道对人们有用了。修复的目的其实更多是为了活化。这实际就是一种重估价值和赋予它新的功能的过程。古驿道活化工作既是对我以前从事规划工作的一种延续，又为我找到了实现理想的一种路径，使得我以前在职业生涯中无法实现的一些规划理念，重新获得了一个充分展示的载体。

Viewpoint

If people can see hope now, the activated historical trails are useful to people. The purpose of rennovation is actually to activate, which is a process of re-estimating value and giving it new functions. The activation of the historical trails is not only a continuation of my previous planning work, but also a way to realize my ideal, which provides a carrier to make some planning concepts that I could not achieve in my career before.

城市生活忙碌而紧张，职业规划师出身的李永洁常常在一种近似闭环的空间环境中，找不到空间的距离与时间的距离。如果哪天碰巧能够在工作中找到一丝缝隙， 她最希望自己能够沉醉在一种“面朝大海，春暖花开”的意象中。

李永洁和身边许许多多的知识分子一样，自打从象牙塔走出来的那一刻开始，就对质朴、单纯而自由的人生境界有着执着的向往。尽管每天的工作任务和生活压力都排山倒海般地向她扑来，但是，她无时不在憧憬和等待，眼前会突然出现一个广阔浩荡又心旷神怡、朴素明朗又生机勃勃的世界。这就是她内心最依恋的精神家园。

把春暖花开的这份美好留住

第一次走西京古道，就让李永洁有了一种怦然心动的感觉。“记得那时正好是一个春暖花开的季节，我们迈着盈盈的步履，走在春风怡人的古道上，一片广阔的田园风光尽收眼底，就像一幅闲美恬静、写满诗意的田园画卷，让人流连忘返。”坐在城市丛林里的扶光书店里边，回想起三年前第一次与南粤古驿道相遇的情景，李永洁的脸上很自然地流露出一种愉悦、欢快的表情。回味起那种与大自然融为一体的感觉，她坦言“很舒服，也很陶醉”。

同样的情景，其实在后来她走访梅州岃古道时也有出现。这也让她参透了两千多年前老子在其《道德经》里讲述的那句话：“道法自然。”最好的道路就是应该从自然中来，再到自然中去。

正因为这种感觉太美好了，所以从那一刻开始，李永洁就一直很努力地想把这份感觉留住。

李永洁在乳源西京古道现场指导古道保护和修复工作（受访者供图）

李永洁与志愿者和专家组一起在西京古道五里桥调研
（温斌摄）

与其他“三师”专业志愿者一样，李永洁自始至终把南粤古驿道视为一种难得的公共文化遗产。尽管南粤古驿道的保护和活化工作最早由政府发起，但是，这些沉睡在荒山野岭的古驿道被活化以后，我们每一个人都可以从中受益。因此，在她看来，保护好这些曾经被遗忘的文化遗产，是我们每一个中国人的义务，而对于掌握着专业知识和技术的“三师”专业志愿者来说，就更是一份不可推卸的社会责任。

在接到这份工作后不久，李永洁就被选为西京古道保护和修复利用工作指导组的组长。此后一年多，她用自己的双脚丈量了韶关市乳源和乐昌两地崇山峻岭中的每一段古道遗存，同时也走访了与这些古道有着千丝万缕关系的每一条古村，现场勘查了每一处文化遗存。

在地处粤北高寒地带的这片山野丛林里，凡是有古驿道穿越或环绕的地方，无不是山峦重叠、水流盘曲。这是跨越了千年的古人谋生和对外交

西京古道边上的乳源大桥古村（受访者供图）

流的生命之道，每一步脚印、每一块石板，无不记录着南粤先民和百姓试图改变个体、民族和国家命运的艰险、辛酸、快乐和痛苦。

除了本地的工匠和专门负责这项工作的地方干部外，李永洁和同在一个小组的程建军教授、田中院长和史穗生、张翔等几位志愿者工程师，可以说是近年西京古道上最忙碌的过客。每当注视着古道上零落的一处处断壁残垣、瓦片焦土时，李永洁总免不了陷入深深的沉思。在她看来，这是当代知识分子与古人对话的一次很宝贵的机会。有些古道，或许因为破败已不具有交通和运输的功能；有些建筑和桥梁，或许因为年久失修而濒临坍塌和毁灭。然而，它们并没有沉睡，相反，只要你注视着它们，它们就会跟你对话。

古驿道工作中与古人的一次次对话

过去的这几百个日夜，每一次与古人的对话，对李永洁来说都是难忘的，也是感动的。

记得有一次，李永洁和志愿者们经过乳源红云鹿子丘猴子岭的一个凉亭，整个凉亭都是由清代乾隆年间的工匠用人工打制的石条和石块搭建而成，由拱券门、圆葫芦刹顶和均案式脊组成，从门额上镶着的石匾可以看出这座亭叫“心韩亭”。在当地志愿者许化鹏等人的指引下，她发现亭内还有一块字体已经被岁月冲刷得非常模糊的石碑，经过一番费力的辨认，才看出是“施茶”二字。原来，以心韩亭为中点，沿着西京古道两边不同的方向走，必须经过几十公里才能见到村庄人家，为了让来往的客人在烈日暴晒和风吹雨打下有个纳凉歇脚和安身避险的地方，停下来喝上一杯茶，“当地的贡生罗正璠慨捐百余金”请当地工匠建了此亭。

心韩亭不仅让李永洁看到了数百年前国家后备干部的乐善好施和古道热肠，还让她看到了慈悲为怀的处事公德在这个偏远的乡土社会深入人心而形成的质朴民风。随着走访的古道越来越多，李永洁才知道，原来乳源和乐昌两地的西京古道上，有着许许多多类似的茶亭，譬如寿德亭、象兑亭、梯云岭亭等等，它们的建筑方式和形态均大同小异，大多数的石亭不仅施茶，而且成为向社会传播某种价值观和正能量的公共舆论场。譬如，乳源大桥镇梯云岭半山腰上有一座亭，北门便刻有诗句：“挑负宜息肩，何妨濡滞停步脚；来往当思路，切莫蹉跎误前程。”

在李永洁看来，有些文化遗存，简直就是隐藏在荒山野岭的艺术品。在明清的民窑瓷器里，尤其是青花瓷，有一句应用非常广泛的吉语款：“万福悠同”。原文出自《诗经》，意指聚集万福的意思。在一次探访西京古道的途中，李永洁居然发现路边的一块石碑上就铭刻了这四个字。这寄托着古人对美好幸福生活的愿景。同样是在西京古道上，李永洁发现了另一块刻有“众皆悦之”的石碑，意指大家都很高兴。后来，李永洁专门请了一位文化人，用宣纸把这两个石碑拓了下来。2018年8月，南粤古驿道定向大赛第四站（韶关•乳源）开幕前夕，在李永洁的建议下，当地特地将大桥古镇的“新市场”改建成“众皆悦之集市”，作为南粤古驿道文创产品义卖、古道周边农村农产品展销的场所。开幕当天，当南粤古驿道保护和利用工作的发起者、志愿者阿瑞在现场看到山沟沟里的农民，带着自己亲手种植或制作的瓜果蔬菜、民间小吃和茶叶粮油等乳源当地特色农副产品，在这里成行成市地向来自五湖四海的游客热卖时，露出一脸的笑容。站在“众皆悦之集市”的牌子下面，在场的“三师”专业志愿者都知道，这一刻最高兴的是古道周边的村民，因为活化后的西京古道拉近了他们与市场的距离，这对于山区的发展来说，意味着有了更多的机会。

最好的艺术品，应该是对人的心灵最深层次的挖掘。走在西京古道上的李永洁，从一次又一次与古人的对话中，体会到了一种前所未有的快乐和充实。对她来说，这是一种精神上的财富。

而大桥镇的那一次活动，让李永洁切身体会到了南粤古驿道的保护和活化利用，是一件真正能够让大家由衷开心的事。因为修复活化古驿道给人们带来了希望。后来，因为工作的关系，她还到过河源、梅州、茂名、珠海、江门等许许多多的地方，只要有古驿道的地方，她几乎都去

李永洁探访山野古道（温斌摄）

过。与此同时，她还发现，几乎每个搞过南粤古驿道相关活动的村庄，在经济上都有不同程度的发展。例如，韶关仁化的石塘村，在驿道“三师”设计的文创产品的带动下，当地农民酿制的堆花米酒很快就声名远扬而在市场热卖。而堆花米酒的出名，反过来又带动一大批年轻人回乡创业。大桥镇在承办南粤古驿道定向大赛的同时，还专门策划了古道旅游文化节，使得古道游成为广东旅游产业的新业态，每到节假日，全国各地的游客便纷至沓来，不仅捧热了多个网红农产品，还带动了民宿在当地的快速发展。在梅州，南粤古驿道活化工作的深入推进，使得红色旅游成为当地旅游市场的一个爆款。

知识分子让人们看到希望

“让人们看到希望，就意味着活化后的古道对人们有用了。”李永洁说，大多数的古道，之所以被人们遗忘，是因为功能的丧失，现在我们要重新修复它、唤醒它，并不是说要恢复它原来的交通和运输功能。“修复的目的其实更多是为了活化。这实际就是一种重估价值和赋予它新的功能的过程。”

在李永洁参加古驿道工作的这些年，广东省累计发现的古驿道遗存多达906处，涉及古道233条，遍布在全省21个地级以上市的103个区县。“在很多偏远山区，这些文化遗存成为当地唯一活着的历史记忆。”李永洁呷了一口茶说，作为一名“三师”专业志愿者，能够有机会发挥自己的专业优势，去为整个中华民族保留和传承这一种美好的集体记忆，其实内心是非常自豪的，同时也是非常严肃的。“由于每一处古道文化遗存都承载着深厚的历史文化底蕴，也可以说是我们整个中华民族的象征，所以，我们指导当地工匠进行的每一次修复，都生怕有错而慎之又慎。尤其是本体的东西，我们绝不可以因为保护的目的而去改变它们，更不能为了迎合活化的需要而去损坏它们。”

其实，作为一名规划专业的学生，在刚刚走出大学校门时，李永洁期望很多事情都能够尽量做得完美，曾经是一位非常典型的理想主义者。但是，随着参与的实际项目越来越多，积累的阅历越来越丰富，她慢慢体会到网络流行语“理想很丰满，现实却很骨感”的真正含义。特别是当她看到规划师们辛辛苦苦做出来、在专业上已经认为非常理想的规划，后来在现实里根本无法落实时，曾一度感到非常失望和失落。

这种无力感，一方面大大降低了她作为一名职业规划师的成就感，另一方面则使她越来越清醒地认识到理想与现实之间存在着真实的距离。“譬如说‘一张蓝图干到底’的口号，其实在我们专业内部喊了很多年，但真正落到实处的有多少，现在仍然在观察。”李永洁感慨道。不可否认，几乎每一个规划师都曾对自己的专业很自信，也很自豪，他们在做每一份规划方案的时候，也确实付出过常人所不能理解的努力。但是，怎么让纸上的规划成为真正实用且能够引领其他工作的有效方案，仍然是值得所有人去思考的难题。

让李永洁想不到的是，当她真正全身心投入到古驿道的修复保护和活化利用工作中时，似乎找到了一把可以解开上述难题的钥匙。“古驿道既是对我以前从事规划工作的一种延续，同时也为我找到了实现理想的一种路径，使得我以前在职业生涯中无法实现的一些规划理念，重新获得

2018年5月20日，在信宜古道边上的村庄，李永洁与当地工匠一同平整土地、铺设红砖（黄睿民摄）

了一个充分展示的载体。这等于让以前一些原本停留在空中楼阁的东西有了落地的机会。”

“这是一项可以将工作和兴趣完美结合的事业。”李永洁坦言，对于每一位“三师”专业志愿者来说，他们利用自己的节假日和空闲时间参与古驿道工作，可以说是完全不计回报的。不过，这并不意味着志愿者是完全没有回报的。“对我个人来说，我就觉得自己得到的回报是非常丰厚的。古驿道是一段浓缩的历史，我们有机会参与挖掘和保护这些对我们中华民族来说如此重要的历史记忆，用大桥镇人的话来说，也是一次千年等一回的机遇。我们不仅有机会证明自己的专业能力，而且也真正发挥了自己作为一名知识分子的社会担当和社会价值。”

特别是当她和身边的志愿者看到一个地方因为自己的努力而在社会经济发展方面有了脱胎换骨的改变时，她坦言自己的内心有种由衷的骄傲：“我们给别人带来了希望，这是一名知识分子最值得自豪的快乐。”

（文：冯善书）

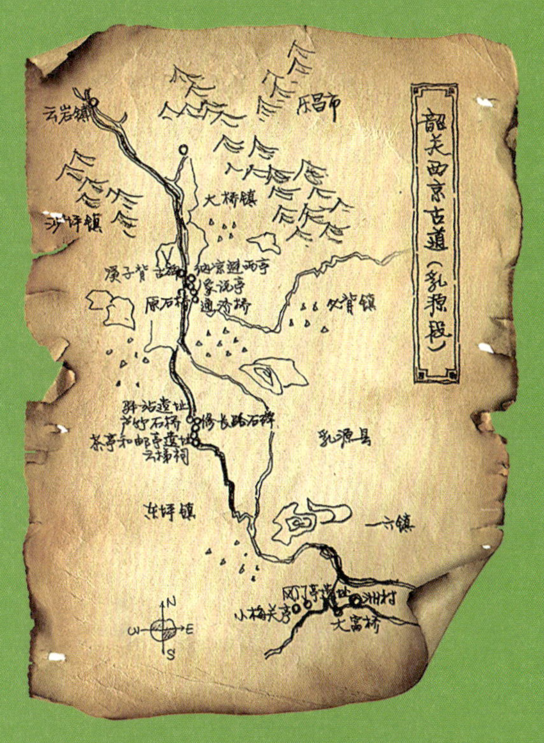

韶关西京古道

“长安回望绣成堆，山顶千门次第开。一骑红尘妃子笑，无人知是荔枝来。”相传唐玄宗为博杨贵妃欢心，不惜以快马接力由广州运送新鲜荔枝到西京长安，走的就是西京古道。其实，荔枝等岭南佳果只是西京古道上的“点缀”，运送百姓生活必需品才是古道繁盛的根本。一代代的岭南商客，通过这条古代的“高速公路”，运输、交换着盐、茶、粮食和山货，故西京古道被粤湘赣三地老百姓视为“生命线”。昔日的西京古道“五里一亭，十里一驿”。如今，沿线的古桥梁、古凉亭、古村落、古民居仍保存较好，古代粤北经济、文化、商贸往来的繁荣景象由此可见一斑。

俞军
古驿道保护和活化应重视差异化和多元化

Yu Jun
The Protection and Activation of the South China Historical Trail Should Pay Attention to Differentiation and Diversification

俞军，居住在德国慕尼黑的华裔规划师、建筑师，德国AP建筑事务所副总裁、总建筑师、总规划师，本科毕业于华南理工大学建筑系，并在联邦德国布伦瑞克国家艺术大学深造，师从著名水彩画和油画大师哈定，著名雕塑大师曾路夫和世界著名规划、建筑学家贡舍尔。2018年加入广东省“三师”专业志愿者队伍，对多条重点线路及周边古村落的保护修复进行了考察指导。

Yu Jun, Chinese-German urban planner, architect, living in Munich, Germany, vice president, chief architect and chief planner of AP architects (Albrecht & Partner Architektur) in Germany , graduated from the Department of Architecture, South China University of Technology, and further studied at Brenswick National University of Art, Germany. He was taught by famous watercolor and oil painting master Harding, and famous sculptor Zeng Lufu and world-renowned planner and architect Guensche. In 2018, he joined the professional volunteer team of "San-shi" in Guangdong Province. He investigated and guided the protection and restoration of several key routes of the South China Historical Trail and surrounding ancient villages.

精彩观点

广东有这么多的古驿道，每条古驿道都可能存在不同的空间特点和风格。因而，对古驿道文化遗存的保护修复和活化利用，我更赞成差异化和多元化的做法和理念。差异化既是它们的存在价值，又是它们活化后各自实现可持续发展的重要条件。反之，如果没有这种差异化，我们看到的可能就是千篇一律的东西。“线性”古驿道的总体空间格局将会是“线带点成网”，也将是区域空间规划的一个重要的组成部分。

Viewpoint

There are so many historical trails in Guangdong, each of which may have different spatial characteristics and styles. Therefore, for the protection, restoration and activation of the cultural relics of the historical trails, I am in favor of the practice and concept of differentiation and diversification. Differentiation is not only the value of their existence, but also the important condition for their respective sustainable development after activation. On the contrary, if there is no such differentiation, what we may see is the same thing. The overall spatial pattern of the “linear” historical trails will be “lines with points to network” and an important part of regional spatial planning.

“今年是我旅居德国30周年，自成为阿尔卑斯山区‘森林中城’地区的山民后， 时光流逝，记忆与体验千言万语。”2018年4月，居住在德国慕尼黑的华裔设计师俞军，回到阔别多年的南粤羊城，与志愿者阿瑞展开了一次有趣的对话，他把自己多年来在阿尔卑斯山了解到的当地的建筑文化、生活习俗和村庄形态的变化，与阿瑞进行了深入交流。

在那次对话中，俞军说，大自然就是一位杰出的建筑设计师，除此以外，地区与居屋家族的文化习俗、生活方式、文化历史，也在为居屋者提供设计与构造的灵感；文化的沉淀是永恒的，现代功能、现代技术与历史文化是不矛盾的，只是融合与发展的连续。

对话前一个月，俞军刚刚以华裔设计师的身份，加入广东省“三师”专业志愿者的行列。在阿瑞看来，那次简短的对话，为南粤古驿道的活化利用和乡村景观营造提供了非常有启发意义的信息。

而那次作别广州，特别是当飞机飞越美丽雄伟的阿尔卑斯山脉时，俞军满脑子想的居然是美丽的南粤古驿道。其实，早在2017年，身在阿尔卑斯山脉的俞军，就以心灵与“万里时空”感，记录下对南粤古驿道空间意境的描述与思念。

俞军创作的南粤古驿道主题画作

聪辈村吴氏大宅（俞军摄）

这座建筑震撼人心　那儿是“村庄式城市”

身在阿尔卑斯山的俞军，说自己时时想着南粤古驿道。

从2018年开始，几乎每一次回国，俞军都要专程抽出几天，与当地的“三师”专业志愿者一起到南粤古驿道上去走一走、看一看、学一学。

从韶关南雄的梅关古道，到乳源的西京古道，从广州增城的古道，再到珠海、中山的岐澳古道，每一次调研和考察，哪怕只是走马观花，也让俞军感觉到收获满满。与此同时，他在祖国大地上的行与思，也开始在一点一滴地影响着南粤古驿道的保护修复和活化利用。

2018年11月26—27日，受阿瑞邀请，在广东“三师”专业志愿者何日东、田中、黄睿民及韶关南雄、乳源有关人员的陪同下，俞军专程到梅关古道和西京古道进行了一次深度的走访和调研。

到韶关前，纪录片《南粤古驿道》已经在中央电视台播出，当时身在德国的俞军，与德国朋友们，以及在慕尼黑的华侨们，第一时间通过互联网进行了观看，并给予了高度评价。让他感到兴奋的是，没过多久他便得到了一次回国亲身体验古驿道魅力的机会。

在不到两天的时间里，俞军跟着志愿者马不停蹄地走访了南雄雄州古城墙、三影塔、广州会馆、聪辈村、梅关古道，乳源深源村、西京古道等十几处重要的古道本体遗存和村落等文化节点。用他自己的话来说，“干货”满满，收获良多。

石桥全景（俞军摄）

在南雄聪辈村，俞军被眼前一座建于清末民初的大宅所震撼，他认为：聪辈古村作为梅关古道沿线的历史文化遗产点，其村落内的吴氏祠堂深灰坡瓦屋顶、双层悬挑木梁、连续式白色粉刷立面及洞式窗构成的古朴简约建筑风格，广府式三间七进的空间布局，厅堂内6个天井聚天空东南西北四方宝藏落入地井的“金石”，体现族人齐心与合作精神的10多米长的“合气凳”，将会对区域古村保护、现代乡村以及现代建筑发展有很大的参考价值。这些地域文化与传统建筑的结合，将成为最好的活化石。我们建筑师也不应该过度“设计”，对优秀传统建筑的学习就是最好的传承，进而从“行”中争取获得更多的“悟”。

在古宅正前方不远处，有一处夯土墙古寺遗迹和一座结构保存完好的古桥。古桥特殊的结构吸引了调研组的注意：桥身由一半石拱与一半方洞木架梁组合而成。据当地沈荣金老师介绍，传说对岸的叶氏家族强调构建用材的“生命力”，而“木”正是生命力的体现，因此当时在建造古桥时，叶家人在一侧采用了方洞木架梁结构，古遗存的修缮也沿用了该做法，以表示对历史文化的尊重和延续。

行走在初冬的梅关古道上，俞军颇为激动。光影照射在似镜的石块面上，反射出千年岁月的沧桑年华，古道记载着太多的历史痕迹，两侧的白色梅花时时飘来阵阵悠悠的清香。岭南第一关——南粤雄关位于区域界线的结束与开始，是文化相互渗透的交融之门、连接之道！

在乳源大桥镇的深源村，俞军一行调研了余氏宗祠、古驿道、问路石、古桥、古树、古炮楼等历史遗存。俞军走在深源村，感受到中国传统村落的魅力，提出了“村庄式城市”的概念：从其自然发展的村落空间布局肌理中感受到一种活力城市空间布局的痕迹，城市广场系列、街道、院落等，以及建筑界面砖石材料与色彩肌理都深深体现其自然性与时代痕迹变迁，在大自然面前，这就是一座城市的缩影。

当得知田中带领的广东“三师”专业志愿者团队正在对村子里的几间民房进行微改造用作“驿道学堂”时，俞军也积极建言献策，参与到具体的志愿工作中来。

回德国后，俞军与广东“三师”专业志愿者设计团队一起，结合“共享生活”（Co - Live)与广义的“共享创新”（shared innovation）国际理念，进行专题研究并提出完全区别于城市大学的“深源古村大学堂”——特色驿道“学研一体验创新站”理念与实施思路。

调研期间，俞军还与村民亲切交谈，了解古村的历史人文。在谈到对深源村今后的保护方向时，他认为传统村落的保护应该是自下而上的观念转变，每一位村民的观念转变，都影响着古村建筑形态的发展。

在西京古道猴子岭段，千年古道的历史底蕴和壮美河山的冬日景象引发了俞军的感慨。穿越深源古村，以层层山峦为前景，踏在沿山腰弯曲流动的西京古道台阶上，漫步在山间田野中，面对那层层山峦延伸展开的、海拔1900多米的广东最高峰石坑崆山峰，仿佛穿越时空廊道。山麓间，几座夯土墙的小房子从形态到颜色与大自然巧妙融合，这便是“洒

深源村古村落（俞军摄）

落在青山绿水中的村落”！他认为，历史过程中淹没的点滴，因为它的曾经存在，现在依然可以“活”在人们的脑海里。走在西京古道上，想象当年的历史场景，每个人都是当中的一分子。

从“点线面”到“线点网”的认识转变

在去往韶关的路上，俞军认为古驿道、沿线历史遗存及村落是呈“点—线—面”的空间概念和逻辑关系。经过一天多的调研，俞军的认识发生了变化：这应该是“线带点成网”的关系，成线性分布的古驿道，和洒落在它周边的、在南粤大地上的文化遗产，串珠成链，形成一张巨大的、无形的网。对点的挖掘不用着急，可以是几代人的延续；对线的建设也不应仅仅作为徒步线路，要与沿线乡村形成互动，盘活整张“网”，去打造一个可持续的“优质的生态产品”。

2019年3月，俞军在“三师”专业志愿者武文博、黄睿民与冯善书等的陪同下，前往增城参观广州建成区内唯一保存完好的古驿道，路上再次提到了上次在韶关提到的古驿道、沿线历史遗存及村落的空间概念和逻辑关系。俞军说，广东有这么多的古驿道，每条古驿道都可能存在不同的空间特点和风格。因而，对古驿道文化遗存的保护修复和活化利用，他更赞成差异化和多元化的做法和理念。因为差异化既是它们的存在价值，也是它们活化后各自实现可持续发展的重要条件。反之，如果没有这种差异化，我们看到的可能就是千篇一律的东西。

增城的古道本体是一条全程800多米的麻石大街，是古代的“接官道”和“迎恩街”。被麻石大街贯穿全村的夏街，是一个有着近千年历史的

增城古道，增城夏街路与18号的“榄人榄园”
（黄睿民摄）

俞军与地方志愿者交流古建筑保护（冯善书摄）

古村落，这里除了聚集着上百座清末建成的民居古宅外，还有见证近现代当地城镇化和工商业发展的建筑和商铺。俞军参观了坐落在夏街路18号上的清代黎家大屋，这里现在是国家级非物质文化遗产广州市增城榄雕（乌榄）的文创大院，他向榄雕工艺传人周汉军讨教，认为这是建筑与文化、“重生”与“再生”的好案例。尽管沿街大部分的老房子都在空置，由于年久失修，有的外墙、屋梁已开裂，有的屋顶杂草丛生，有的被乱改建。但是，在俞军看来，沿着麻石大街从里走到外，道路两边屹立着的就像是一座座 “历史建筑博物馆”。

表面来看，这些建筑是杂乱无章的，但从几百年的历史维度来看，这却是它最精彩的地方，因为每个年代都可以在这里找到它的痕迹或标记。不管你认为好看或是不好看，它们都是活着的历史。换句话说，这条古道为我们展示的是这个地区几百年的历史，单是这一份特殊的文化体验，如果能够被活化利用好，就能够使整个城市空间增值。

譬如，村里有一些大型的连体“N进”大院落式老宅，里边住着几十户家庭，内院的公共客厅有100米深，每一户人家的厨房都在公共客厅的两旁。沿着客厅往里深探，可以看到很多天井，使整个深长的内院都能在不同地方看到天空和太阳。像这样由一个系列空间组成、功能规划有着严格划分的大宅，可以用一种资源共享和规范管理的方式实现对生活成本的最大节约。这样的建筑形态，反映了夏街村过去那种独特的宗族文化和族群生活方式。

俞军认为，没有了文化个性，自然就不会吸引更多的人来看。这种个性本身与历史有关，处在不同历史阶段的古道，与它相对应的社会环境和文化生活方式是不同的。通过一条条古道，我们其实看到的是一段段不同的历史，从而组成一道道多元化的历史景观。当然，有些古驿道的文

西京古道上的石亭（何日东摄）

化内涵经过沧海桑田，可能已经被现代社会所埋没，需要进行深入挖掘才能被当代人所认识。这只是时间的问题，只有加大对文化的挖掘力度，才能创造更大的经济价值。

对整个空间来说，南粤古驿道是从线开始的。我们知道，线是由点组成的，如果没有一个个点，这些线就会变得很孤单。因此，通过古驿道去串联和带动周边村庄和古村落的发展非常重要。有了这么多点的支撑，再把分布在不同位置的线通过不同的方式交叉联系在一起，就会形成网，最终达到点、线、面的立体融合，这就是古驿道在空间上的一个大的构成和方向。

为重点线路活化和巩固提升出谋划策

俞军的历史视野、国际视野和专业视野，在一些地方的古道修复实际指导工作中得到了充分的体现。

2019年3月14日，俞军与广东省“三师”专业志愿者委员会主任、广东省建筑设计研究院党委书记曾宪川等一行到珠海市、中山市实地调研，指导南粤古驿道重点线路保护利用和巩固提升工作。

根据广东省人民政府关于南粤古驿道重点线路保护利用的工作部署，2018年，珠海市、中山市通过古道本体修复、连接线建设、标识系统完善、文化资源挖掘等一系列保护利用行动，分别打造了长约6公里的珠海香山古驿道群英故里文化遗产线路精华段——长南迳古道和长约5.5公里的中山岐澳古道五桂山精华段及一批重要节点。两条古道的精华段在2018年国庆节期间已正式面向公众开放，获得了良好的社会效益。据大数据统计，2019年春节期间，香山古驿道、岐澳古道累计接待游客超10万人次，成为市民和游客文化体验、休闲健身、亲近自然的网红景点。

在此背景下，调研组一行从珠海市高新区远芳驿站出发进入长南迳古道，沿着蜿蜒的古道，途经竹林、曲水流泉、聚贤亭、长南迳三孔桥等特色景观，到达香洲区古道驿站出口。途中，俞军等人听珠海当地的负责人详细介绍了珠海香山古驿道保护利用工作情况及下一步工作计划，珠海市古驿道保护利用指导组专家还介绍了长南迳古道路面修复、驿站驿亭、文化展示和景观节点等的工艺和做法。

为完善古道文化内涵，打造精细化、人性化游览空间，调研组对香山古驿道下一步的工作给出了非常专业的建议。譬如，要持续巩固提升精华段环境品质，做好长南迳古道沿线的景观提升工作，在有条件的空间，可以规模种植时令植物，增加古道沿线景观氛围；同时，要注重对环境特质的提炼，从整条游线的角度出发，提取并强化琴台观瀑、曲水流泉、五溪亭等不同节点空间的环境要素，提升游览空间的景观品质和内涵。此外，要完善古道的配套设施，注重标识系统的细节处理，优化聚贤亭的空间处理，美化古道沿线自然边坡等，进一步

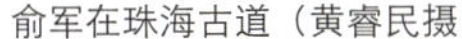
俞军在珠海古道（黄睿民摄）

就地“取景”“借景”“对景”“连景”“移景”“叠景”等等。这些建议和做法，在不久后的南粤古驿道的年度综合展览和文化汇演活动中得到了很好的体现。

当天，调研组还驱车前往与珠海市接壤的中山市三乡镇古鹤村。古鹤村是有着近800年历史的文化古村，拥有一段条石铺设、保存完好、长约1.2公里的古驿道本体。沿着石板街，俞军和曾宪川等一行深入调研了村内的历史遗存、古建筑和传统民居等空间节点。

事后，调研组给当地提了意见，建议他们讲好古鹤村故事，擦亮古驿道名片。古鹤村作为中山著名的侨乡和岐澳古道的重要节点，拥有丰富的历史文化资源，如孙中山、郑观应、康有为、梁启超等近代名人都曾路过此地，孙中山先生更曾在此演说宣传“三民主义”等，可充分挖掘这方面的素材，多方面加以展示，丰富岐澳古道的文化内涵。同时，要坚定文化自信，保护好这些老房子，尽可能避免大拆大建。可以引入中医馆、文化艺术类工作室为试点，探索古建筑、古民居活化利用的新路子，为“散落在南粤大地上的文化瑰宝”保驾护航。此外，对村民新建住房的设计、选材、颜色、尺度等要通过村规民约加以引导和约束，保持古村的传统风貌，避免“画风”被破坏。

南粤古驿道要纳入空间规划体系

当读到广东省人民政府副省长许瑞生此前在广州召开的历史建筑保护利用现场交流会上提出的“古道学”研究行动时，俞军尤为激动与振奋。“鉴古知今，学史明智”是中国的哲理智慧，相信“古道学”将会从更高、更综合的学科层次深化研究南粤古驿道文化，构筑城乡复兴与发展创新之大网。

在2019年新年伊始，俞军沿着南粤古驿道“线点网”的行悟思路，带着“从过去走向未来”的课题，来到地中海海洋中心马耳他岛，感受甚多。位于地中海中的孤岛袖珍国——马耳他，由于时空条件变迁，无论从经济地理学还是从政治、宗教、人类迁移、区域种族交融、语言学等角度来看，都是跨越欧洲中世纪文艺复兴、欧洲与阿拉伯多元文化缩影的一个活化写照，而马耳他医院骑士团的艰难迁移历史拉出了一条纵向的、重要的、壮观的欧洲宗教文化、时代历史与文化“线点网”。

结合古今中外“道”，从纵向与横向路线更多从“古道学”层面研究南粤古驿道。

在中国已进入新时期发展阶段以及粤港澳大湾区战略发展的前提下，在中国从高速发展走向以“自然资源与人和谐”为核心的、可持续发展的城镇发展框架下，俞军认为古道的“线点网”往往贯穿在“空间规划”的“三线”中，是一条永恒的穿梭、链接、延续的“第四线”——“文化时空线”。对此，要对古驿道对新时期城镇发展体系“空间规划”的影响作用做出思考，并展开讨论与研究，要将南粤古驿道纳入城镇空间规划体系。

（文：黄睿民、冯善书）

增城古道（冯善书摄）

陈雄

修复和保护好古驿道是学者的社会责任担当

Chen Xiong

It Is the Scholar's Social Responsibility to Restore and Protect the Historical Trail

陈雄，广东省建筑设计研究院副院长、总建筑师，全国工程勘察设计大师、当代中国百名建筑师，教授级高级建筑师，国家一级注册建筑师，中国民航工程咨询专家，全国建设系统先进工作者，广东省五一劳动奖章获得者；2018年南粤古驿道保护和修复利用工作第八指导组组长，2019年南粤古驿道保护和修复利用工作第三指导组组长。

Chen Xiong, deputy dean and chief architect of Architectural Design and Research Institute of Guangdong Province, master of national engineering Survey and design, one of the 100 contemporary Chinese architect, professor-level senior architect, state-level registered architect, China Civil Aviation Engineering consulting expert, advanced worker of National Construction System and May Day Labor Medal Winner in Guangdong Province. He is the head of the Eight Guiding Group and the Third Technological Guiding Group for the protection, rehabilitation and utilization of South China Historical Trail in 2018 and in 2019 respectively.

精彩观点

在南粤古驿道的保护修复和利用过程中，既要借鉴传统的东西，又要引入新的审美体系，让不同的元素在同一公共建筑或空间环境里相互连接、融合，形成前后接续的关系。这样，后辈或外面的游客过来了，就能够通过修复后的古道、古桥、古屋、古亭等建筑空间和人文景观，很清晰地看到新旧历史文化演变的过程。

Viewpoint

During the process of protection, restoration and utilization of South China Historical Trail, traditional things and new aesthetic system should be adopted so that different elements can be connected and integrated in the same public building or environment to form a continuous relationship connected to one another. Therefore, when later generations or outside tourists visit, they can clearly see the evolution of old and new history and culture through the restored ancient roads, bridges, houses, pavilions and other architectural space and cultural landscape.

搬砖、批荡、设计、画图、讲课、督查、评估、指导……在南粤古驿道和沿途的村庄，“三师”专业志愿者陈雄的身影，这些年频频见到。

在建筑设计领域，广东省建筑设计研究院副院长、全国工程勘察设计大师陈雄的名字，在业内广为人知。自1998年以来，由他主持设计的广州新白云国际机场、潮汕机场和广州亚运馆等一大批重大公共建设工程，既是建筑新技术和材料的应用者、引领者，又是当代建筑美学的实践者、探索者，因而，每一个大项目竣工后，都很快成为这座城市的重要地标。

在很多人看来，从当代建筑设计领域的领军人物，到中国历史和传统文化遗存的守护者，陈雄的角度切换在遍布岭南山区的古驿道上似乎有点大。不过，在他自己看来，知识分子下乡不只是给予，还包括学习。因而，与南粤古驿道牵手，既是一名专家对社会的责任担当，又是一名学者在专业上的自我提升。

2018年6月5日，陈雄携南粤古驿道重点线路技术指导八组赴梅州兴宁—平远古道调研（黄睿民摄）

陈雄在茂名信宜古道村庄农房改造示范项目中与地方工匠一起批荡（温斌摄）

要防止用力过猛、大拆大建、盲目推进

在媒体人的眼里，陈雄是一个有着农民本色的知识分子。不管是在课堂、会议室，还是在乡村和古道上，他的一言一行总是透露出专注、严谨、沉稳、低调。由于性格里有一股泉水般往外流淌的纯朴、谦虚，因而，哪怕是一个没有受过多少正规教育的民间工匠站在他的面前，也不会有任何距离感和落差感。

让人印象最深的一次是，在陈雄领衔的茂名市信宜古道村庄“广东美丽宜居乡村行动——农房改造示范项目”工地上，他头戴一顶安全帽，脖子上披一条汗巾，拿起批荡便与当地的工匠们一起做起了泥水工，在烈日下一头泥、一头汗地忙了一上午。在个别不明就里的人看来，这有点像是作秀，然而，陈雄自己却解释，作为一名专业的建筑师，平时只和画笔打交道，来到工地转换一下角色，可以身临其境体验一座建筑是如何建设起来的。“俗话说，术业有专攻，由于社会分工的不同，让拿笔的人来拿批荡，做出来的工程很可能是要返工的，但对我们来说，这更多的是展现一种姿态、一种责任，代表着我们对农村危房改造的关注，以及向传统工匠学习的过程。”

陈雄说，许多民间流传的工艺其实都隐含着中国传统工匠很高的智慧。在不同的历史时期，我们一些民族特色建筑的建筑方式、形制很不一样。在南粤古驿道的保护修复和利用过程中，既要借鉴传统的东西，又要引入新的审美体系，让不同的元素在同一公共建筑或空间环境里相互连接、融合，形成前后接续的关系。这样，后辈或外面的游客过来了，就能够通过修复后的古道、古桥、古屋、古亭等建筑空间和人文景观，很清晰地看到新旧历史文化演变的过程。

梅州古道上的红色景观（冯善书摄）

“不管是学者还是干部，参与古驿道的修复和活化利用，首先必须从不同的维度去认知它，然后才能找出其中的规律，进而研究出如何保护和利用它的最好办法。”陈雄坦言，下乡是艰苦的，遇到的困难也可能是巨大的，所以从事这项工作需要有激情。但光有激情也不行，还必须保持应有的理性和谨慎，这就是专家和一般工匠最不一样的地方，也是我们的责任所在。“一定要提防那种用力过猛、大拆大建、盲目扩张的行为。因为用错误的方法去做事，就等于是一种破坏。”

对文化遗产的保护也要具体问题具体分析。在平远，陈雄说专家组与当地政府、设计团队一起，曾试图修复一座古道边上快要塌陷的古桥，当时的设想是既可以将其作为一种文化遗存保护下来，又对连接两岸村庄的交通起到实际的作用。但是后来经过勘查研究，发现中间的桥墩有持续下沉的迹象，即使修复也会再次破坏，于是放弃了原来的规划，改成在旁边建一座新桥，原来的古桥就只作为一处景观遗址保留在原处，给乡村留一份记忆，也使外来的游客更加了解古道边上的村落历史。

认同有重点推进，加强对资源的有效利用

近年来，由于频繁下乡，陈雄在不同的古道周边做了许许多多的田园调查。“广东现有的大部分省定贫困村都散布于南粤古驿道的周边，这些村庄给我最深刻的印象是，越是边远，空心化越严重。当一个村庄没有了人气，再好的历史建筑和人文景观，也不可能得到保护。”

所以，这些年他们与各级政府一起，不厌其烦地向社会呼吁，要重新认识这些文化遗存的价值，不能让它们就这样被荒废掉、遗弃掉。而由广东省人民政府直接推动的南粤古驿道保护和活化利用工作，则为这些曾经被历史遗忘的珍贵文化遗产重回公众视线提供了一种可能，同时也为各级政府借助古道文化推动乡村振兴、精准扶贫和全域旅游的发展提供了有力的抓手。

在陈雄看来，南粤古驿道是山区建立后发优势的可靠资源。2018年，广东省住房和城乡建设厅大力推进全省11条重点精华段古驿道的修复建设，这无疑是一项可以有效集聚资源，为乡村旅游和农业发展助力的综合工程。“对地方来说，它带来的更多是一种理念的变化，让社会重新认识这些文化遗存的价值。”因而，这项工作的推动未必要遍地开花，更合理的办法是在全省选择一些重点区域，先做出一些精品示范项目，然后再引领社会形成共识和合力，带动更多的文化遗存得到保护。

当前，广东集中力量引导各地加强对古驿道及周边文化遗存的有效利用。对这一目标价值导向，陈雄深表认同。再好、再优质的资源，如果不能用在支持地方社会经济发展事业上，就算现在花很大的精力去修复它，以后仍然不会受到社会的重视，从而走不出再次被荒废的泥沼。在陈雄看来，乡村要振兴，核心是农业要发展。

“你看，在城市，不管是新城市的规划建设，还是旧城区的改造更

陈雄与志愿者和地方干部一起交流美丽乡村建设（受访者供图）

新，都要求引进产业，而不是像过去那样只是一味地靠房地产来拉动GDP。”陈雄说，这说明决策者的观念已经有了很大的进步，不管是在城市，还是在乡村，我们要居住，更要发展。对于古道边上的农村来说，不仅传统农业要发展，其他随着社会经济的发展而形成的新产业、新业态也要发展。在古驿道沿途的村庄，我们通过历史文化的展示、自然生态景观的配套，可以很有效地推动当地形成一些特色旅游产业，这反过来又会促进当地农副产品的加工和流通，进而带动农民就业增收。

（文：冯善书）

陈雄大师手稿

南粤古驿道大师驿站效果图
（广东省建筑设计研究院供图）

梅州大埔三河坝—潮州饶平麒麟岭古道

麒麟岭古道建于明代，因山体形似“麒麟吐火、鲤鱼上天”而得名。古道沟壑盘山而建，条石砌筑而成，台阶纵横。其西片古道段建于明嘉靖年间，最长一段有365梯级，古称“上天梯”，以长、险、直、奇而闻名。明末清初，闽粤赣地区客家先民出梅州，至潮州、汕头水路而越洋出海的始发地就是麒麟岭古道。古道孕育了客家迁徙文化和侨乡商贸文化，同时也是辛亥革命的摇篮之一。大革命时期，朱德曾率队从三河坝经此道进入茂芝，经柏嵩关出境后到达井冈山，故古道也被称为“红色古道”。古道历经沧桑，至今保存完好，环境幽静，站在古道上张望，风烟俱净，群山连绵，草木芊芊，让人顿生遗世独立之感。

曾宪川

乡村，诗意栖居的理想地——我的新课题

Zeng Xianchuan

My New Topic: An Ideal Place for Poetic Residence in Countryside

曾宪川，祖籍广东梅州，高级建筑师，国家注册城市规划师，现任广东省建筑设计研究院党委书记，兼任广东省“三师”专业志愿者委员会主任，广东首批“三师”专业志愿者之一。他曾经深入参与了全国第一个区域绿道——珠三角绿道网的规划建设，参与了全国第一个基于“一国两制”框架下的策略性区域规划研究——大珠三角城镇群协调发展规划研究，就如何促进粤港澳紧密合作建言献策。同时，他还参与了全国第一个省部合作编制完成的区域规划——珠江三角洲城镇群协调发展规划，以及全国第一部控制性详细规划的地方性法规——《广东省城市控制性详细规划管理条例》的颁布实施，后者的主要内容，被纳入《中华人民共和国城乡规划法》中。

Zeng Xianchuan, originally from Meizhou, Guangdong Province, is a senior architect and national registered urban planner. He is currently the Secretary of the Party Committee of Architectural Design and Research Institute Guangdong Province, and also the director of the Guangdong Provincial "San-shi" Professional Volunteer Committee. He is one of the first "San-shi" Professional Volunteers in Guangdong Province. He has been deeply involved in the planning and construction of the first regional greenway network in China, the Pearl River Delta Greenway Network, and the first strategic regional planning research based on the framework of "one country, two systems" -- the coordinated development planning of the Greater Pearl River Delta urban agglomeration. He has offered suggestions on how to promote close cooperation between Guangdong, Hong Kong and Macao. At the same time, he also has participated in the promulgation and implementation of the *Regulations on the Management of the Controlled Detailed Planning of Cities in Guangdong Province*, the first regional planning completed by the cooperation of provinces and ministries in the whole country, the coordinated development planning of urban agglomerations in the Pearl River Delta, and the first local regulation on the controlled detailed planning of the whole country. It has been taken into the *Law of the People's Republic of China on Urban and Rural Planning*.

精彩观点

志愿者的原则就是不求回报，志愿者的服务范围也非常明确，就是传播先进理念，培训指导乡村建设，咨询服务乡村。志愿者不应该对乡村建设事务大包大揽，而应通过专业服务去引导和影响农村社会。

Viewpoint

The principle of volunteers is to seek no return, and the scope of our services is very clear, which is to disseminate advanced concepts, to train and guide rural construction, to serve the countryside. Volunteers should guide and influence rural society through professional services instead of undertaking the whole affairs of rural construction.

“在那迷蒙的月光下，果园里微风飒飒，那是葡萄树叶摇动着思念，在诉说许多心中的话。曾经荒凉的土地上，怎会铺开绿色的山岗？曾经苦涩的汗水里，怎会浇灌朵朵鲜花？果园上空的星星哟，一闪又一闪，告诉我、告诉我，爱会描出最美的画……”

盛夏的岭南风和日丽、瓜果飘香。在英德市黎溪镇恒昌村松岗围村吴光亮大屋附近的田间塘头，在星海音乐学院合唱指挥家维多利亚博士、声乐副教授魏俊博士的指挥下，几名女学生以无伴奏的方式合唱了一首《葡萄园夜曲》，让本来就古色古香、如诗如画的乡村美景变得更加让人如痴如醉。

这是2017年9月6日广东省“三师”专业志愿者下乡服务三周年纪念活动现场的动人一幕。当时站在听众人群里的曾宪川，从初始的凝视谛听，继而被歌声彻底感染，而后情不自禁地放开嗓门主动加入合唱。一切都显得那么自然、那么合拍。

让曾宪川至今难以忘怀的是，当时大家唱完一首仍意犹未尽，留在原地久久不愿散去，后来在大家的“鼓噪”下，这个临时组成的“乡间合唱团”又唱起了第二首、第三首……直到夜色降临，动人的歌声仿佛让“服务、奉献、友爱、进步”的专业志愿者精神，飞扬、飘荡在南粤乡间。这美妙的时刻，让曾宪川感到久违的愉悦，也永远铭刻在他的记忆里。

能力和责任是一对孪生兄弟

“怀乡是对已不存在，或者说根本没有存在过的家园的一种怀念。怀乡是一种若有所失、流落他乡的情感，但它也是充满遐想的浪漫情怀。”这是美国学者波茵姆（Svcmala Boym）在她的《怀乡的未来》里说过的一句话。每一个知识分子，在骨子里或多或少都存在一种对乡村的迷恋，哪怕这种骨子里的迷恋，只是被他们心目中所想象的村庄所挑动和引发。

出生于城市，而且过去半个世纪以来大部分时间都生活在城市的曾宪川，同样有着一种想要远离城市返璞归真的“怀乡病”。这位曾经在自己人生中最灿烂的年华摘取过詹天佑奖、建设部优秀城市规划设计一等奖等一系列土木工程行业最高奖的资深规划师、建筑师，在50岁之前经历的是一段又一段激情燃烧的岁月。在前半生的职业生涯里，他的人生画稿让许多同行钦羡不已。

在过去那种忙碌而充实的工作氛围中，一名长期被职业身份锁定在城市里的规划师、建筑师，虽然可以通过自己的努力去获得让别人艳羡的职业荣誉，但对曾宪川来说，人口拥挤、环境污染、交通堵塞等日益严重的“城市病”却常常让他产生逃离都市、回归乡土的冲动。这股在社会学者看来有点“后现代主义”的情绪和冲动，来源于他的知识分子意识和对经济、城市过快发展的淡淡忧虑。或许正因为如此，他是同行里较早关注“城中村”议题，并经常公开发声呼吁要通过“推动城乡统筹规划和发展”来化解城乡差距和社会矛盾的规划师。

2018年9月27日，曾宪川参加“桂峰寻古道 丝路忆群英”岐澳古道活动（黄睿民摄）

出身城镇职工家庭的曾宪川，少年时期在农村有过一段短暂的寄居生活。然而，不管过去几十年来由于学习和工作的原因辗转过多少个城市，遇见过多少现代化的元素在他的生活中相互交织，他对农村那块乡土社会仍然保持着从未间断的美丽遐想。尽管已经过了那种在城市的夹缝中求生存的年龄，但是，在城市生活的每一个工作日，他仍然要面对一大堆的公务，忙得不可开交。而越是处于忙碌的状态，就越会增添他想要逃离城市的情绪。

“对漫长的人生来说，在农村生活的那个暑假充其量不过是一个小小的片段，但是那却是我至今仍会跟身边的朋友津津乐道的一段最快乐的时光。”这就是曾宪川大脑中对曾经的乡村寄居生活的一段柔软的记忆。在他心目中，乡土社会的那份简单、朴实，可以帮助他把身上的每个毛孔舒服地张开，只要闲暇的时候想一想，心灵就会无比安静。长期在城市生活的人，需要有这样一个可以让自己抛开烦恼和琐事去亲近的环境。

不过，曾宪川也认为，这不是谁都能够有条件去靠近和享受的一种安静。至少在几年前，不论是对作为广东省城乡规划设计研究院院长的曾

曾宪川在云浮郁南古村体验南粤乡村民俗文化的魅力（彭剑波摄）

宪川，还是对作为广东省建筑设计研究院党委书记的曾宪川来说，都是一种奢侈。

曾宪川至今不会忘记，2014年9月6日，广东省“规划师、建筑师、工程师专业志愿者下乡服务”活动在中山市三乡镇古鹤村启动。从此他的身上多了一个标签——“三师”专业志愿者，同时也让他的人生故事有了剧情转变。那次“聚会”，集结了一大批省内土木界和学界的精英，他们当中的35位也成为广东省第一批“三师”专业志愿者。

自古以来，在任何一个行业，能力和责任都无疑是一对孪生兄弟。因而，在曾宪川看来，“这是一场注定的姻缘”。能够与这么多杰出的同行一起到名镇古村进行结对服务，他坦言自己心里感到由衷的喜悦。因为那时候一些经济条件比较好的村庄已经启动对本村人居综合环境的整治，有些村庄大拆大建的整治方式引起了政界、学界和文化界的关注，规划师也提出人居环境的整治不应该与历史文化的保护起矛盾冲突，更不应该牺牲文化去刷新旧村的颜值。而“三师”专业志愿者的介入，既是知识分子对全省历史文化名镇古村的现状以及存在问题的关注，又为矫正那些过于简单粗暴的新村建设运动提供了机会。

事实证明，“星星之火，可以燎原”。短短两年时间，整个“三师”专业志愿者的队伍就从原来在册的仅仅35名，迅速发展到250多名。“海纳百川，有容乃大。”随着群体规模的日益扩大，“三师”专业志愿者的人员结构也慢慢开始发生变化——从原来只是由建筑师、工程师、规划师三类专业精英组成，逐步发展到“任何人只要在自身条件许可和不谋求任何物质、金钱及相关利益回报的前提下，愿意在非本职职责范围内合理运用社会现有的资源，服务于社会公益事业，为帮助有一定需要的人士，开展力所能及的、切合实际的，具有一定专业性、技能性、长期性服务活动的”，都可以加入“三师”专业志愿者队伍。

为了能让志愿者精神在更多的专业群体中发扬光大、传承下去，曾宪川坦言没有放弃和错失过任何一个在公开场合为“三师”专业志愿者鼓与呼的机会。2016年12月5日，在第31个国际志愿者日到来之际，一个更大的舞台出现在他们的面前。广东省“三师”专业志愿者委员会在广州正式成立，曾宪川从许瑞生手中接过专业志愿者委员会的授旗——数百名专业志愿者终于有了自己独立的组织。就在同一年，广东省在全国率先决定开展南粤古驿道的保护和活化利用工作。成立这个组织，正是为了让更多的专业人士参与到广东的乡村建设服务中，为南粤古驿道工作提供技术支撑和专业服务。

对于“三师”专业志愿者付出心血最多且最为自豪的南粤古驿道文创大赛，曾宪川表示，文创大赛的初心是助力乡村振兴，这与“三师”专业志愿者下乡服务的出发点是一致的。“作为省级高规格的赛事，传播范围广、影响力大、效果喜人。赛事深入挖掘古驿道文化，整合沿线人文、自然等特色资源并将其活化利用，进行‘跨界大设计’，最终‘做实’到与群众生活息息相关的各类用品当中，既能弘扬优秀传统文化，又能满足群众对美好生活的向往，让南粤古驿道上的文化瑰宝活起来、传下去。因此，我们会不遗余力继续开展文创大赛，集结多方优势资源，将其打造成南粤古驿道闪亮的IP。”

引领乡亲保护农村最宝贵的财富

农村有曾宪川最美的想象，但从某种程度上讲，农村在他的心里又是有点陌生的。这并不是因为他从小到大未曾真正在农村生活过，而是因为正如学者陈辉在他的那篇有关《中国在梁庄》的读后感里所说的那样，

2018年6月16日，曾宪川在清远连州丰阳古村为古驿道文创大赛优秀设计作品点赞（黄睿民摄）

2018年9月27日，在岐澳古道（中山段）五桂山南入口，曾宪川向澳门同胞介绍南粤古驿道活化利用情况（黄睿民摄）

当知识分子都在想方设法地“逃离”都市回归乡土的时候，却蓦然发现自己现实面临的乡土正在追赶都市。

这种由于梦想和现实错配导致的落差感，不管是在曾宪川进入湖心坝村，还是在朱雪梅进入石塘村，又或是在曹劲进入上岳古围村，都或多或少地感受过。他们发现，在汹涌澎湃的城镇化和工业化进程中，那些曾经作为中国文化象征的传统村庄正在慢慢消失。由于乡土追赶都市的脚步曾经出现的错乱，一些村庄的文化正在逐渐走向消失。

不管是出于个人的想象和情感，还是出于一个知识分子的责任和担当，曾宪川都极不愿意看到这种消亡在“现代化”的进程中被继续扩大和深化。或许正是因为这一点，曾宪川说他第一次走进这些古村落时，忽然感到身上的担子居然如此沉重。

对于第一批“三师”专业志愿者来说，他们的工作内容和范围是相对简单明了的。“就是与不同的古村去结对子，每一个志愿者都要选定一条村，进行一对一的帮扶。”曾宪川回忆说。当时由省有关部门从全省范围内筛选出一批有一定历史文化底蕴、资源禀赋和发展机遇的村庄，给所有志愿者自主挑选。经过双向选择定下来后，现场便签订一份志愿服务承诺书。

曾宪川当时选的是韶关翁源县江尾镇的湖心坝村。记得2014年10月27日，他第一次实地走访，就被村庄现有的一批古民居群“迷住”了。这片民居群始建于明朝正统年间（1436—1449年），在占地150公顷的地方，就保存有59座围楼，这些围楼错落有致，视野开阔，聚集在奇峰脚下，芊芊绿野之中，集古、奇、朴、幽于一体，千姿百态，形成楼外有楼、楼中有楼、仙阁群楼、前呼后应的美妙映像。小巷连大街，纵横有序，红麻石砌井，鹅卵石铺巷，流水拱桥，鲤鱼吐水，大门屏风，龙凤呈祥，雕梁画栋，相互辉映。

不过，曾宪川现场调查发现，尽管其中外翰第、大夫第、长安围、三门楼4座围楼（屋）早在2010年5月就被省政府列为第六批广东省文物保护单位，当时大部分村民也已搬至不远处的南塘村新村居住，使得原有的古村落得到基本保护，但是，部分房屋由于年久未修，年复一年地经受强风暴雨的冲击，早已成为危房，加上古村内部排水系统衰败不畅，很容易在恶劣天气形成内涝。另外，所有老屋的电线都存在年限过久、逐渐老化的现象，一旦短路着火便会酿成大面积的火灾，而村道较窄，难以施救。村支书沈成柱还向他反映，由于缺乏管理，较少人居住，民居群内偶尔还会发生偷盗现象。“虽然村干部和部分村民对古民居有着很强的保护意识，但是要维护如此大片的民居群还是存在比较严重的资金短缺问题。”

与其他志愿者一样，曾宪川结对湖心坝村也签订了志愿服务承诺书。从那以后，在长达四年多的时间里，不管平时的工作多忙，他与湖心坝村的联系从未间断。为了带领乡亲们一起保护民居群这一农村最宝贵的文化遗产，曾宪川不仅身体力行地为湖心坝村争取到了数百万元的国家专

2019年3月14日，曾宪川与德国华裔“三师”专业志愿者俞军在珠海长南迳古道现场讨论驿道活化（黄睿民摄）

项保护基金，还为湖心坝村的乡村规划建设、人居环境改善、历史文化保护和传承等，提供了一系列专业咨询服务。

转眼间，多年过去了，湖心坝村早已不是原来那个湖心坝村。按照当地人的说法，如今的湖心坝村不仅整体保留了明清代、民国时期直至20世纪50年代村落的历史格局和建筑风格，近代以来的建筑也基本采用了传统材料、建造技术和风格样式，村落空间组织上亦延续着传统的街巷肌理和空间格局，村落整体风貌极为协调统一。哪怕是与古村一河之隔的新村，经过规划改造，传统与现代这两种不同人文生态景观不仅没有冲突，反而显得浑然一体、相得益彰。正是借助历史与当代共同缔造的这一系列独特的资源禀赋，湖心坝村近年大胆挥写乡村、生态和文化旅游主题文章，同时努力引进社会资本将其打造成耕读主题休闲度假古村落。

“实际上，几年前确立的一对一模式，我们到现在都还一直在坚持。对于‘三师’专业志愿者来说，服务乡村的初心从未变过。”曾宪川说。虽然近三年来，数百名志愿者全方位地参与到南粤古驿道的保护利用工作中，从而大大拓展了“三师”的内涵，但是，志愿者的宗旨仍然是服务乡村。遍布全省的南粤古驿道，不仅串联了全省六成的省定贫困村，而且在2018年广东打造的11条重点文化旅游线路中，被每一条精华段串联起来的那些“珍珠”，最后也会聚焦和落实到一条条的文化村和生态村中来。他们所承办的文创大赛和艺道游学这两组重要活动，也都是围绕驿道旁边的村落来进行的。

“这么多年来，志愿者结对帮扶的村庄已经多达数百条。”曾宪川一脸自豪地回忆道，每一次村支书到了广州都会第一时间跟他联系，而他每一次放下自己在城里的事务，轻车熟路地回到湖心坝村，看到当地的村民像招呼老朋友一样把自己迎接到家里，就打心眼里感到欣喜。

乡村要振兴，首要的是改变农民的观念。湖心坝村能够因他而改变，这是他作为一个知识分子最大的骄傲。曾宪川坦言，“三师”下乡的日子，也是他最快乐的日子，这是以前从未有过的体会，从这个角度来理解，乡村也改变了他自己。（文：冯善书）

珠海岐澳古道（广东省自然资源厅供图）

曹劲
通过保护利用，让古道融入当代社会生活

Cao Jin
Integrating the Historical Trail into Contemporary Social Life Through Protection and Utilization

曹劲，建筑学博士，研究员；广东省文物考古研究所所长，广东省文物保护专家委员会秘书长，中山大学社会学与人类学学院硕士校外导师；广东首批“三师”专业志愿者。多年来一直从事文化遗产保护理论研究和重要文化遗产保护规划、保护工程设计、行政管理等各方面的实践工作。曾参与广东“海上丝绸之路”申遗、南粤古驿道保护等重大项目，牵头的古建筑维修项目两度获得联合国教科文组织亚太区文物古迹保护奖等重要奖项。

Cao Jin, Ph.D. in Architecture, a researcher. She is the Director of Guangdong Provincial Institute of Cultural Relics and Archaeology, secretary-general of Guangdong Committee of Experts on Cultural Relics Protection, master's off-campus tutor of School of Sociology and Anthropology, Sun Yat-sen University, and the first volunteers of "San-shi" in Guangdong Province. For many years, she has been engaged in the theoretical research of cultural heritage protection and the practical work of important cultural heritage protection planning, protection engineering design, administration and other aspects. She has participated in the application for the "Maritime Silk Road" in Guangdong and the protection of South China Historical Trail. The maintenance project of ancient buildings led by her has won the UNESCO Asia-Pacific Cultural Relics Protection Award twice.

精彩观点

今天的种种保护与利用，其实都是为激发其内在活力，使其再次融入当下的社会生活。一座建筑的历史必须是可读的，哪些是旧的、哪些是新的，修复之后，要让今天的人可以看得明白。也就是说，不能一味地追求修旧如旧或者修得全新，而要从文化意义的角度去做最小的干预。

Viewpoint

All kinds of protection and utilization today are actually to stimulate their inner vitality and re-integrate into the current society. The history of a building must be readable for people today to recognize which are old and which are new after restoration. In other words, we should not blindly pursue the historical trails be built as old or completely new after repairing but with the least intervention from the perspective of cultural significance.

"志愿者里边来了一个考古专家——"

走在南粤古驿道上的广东省文物考古研究所所长曹劲，经常会听到一些地方的工匠或者干部在离她不远处的人群里欢呼。每当这个时候，一种文物保护专业工作者的使命感和责任感便油然而生。

作为亟待保护的历史文化遗产，南粤古驿道的概念从提出伊始就一直在不断扩展，层层叠进。首先是不纠结于如何去区分驿道、官道、民道，遍布南粤大地的以驿道为代表的古代道路都纳入保护对象。在这些遗存中，有梅关古道、西京古道这样的全国重点文物保护单位或者广东省文物保护单位，但更多的是大量名声不显的乡村古道。

在曹劲看来，今天的种种保护与利用，其实都是为激发其内在活力，使其再次融入当下的社会生活。

老村因古驿道的活化焕发生机

知性、优雅是很多人对曹劲的第一印象，她说话不疾不徐、平和淡定。《南方日报》的一篇报道提到，深受中文系教授的父亲影响，从小饱读古诗词的曹劲经常出口成诗，高考选专业更是"任性"地全部都填了建筑学。与待在实验室里的文物修复专家不同，进入文物保护领域29年来，曹劲的足迹遍布广东的乡间田野。走入一栋栋凝结了时间与空间的老房子，她破解时光密码，用手艺留住老房子的时光痕迹。

曹劲是广东第一批"三师"专业志愿者，多年来她通过下乡不断学习乡土营建的知识，认识到地域传统的特质与魅力，再把这种感受传达给村民，帮助他们认识到家乡的美，唤起他们内心深处对家园久违的自豪，促成他们在文化和观念上的转变。

2016年5月，曹劲开始参与到南粤古驿道项目。对她来说，这是一个逐

2018年7月21日，曹劲参加岐澳古道三乡雍陌示范段保护修复方案讨论（黄睿民摄）

2018年12月2日，曹劲参加南粤古驿道第二届文化创意大赛年度大奖评审（田思劭摄）

步加深理解、不断感受惊喜的过程。南粤古驿道的活化利用是各部门联动、全社会共享，大大突破了原有的思路与方式。体育赛事所带来的活力、青少年游学的传承等，让古道边一些原本比较边缘的村庄，迅速集聚起了人气。后来作为指导组专家，她深度介入河源粤赣古道等精华段的修复建设和保护利用工作。其间，有太多的人和事让她感动、难忘。譬如，在粤赣古道何新屋，村民代表开会到深夜，投票表决，自发、主动要求让村落成为定向越野比赛点；西京古道上的乡贤许化鹏，怀着满腔热情，数十年如一日地默默收集、调研古道相关知识、故事……

不过，与村民的互动和沟通并不总是顺利的。在南粤古驿道周边的古村调研时，曹劲就遇到过村民的要求和专家的希望存在很大偏差的情况。譬如，面对古村中历经风霜保存下来的一些破旧但充满地方文化特色的民宅，专家在现场表示惊叹并称赞村民对历史建筑有着很强的保护意识时，村民马上会反问他们为何不搬进来住住。“有一些困惑是大家到现在还没有解开的，比如从我们的角度讲，我们是想维护村落的传统风貌，但作为村民，他们可能想要过更现代化的生活、住现代化的房子。”曹劲为此感慨。

正因为这样，曹劲说她修了这么多年的古建筑，现在思考得更多的是如何把人和房子一起进行整体性的保护。譬如，2018年引起社会广泛关注的永庆坊城市更新项目，就是在实施城市历史街区保护的过程中，既修缮了古建筑，又保留了原住居民的生活，社区居民共同参与其中，一同实现了对旧区的改造更新。有价值的古建筑值得我们去保护，但居民原有的生活状态和生活方式更值得我们去保护。如果不想让修复后的古建筑只留下一副躯壳，就要想办法让其继续“活着”，使其从里到外焕发出一种生命的气息。“我们要思考，城市更新是为了谁，谁才是城市的主人，让城市生生不息。现在很多老街区的‘活化’往往会赶走原住居民，然后把它打造成一个网红打卡的旅游地，在里面你听不到乡音，也看不到百姓的生活痕迹，实际上这造成了城市的文脉断裂。我觉得我们

曹劲在乡下调研（受访者供图）

应该做的是保护它的建筑风貌，同时保护原住居民的生活状态和方式，增加基础配套设施，创造更多的经济发展机会，从而真正实现街区的复兴，不能‘留壳不留核’。”

南粤古驿道周边传统村落数量众多、价值独特，广府村落、潮汕村落、客家村落、少数民族村落形态相异、各具姿彩，然而对它们的保护也面临种种困境。曹劲认为，近年来一些乡村复兴的成功案例说明，保护传统村落的核心是“活态保护”，要唤醒乡村自身的潜质，焕发持久的生机。

在曹劲看来，不管来自哪个行业，专业地位有多高，从事志愿服务就应当是“润物细无声”的。志愿者投入的不是资金和项目，而是时间、情感和智力；志愿者不是去传达自上而下的决定，而是将专业者的知识、有利于乡村保护的知识灌输给乡村，以一种平等、平和的沟通方式和尽己所能的帮助来获得村民的理解；志愿者是观察者、倾听者、引导者，通过文化和教育上的主动关怀和输出，提升村民的素质，启发他们自身持续发展的动力。

而“三师”下乡，在志愿者和乡村之间成功建立起信息交流的平台和渠道，形成多种优势与资源的集结。同时，艺术活动和旅游发展给地方带来了经济自信，给村民带来生计，返乡创业的潮起则让“空心村”逐步恢复生机。

新的建造要有时代气息和乡土风味

“无论哪一个巍峨的古城楼，或一角倾颓的莫基的灵魂里，无形中都在诉说乃至歌唱时间漫不可信的变迁。”曹劲在接受媒体采访时曾表示自己非常喜爱并认同梁思成的这句话，这也是她在古建筑保护上的一贯理念。

在古驿道遗存修缮的过程中，曹劲提出应保留时间的痕迹，尊重乡土社会随着时间流逝而发生的变化。尤其是，对已经消失的遗迹不做复原，不去建假古董。新的建造要有时代气息和乡土风味。这些与陈雄、王世福等专家的观点亦不谋而合。

在曹劲看来：“建筑设计是去创造一个全新的空间，而古建筑修缮需要克制我们的创造力。面对前人留下来的珍贵遗产，比如一些老祠堂、老民宅，甚至是一口历经千年风雨的古井，我们要做的不是施展自己的创意才华，而是思考如何去保护它，让它更好地保存下来，并且继续在我们的生活里发挥作用。所以我首要考虑的是去尊重它、理解它、不改变它，在这样一个前提下去消除病害和危险，重现它最初营造的匠心。”

2018年国庆，全省有11条古驿道文化精品线路向广大游客推出，当被问及作为指导组专家，应该如何当好自己负责的线路的“推销员”时，曹劲一脸春风地说，她诚挚邀请国内外的游客特别是年轻朋友，到东江上游的粤赣古道何新屋，体会中国传统的建筑之美、废墟之美；到珠海岐

“黄金通道”上的会馆文化遗存——南雄广州会馆
（广东省自然资源厅供图）

澳古道，感受人文荟萃的中国现代革命史和商贸史的遗迹盛景；到韶关的西京古道，沿着坎坷崎岖的山路回溯中华文明绵延数千年的历史，感受岭南文化和自然生态景观演变的沧海桑田。

道路与聚落密不可分，在曹劲看来，除了本体以外，广东还要保护那些曾因道路而兴旺的古城镇、古村落，以及相关的乡规民约、风俗节庆、传统手艺和传说故事，例如石塘村的月姐歌和堆花米酒、郁南县的禾楼舞、西京古道的“石阶除道”。至此，实现物质与非物质文化遗产的全面覆盖。

“让人欣慰的是，近年来各地对文化遗产保护的理念不断发展进步。”曹劲说。今天的广东，已经从重视古代文物、近代史迹的保护，向同时重视当代遗产、20世纪遗产保护的方向发展；从重视静态遗产的保护，向重视活态遗产和动态遗产保护的方向发展；从重视公共文物遗址的保护，向同时重视反映普通民众生活方式的民间文化遗产保护的方向发展；从保护单体文物向保护文物群落，再到复杂类型（文化线路等）的发展。（本文引用了李培《在岭南老房子里“雕刻时光”》的部分内容）

（文：冯善书）

曹劲（受访者供图）

岐澳古道（广东省自然资源厅供图）

朱雪梅
重塑古道价值 让空心老村重燃生命

Zhu Xuemei
Rebuilding the Value of Ancient Road and Rekindling the Life of Hollow Old Village

朱雪梅，广东工业大学建筑与城市规划学院原院长、教授，中国城市更新专业委员会主任委员、中国建筑史学会理事、中国民居建筑专业委员会委员。广东省首批“三师”专业志愿者，广东省“三师”专业志愿者委员会常委。长期从事建筑设计和城乡规划教学科研工作。多年来，主要开展对岭南建筑遗产保护、旧城风貌形态保护与复兴等研究工作，曾走访调研广东省300多个村落，主持完成“岭南传统民居建筑形态适应性研究”“广东历史村镇特色保护和利用研究”“广东省农村人居生态环境‘十三五’规划（古驿道及乡村风貌部分）（2016—2020年）”等相关课题60多项。

Zhu Xuemei, Dean and Professor of School of Architecture and Urban Planning, Guangdong University of Technology, chairman of China Urban Renewal Professional Committee, director of China Society of Architectural History, and member of China Residential Architecture Professional Committee. She is one of the first "San-shi" professional volunteers in Guangdong Province, and a Standing Committee member of the Provincial "San-shi" professional volunteer committee. She has been engaged in teaching and scientific research of architectural design and urban and rural planning for a long time. Over the years, she has mainly carried out research work on Lingnan Architectural Heritage Protection, Old Town Style and Form Protection and Renaissance and has visited more than 300 villages in Guangdong Province and directed "Lingnan Traditional Residential Architectural Form Adaptability Research", "Guangdong Historic Villages and Towns Characteristic Protection and Utilization Research", "Guangdong Rural Human Settlements Ecological Environment the 13th Five-Year Plan (Historical Trail and Rural Style Part) (2016-2020)" , adding up to more than 60 related topics.

精彩观点

抢救古村落是一场马拉松式的长跑，需要理性态度和科学方法，需要不断坚持，这是一场持久战。抢救古村落还需要我们大家一起努力，共同保护前人留下的宝贵财富。很多古驿道是小山村里的金凤凰，“养在深闺人不识”，但擦亮就是珍珠、就是钻石。对古道和古村落的保护修缮，一定要保持“原真性”，同时要考虑价值重塑的当代活用。一些配套设施的建设，除了风貌协调，尽量就地取材、变废为宝外，还要考虑使用功能的多样性、长期使用的耐久性和后期维护的便利性。

Viewpoint

The rescue of ancient villages is a marathon-like long-distance race and protracted war, which requires rational attitude, scientific methods and constant persistence. Rescuing ancient villages also requires all of us to make efforts and work together to protect the precious wealth left by our predecessors. Many historical trails are the golden phoenix in small villages, which were not known by people raised in the boudoir, but through polishing, they are pearls and diamonds. To protect the historical trails and villages, "authenticity" must be maintained. At the same time, the contemporary flexible use of value reconstruction should be considered. In the construction of some supporting facilities, the coordination of styles and features is required, local materials should be taken as far as possible and waste should be turned into treasures. The diversity of functions, durability of long-term use and convenience of later maintenance should also be taken into account.

“因岁月变迁，这些曾经辉煌的古村大多荒废沦为贫困村，已经成为人们心中的痛，文化似乎也沦为沉重的负担。这是多么可悲的事情啊！”刚忙完一天工作的朱雪梅，用一种颇为无奈的语气感叹。

这是朱雪梅作为一名建筑与城市规划学者，对过去那些年的田园调查而产生的一种文化忧虑。不过，随着2018年她以“三师”专业志愿者及南粤古驿道保护和修复利用工作第一指导组专家的身份，参与到韶关南雄梅关—乌迳古道的恢复建设后，曾经格外无奈的心情便多了一些希望。

将历史文化与当代文化建立有效连接

以广东工业大学建筑与城市规划学院院长的身份，去接过指导组专家这份“压力丝毫不亚于专职工作”的重任，朱雪梅教授坦言，自己完全是出于一种专业的驱动、文化的感召。

尽管来自工科院校，但是朱雪梅对中国传统文化元素的关注一直特别走心。在她的精神感应体系里边，散落在岭南的任何一处文化遗存，哪怕已在风吹日晒中变为残垣断壁、朽木瓦片，仍然值得人们去珍视。因为不管当下还是未来，我们要想了解前人的历史文化、精神世界，唯有通过这些遗存的细节去研究和解读。她常常带着“三师”专业志愿者团队走村串巷，在古驿道上学习博大精深的传统文化。

事实上，在担任指导组专家之前，朱雪梅已经与这些古道和乡间的文化遗存接触了20多年。“几乎每一次下乡，都会跟农村的一些人和遗存擦出一些火花。这里边有太多的感触和感动。”

一说起农村的人和事，朱雪梅就能滔滔不绝地说个不停。从饶平的西片古

朱雪梅下乡指导古道活化工作（受访者供图）

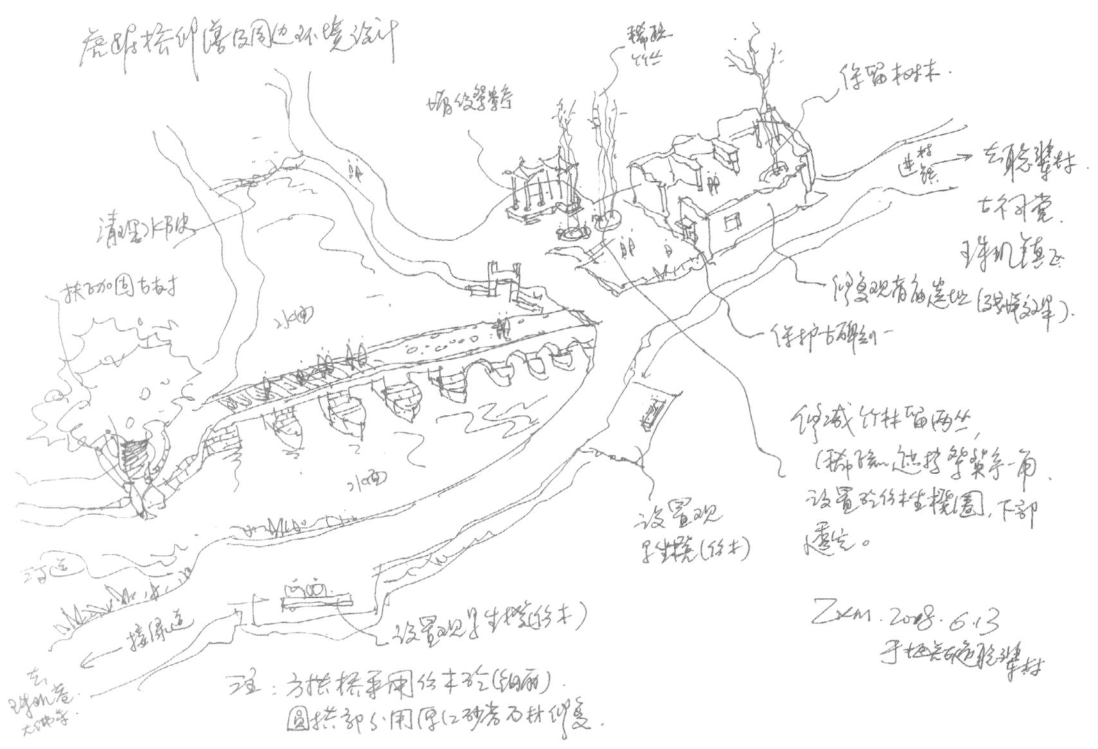

虎踞桥现场设计（朱雪梅手绘）

道到南雄的梅关古道和乌迳古道，从珠海的岐澳古道到乳源乐昌的西京古道，每讲到这些古人走过的路，她就显得特别动情，对自己下乡中接触过的老人，带队勘查过的古屋、古桥、凉亭等，总能说出一堆的故事。

在朱雪梅眼里，古驿道就像一本读不完的书，串联了那么多历史文化、名人故事和生态景观。有些东西，表面看上去那么不起眼，而且长时间被人们忽视甚至遗忘，但是，当我们细细去探究和观察后，就会发现它们身上承载着丰富的环境美学、管理哲学和空间设计观念，既带着古人的情感思考，又饱含某种人文精神。它们之中有些外表虽被破坏，但灵魂还在。在河源和平的古道边，一位80岁的老人很认真地在一张白纸上一笔一画地为朱雪梅描画了整座村庄呈“七星伴月”的建筑选址文化由来，实际就是构建一个和谐、集约和美好的聚落，同时又巧妙地利用自然地形建立起步步为营的防御体系，达到人与自然互为一体的人居环境。古人的深谋远虑、巧于因借的智慧不能不令人唏嘘感叹，深思学习。一路上这样的事例不胜枚举。

不仅如此，朱雪梅还善于调查发现当代的感人事迹，如在饶平西片古道，一些荒废的小圆池塘引起了她的注意和兴趣，她就此展开调研，原来这些是一个曾经有过几十年辉煌发展历史的特色鱼苗产业的遗存。该鱼苗孵化场是本地技术员张增光在1957年创建的，属西片大队集体养殖场，1972年在原地扩建，水面场地达500亩（包括樟山塘水库、虎地水

朱雪梅在虎踞桥现场施工指导（受访者供图）

库鱼种群养），2010年因鱼生病和水资源影响而停产。经张增光孵化的鱼苗有繁殖率高、体壮、易养殖和品种齐全等特点，鱼苗销往粤东大埔、福建平和等地，深受淡水鱼养殖户的好评。在张增光的影响下，当地淡水鱼养殖得到发展，集体和散养户经济收入增加。在培植和销售鱼苗的同时，张增光还长年累月到各地进行技术指导，深受渔农们爱戴。为此，朱雪梅在规划设计时对原遗址进行了保护，并在标识中对这一段感人的故事进行了介绍。

又如南雄乌迳古道的焦坑茶亭，虽还可以使用，但破旧、简陋、窄小，缺乏特色，但因与江西交界，两省的村民还常常使用。朱雪梅极力想好好修缮有乌迳古道特色的古凉亭，正苦于没有当年茶亭的式样做依据，有幸当地的沈金荣老师带路在水松村找到了孤本。在决定拆掉简易茶亭时，听说该村年迈的温老村支书极力反对，原来这个简易的茶亭是老人家在20世纪80年代发动热心的村民集资修的，里面凝聚着多少人的心血啊！朱雪梅被他们当年的行为感动了，决定保留此亭，在附近另建一处满足驿道使用要求的茶亭。然而，当老人看到朱雪梅等人的设计图时，态度发生了180度转变，坚决要求拆除旧亭，为此，朱雪梅强调将拆下的砖和瓦用在新建的亭中，保持它的延续性，同样，在标识中也要求记载下这一段不为人知的感人历史。在连州的秦汉古道，朱雪梅曾经遇到过当地的老人为水道边上即将被拆除的古墙神伤的场面，点点滴滴，不断地唤醒着她，她决心一定要用自己的专业知识和能力去帮助当地人寻找历史与当代文化的有效连接方式，让这些老去的“生命”重新焕发青春。

南粤古驿道本身就散布在广东的边远山区，其周边的古村落数量多、分布广、个性鲜明。随着现代经济的飞速发展，这些“传统文化的明珠”正在逐渐衰败，存在消亡的危险。为保护、挽救古村落奔走了20多年的朱雪梅坦言，古村落抢救性保护实际上是与时间赛跑。“伴随着古村落的消亡，传统文化也将失去赖以依存的空间，自然也面临着消失的境地。”

南粤古驿道见证岭南文化的多样性

在朱雪梅看来，今天，广东不仅要建设文化强省，还要推动乡村振兴，保护和善用古道、古村宝贵的文化资源，将文化遗产的保护与自然环境的保护更紧密地结合，彰显移民文化集中呈现的历史厚度和文化自信，尽可能发挥资源的最大效益，展示过往的辉煌、当下的奋发和未来的美好。

因而朱雪梅认为，结合全省南粤古驿道线路保护与利用契机，重塑古驿道的价值，通过古驿道复兴带动乡村发展将是广东乡村振兴特色。值得肯定的是，在省领导的直接推动下，广东省住房和城乡建设厅等有关厅局和各地方政府，已经在运用文化线路的理论，创新性地将文化信息和自然景观联系起来，特别是与广东绿道形成有机整体，重塑古道、古村价值，让文化成为恒久的财富。而古驿道、古村与绿道的结合，亦逐步营造出“古驿道+文化”“古驿道+旅游”“古驿道+农产品”“古驿道+教育”和“古驿道+体育”等创新模式。

修复之后美丽的珠玑镇聪辈虎踞桥（受访者供图）

广东工业大学“三师下乡”专业服务志愿者团队（受访者供图）

“南粤古驿道更是文化之道。”朱雪梅说。岭南文化的包容性，正是因为大家都从不同的地方来，人们通过古驿道将中原文化的精华，如儒家文化、风水文化、农耕文化、宗族文化等，在这里形成诗意的栖居。在朱雪梅看来，是“一方水土养一方人”形成了南粤文化的多元性，如广府文化、潮汕文化、客家文化等，这些形成了各地的文化名片，是我们未来建设的特色所在。

所以，朱雪梅主张在当代重塑古驿道的价值，将古驿道修复与乡村振兴相结合，将南粤古驿道作为一条纽带，以承载多种要素混合交织和叠加，产生共赢，更好地带动广东贫困地区发展。

很多古驿道擦亮就是珍珠和钻石

“建筑是艺术之母，是文化的载体，是活着的史书。作为几千年农耕文明的大国，传统村落更是中华文化的根之所在，我们每一个人都有责任把文化记载好，传承下去。”在接受《科学中国人》采访时，朱雪梅说。

正是怀着对古村落的这份情感与建筑学者的责任，从2003年起历时10多年，朱雪梅跑遍了广东省内东西南北大大小小300多个村落和许多古驿道，较为全面地掌握了广东省内古村落的保存状况，并挖掘和推荐了一批优秀的古村落。通过对广东省古村落近距离的观察、参与和体验，以及系统归纳，对比分析，朱雪梅对广东古村落的生活、生产方式进行了典型梳理，为传统建筑保存和利用等提供了决策依据。

朱雪梅发现，广东地区古村落丰富，还保存有建村千余年的古村落，其形态各异、类型丰富，充满人文情怀和生态智慧。然而，因人为和自然的破坏，大多数古民居、祠堂、牌坊等建筑实体年久失修，破败不堪，导致传统古村落空间生长演替断裂，物质空间和文化意识都与历史发生断裂。除此之外，随着时代的发展，居民生活观念和生活方式急剧变化，原有的基础设施、室内布局与外部环境已经不能满足现代生活的需要，很多古村落居民盲目模仿城市，在风景优美的地方建起了小洋楼，这与整体古村落的风格不相协调。

通过多次深入的现场访谈调研和勘察记录，朱雪梅及其团队先后挖掘了韶关市仁化县石塘镇石塘村、曲江区小坑镇曹角湾村、新丰县梅坑镇大岭村、乐昌庆云镇户昌山、江尾镇南唐湖心坝村，河源市和平县林寨兴井村，潮州龙湖寨、象埔寨、饶平县所城镇，湛江市雷州潮溪村、东林村、邦塘村、遂溪县苏二村、调丰村和双村等一系列优秀古村落和古驿道文化遗存；并对月姐歌、舞春牛、舞龙灯等非物质文化遗产进行积极的整理与保护，逐步建立和完善了古村落及其优秀历史建筑的登记制度和村落保护预警体系。对特色鲜明、保护价值较高，以及破坏严重或存在严重潜在破坏因素的村落进行分级预警。

在朱雪梅看来，很多古驿道是小山村里的金凤凰，“养在深闺人不识”，但擦亮就是珍珠、就是钻石。因此，对这些古道和周边传统村落的保护，一定要严守“原真性”的基本原则。

古建筑看起来古朴、漂亮，但居住条件不尽如人意，相比坑坑洼洼的石板路和不通风透光的老式花窗，村民们更喜欢新房子和平坦的水泥路、透亮的玻璃门窗。这些都是保护古村落与改善生活环境之间的切实矛盾。如何在弘扬古村落文化的基础上建设有特色的新农村？课题组在广泛调研的基础上进行分析梳理，原汁原味地提炼出古村落和民居的特色以及其文化内涵，同时结合居住需要、节地、节能、安全、低碳等因素，将传统建筑的价值元素融入新农村建设，编制出《韶关新民居图集》，对建设具有韶关地方特色的宜居村庄发挥了积极作用。

朱雪梅带领专业服务志愿者团队下乡调研（受访者供图）

“在保护古村落方面，政府要有所作为。另外，要做到实实在在的保护，关键是要增强村民对自身历史文化的认同感，丰富其保护古村落建筑的常识。”朱雪梅教授说，“这需要村民、政府和媒体的共同努力。首先，政府要足够重视，给政策和作引导；其次，媒体要多方宣传，扩大影响，争取多种社会力量支持；最后，村民要发挥主动性，积极改善环境。要给村民配套功能设施，想方设法留住原村民，因为他们才是这儿的主人，没有他们，古村落保护寸步难行。同时，也要根据不同村落的特色价值、区位环境、现状条件、影响因素和新村建设等各种因素制订适宜方案，价值高的要原汁原味加以保护，价值一般的要进行活化利用，保留意义不大的要传承韵味新建。总之，要因村而异，以体现乡土特色和地方风貌为目的。”

“古村落要做到实实在在的保护，关键是增强村民对自身历史文化的认同感，丰富其保护古村落建筑的常识。”朱雪梅坦言。要留住原村民，就得挖掘和拓展乡村的产业。而发展乡村产业的首要制约因素就是缺人，缺少年轻劳动力。怎么把年轻人吸引回去？这就需要让年轻人回去后有事干，能够保障年轻人发展所需的基本条件。因此，乡村需要发展的产业不是把一些发达地区淘汰的产业转移过来，而应该是因地制宜，结合乡村的特点挖掘出新的产业。如通过互联网，把乡村的农产品带出去；另外，跟周边乡村的资源进行互补对接，使一些产业得到发展等。只有形成农业产业的发展，年轻人回来才能够在这里安居乐业，乡村的复兴才会成为可能。

朱雪梅说：“古村落保护涉及方方面面，是一个长期的系统工程，一方面需要政策法规、体制机制创新，另一方面还要树立自信并引导全民积极参与。总之，积极改善环境，完善配套并拓展乡村产业，吸引年轻人返乡创业，才能上下联动，实现村落文化遗产保护与社会主义新农村建设互动共进的双赢局面，既宜居又彰显特色，再现岭南乡愁。”（本文部分内容摘自吕腾波的《行雨著花　情牵古村落》）　　（文：冯善书）

清远连州秦汉古道

在南岭山脉九嶷山与骑田岭之间，秦汉古道从临武穿境而过。古道风光旖旎，山林峻秀，溪流湍急，天然古朴，千古文人真迹所留的摩崖石刻，道尽了辛酸史事：2000多年前，因朝廷贬谪官员到所谓“南蛮之地”的岭南都要经过此道，故秦汉古道被称为“贬道”。唐代政治家、“诗豪”刘禹锡当年从长安被贬到连州任刺史，拖儿带母，一步一步走过这条秦汉古道到连州上任。他曾写下“桂阳岭，下下复高高。人稀鸟兽骇，地远草木豪。寄言迁金子，知余歌者劳”。刘禹锡“功利存乎民”，为连州“科第甲通省”立下不朽功勋，深受连州百姓爱戴。可以说，秦汉古道经历了千年的朝代更迭、战争洗礼，见证了商贸往来、贬官谪居、文化传播，其承载的丰厚历史文化内涵待人深究。

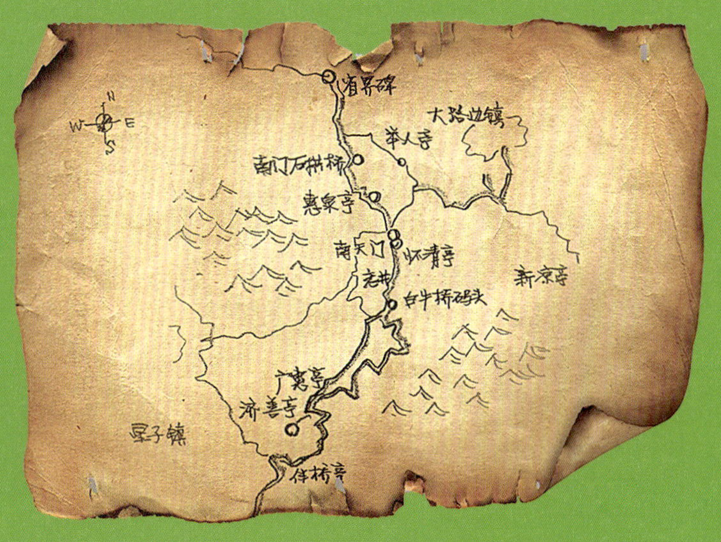

罗竑

让新时代文明的“风”吹进乡村

Luo Hong

Let the "Wind" of the New Era Civilization Blow into the Countryside

罗竑，国家一级注册建筑师，广州市天启正业建筑设计事务所总裁/合伙人，广东省“三师”专业志愿者委员会常委。主要设计作品有广州珠江新城环球都会广场、粤电信息交流管理中心、广州亚运文化体育中心等。

Luo Hong is a state-level registered architect, president and partner of Archinature Design Associates, and a standing member of the Professional Volunteer Committee of Guangdong Province's "San-shi". His main design works are: Guangzhou Zhujiang New Town Global Metropolitan Plaza, Guangdong Telecom Information Exchange Management Center, Guangzhou Asian Games Cultural and Sports Center, etc.

精彩观点

能够用专业知识为乡村发展起到一点点推动作用，这让我很开心。作为一名“三师”专业志愿者给我带来的愉悦感和其他任何时候都不一样。

Viewpoint

It makes me delighted that I can use my professional knowledge to promote the development of the countryside. As a volunteer of " San-shi ", I feel joyful, which is different from any other time.

在建筑设计行业，广州市天启正业建筑设计事务所总裁罗竑已经颇有名气。广州珠江新城环球都会广场、粤电信息交流管理中心、广州亚运文化体育中心……这些广为人知的优秀建筑作品都出自他手。

教授级高级建筑师、广东省杰出工程勘察设计师、广东省工程勘察设计行业协会副会长……从业30多年来，伴随着众多广为人知的优秀建筑作品，罗竑的身份也越来越多。2014年，广东省成立了“三师”专业志愿者委员会，罗竑决定再给自己增添一个新的身份——南粤古驿道“三师”专业志愿者。

设计、指导、筹划、评估……近年来，“三师”专业志愿者罗竑的身影常常活跃在南粤古驿道沿途的村庄。罗竑认为，参与古驿道修复活化的工作，是一个行业稳定从业者的社会责任和担当。他希望通过“三师”专业志愿者下乡活动，将建筑文明、设计文明带进乡村，改变乡村的居住环境。更重要的是，他希望通过环境的改变，使村民的思想观念发生转变，让新时代文明的风吹进乡村的同时，也能吹进村民的心田。

动手修缮住房

头上戴着一顶红色安全帽，脖子上披着一条汗巾，手上戴着线手套……这是罗竑在“广东美丽宜居乡村行动——农房改造示范项目”工地现场的样子。那天，他脱下正装，拿起工具，和当地工匠一同当起了泥水工，为茂名信宜山背村的村民修缮住房。

信宜地处粤西欠发达地区，农房建设相对缺乏设计和指导，外观很简陋，伫立在乡村的景色中，显得格格不入。初到山背村，罗竑等“三师”专业志愿者要做的第一件事就是展开调研。周边环境如何、地域文

罗竑动手示范“大师小筑”（黄睿民摄）

2018年5月31日，罗竑在岐澳古道中山五桂山精华段指导保护修复技术工作（黄睿民摄）

化有什么特点、农房主有什么具体使用需求等，这些都是志愿者们要考虑的问题。

在这次改造活动中，罗竑所在的广州市天启正业建筑设计事务所无偿完成了设计工作，对山背村一间二层高的农房进行了设计改造。从提高农房的抗震能力，到改善遮阳、排水等基本功能，志愿者们都考虑得面面俱到。

“那个农户的屋子已经住了10年了，内外墙面都没有批荡，都是灰砖。我们对裸露的农房外墙面进行了批荡，还在外墙增挂钢筋网，以提高农房的整体抗震能力和外墙防水效果。”罗竑说。

此外，“三师”专业志愿者们还在立面材料和色彩、屋顶檐口、门窗阳台装饰、小庭院营造等方面下足了功夫：在窗户和入口增加小坡顶，是为了遮阳挡雨；在墙基增加60厘米高的勒脚线，是为了保持外墙面的洁净度。为了突出地域特征，志愿者们还采用了灰瓦小坡顶、土黄色的墙漆，以及暗红色的装饰窗花等元素。

“做梦也没想到会有这么多大师、专家来帮自己改造房子，跟亲友说都没人相信，下次一定请他们来喝茶吃饭，好有面的！”农房主说。其他村民也纷纷表示羡慕：“以后建房子就要照着这个样板来。”

罗竑手稿

“虽然我们所做的只是‘微改造’，但是村民们的生活改变却并不小。”罗竑说。“三师”专业志愿者们对于农房的改造可能只是局部的，但是，这些改造却会给村民们带来生活上的便利，让村民们的幸福感提升，也让建筑文明和设计文明在乡村开枝散叶。

把文明的观念灌输进村民的心里

农房改造帮助乡村美化了环境，让村民有了实实在在的获得感、幸福感。不过，在罗竑看来，进行农房的改造虽然能在美化乡村环境中起到一定的示范作用，但却不是根本之策。

“这次改造民房的费用都由政府出资，但政府的经费不足以为所有人改造房屋。村民没有钱，也就不会跟着改造了。”罗竑认为，在乡村建设方面，最主要的工作，应该是乡村公共环境的改造。当今很多人一提及农村，脑海中就会浮现“脏、乱、差”的画面，很大一部分原因是农村的基础设施不完善，垃圾、污水处理不及时。

为了改善乡村的公共环境，罗竑一直奔波在多个古驿道沿途的乡村中，有时指导规划，有时亲自上阵。在2018年的岐澳古道精华段的修复工作中，罗竑作为督导组的志愿者成员，每个月都亲临现场听取工作汇报并提出相关建议。在连州，“三师”专业志愿者们再次组织了美化乡村行动，罗竑等志愿者们亲自动手为乡村整治环境，为小桥栏杆除锈上漆。

“志愿者们做的有些事情不是什么大工程，但是重点在于对村民们观念的灌输。”罗竑表示，乡村环境的改善是一项艰巨且需要长期努力的工作，很多村民还没有树立起主动保护环境卫生的意识，逐渐完善乡村基础设施可以对村民们起到示范作用，“要向他们传递讲卫生、讲规矩的思想，只有村民们从思想上意识到问题所在，乡村整体的环境才能得到改善”。

乡村是中国几千年文化的发源地，一方面，这里孕育了中华民族优秀的传统文化；另一方面，随着时代的发展，村民的很多思想已经不符合当下的社会。“三师”专业志愿者参与古驿道的修复活化工作，在保护历史遗迹、改善乡村环境的同时，其最终目的，是将新鲜的文化带进古驿道沿线的乡村中，让千年古村迸发出新的活力。

让古驿道文明的风吹出去

“‘三师’下乡不仅仅是‘给予’，也有‘吸收’。”在罗竑眼中，修缮古驿道的过程，更像是一个“通风”的过程，不仅要让新时代的风进入古驿道，还要让古驿道里的风吹出去。

作为中华文明的发源地，乡村蕴含着许多优秀的传统文化和珍贵的历史古迹。修缮古驿道的过程，其实也是一个取其精华，去其糟粕的过程。如何让新时代的文明进入乡村、改善乡村环境是“三师”专业志愿者工作的重点；如何把富有价值的乡村文明、时光之美传播出去，提升乡村的影响力，也是“三师”专业志愿者工作的重点。

罗竑与村庄签订结对帮扶“三师”专业志愿者服务协议（黄睿民摄）

台山是全国著名侨乡，旅居海外的侨胞有130多万人。鸦片战争时期，社会动荡，民不聊生，出洋谋生成为台山人的出路。海口埠作为当时南粤古驿道与海上丝绸之路联系的重要出海港口，被誉为“广府人出洋第一港”。

在罗竑的记忆中，台山海口埠是一个让他印象十分深刻的地方。在这里，他参与指导了银信柱广场的建设。作为出洋中转站的海口埠催生了发达的银信业。银信是信、汇合一的特殊邮传载体，代表着家书抵万金，是海口埠最独特的历史印记和符号。虽然时过境迁，古港繁华不再，碉楼已湮没于广陌之间……但银信却作为华侨家书而成为海内外华侨的集体记忆遗产，2013年被列入《世界记忆名录》。为了将这份独特的历史印记保存和彰显出来，罗竑等“三师”专业志愿者们将银信收集了起来，烧制成银信瓷片，并用这些瓷片装饰了银信广场上的20根银信柱。银信的记忆留在了海口埠，也留在了罗竑的心中。

2017年，“三师”专业志愿者委员会组织开展“南粤古驿道文化创意大赛”（简称“文创大赛”）。大赛聚焦高等院校中有创意、有想法的年轻人，让他们在实地考察中接触古驿道文化，以此激发自己的灵感，最终将灵感转化为作品。

文创大赛的举办，成了扇动古驿道文明之风的扇子。在参加文创大赛的过程中，参赛者们亲临古驿道进行考察、调研，在调研中挖掘古驿道的文化特质，大大加深了对古驿道历史和文化的理解。

与此同时，各位参赛者所创作的作品，也为古驿道文化的传播起了不小的作用。2018年，广东工业大学的参赛团队以客家山歌为灵感创作了《八珍娘酒礼盒包装设计》，之后广东工业大学与梅州市八珍娘酒业有限公司签约，其设计的作品成为首个走向市场的文创产品。“文创大赛的作品能转化为产品，古驿道就具备了品牌效应，从而成为创造价值的载体。”罗竑说。文创产品的产业化，让古老的驿道再次走进大众的视野，从而焕发新的生机。（文：黄进、高雪迎）

茂名信宜古道（黄睿民摄）

杜黎宏
乡村振兴需要跨界合作共同发力

Du Lihong
Rural Revitalization Requires Cross-border Cooperation and Joint Efforts

杜黎宏，建筑师，广州老杜文化传播有限公司创办人，广东省“三师”专业志愿者委员会秘书长。多年来一直承担志愿者下乡和驿道“三师”活动组织协调工作。

Du Lihong, architect, founder of Guangzhou Lao Du Cultural Communication Co., Ltd., secretary-general of the Professional Volunteer Committee of Guangdong Province's "San-shi ". For many years, he has been responsible for organizing and coordinating the activities of volunteers going to the countryside.

精彩观点

“三师”专业志愿者组织的三大特点是无界、无求、无为。无界：乡村振兴需要多专业人才共同努力，全方位助力乡村振兴。无求：本职工作之余，以另一种心态参与乡村志愿服务，不求名利，是一种超越自我的修行。无为：在志愿服务过程中，用心聆听村民的诉求，不将主观意愿强加于民，实现有所为、有所不为。

Viewpoint

The three characteristics of the volunteer organization of the " San-shi " are unbounded, no demand and inaction. Unbounded: Rural Revitalization needs the help of joint efforts of many professionals in an all-round way. No demand: It is a kind of self-transcendent practice to take part in voluntary service in the countryside with a different mentality and not seek fame and wealth after one's own work. Inaction: In the process of volunteer service, listening attentively to the villagers' demands and not imposing on the people by their subjective wills are necessary to achieve something right and do nothing wrong.

“这些年，与其他村庄相比，白山村貌似发展得比较慢，但正因为发展的脚步走得没那么急，我们才保住了青山绿水，这是我们村最宝贵的公共财富，也是我们村最明显的后发优势。”

2018年底，广州帽峰山脚下，杜黎宏与广东省委党校城镇化研究中心主任陈述教授一起到白山村调研，与村委会下辖的8个自然村的村干部交流。白山村村支书现场的动情演讲，让杜黎宏精神为之一振，且令其至今记忆犹新。

师从中国民居研究泰斗陆元鼎先生，杜黎宏自20世纪80年代开始就一直从事建筑文化和人居环境方面的研究。近年来，作为广东省“三师”专业志愿者委员会秘书长，他频繁行走于全省740多公里的南粤古驿道重点线路上，面对沿线村庄星罗棋布的生活场景和文化遗存，默默地扮演着中国建筑文化“守护人”的角色。

不过，与轰轰烈烈、大拆大建的城镇化运动相比，依靠知识分子以志愿者这种“他者”身份介入的古建筑保护行动，更像是一条泥泞、曲折的小路。尤其是在大部分“主体人群”的责任意识和保护意识还没有被唤醒和激发的时候，这条路走起来就显得更加如履薄冰。

杜黎宏认为，比起眼睁睁看着那些象征中国传统文化的历史建筑一栋栋倒下，更让人痛心的是那些本来最应该挑起保护责任的产权人，在实用主义和经济利益面前，反而成为沉默的大多数，甚至成为保护的反对者。

所幸的是，这些年在古道边，越来越多的文化遗存被挖掘保护和活化利用，像白山村这样的“清流”开始逐步在广阔的南粤乡村显现。

杜黎宏与“三师”专业志愿者在下乡过程中交流工作（受访者供图）

杜黎宏在广州增城夏街村参加省“三师”专业志愿者乡建经验交流会（受访者供图）

唤醒与责任

对文化的坚守，绝不是保守。对历史的回看，也绝不是回头。

毕业于华南工学院（现华南理工大学）的理工男杜黎宏，承认现在的自己有点复杂，但是，在志愿行动和文化保护这条泥泞小路上，他却坦言“从未退却，从未迷茫”。

祖籍辽宁锦州的杜黎宏，在许多公共场合做自我介绍的时候都会脱口而出自己来自那个很有名的出产苹果的地方。不过，能够讲一口流利粤语的他，有时也会被别人打趣说是一名不标准的“东北大汉”。别看他这些年由于组织“三师”专业志愿者下乡服务而经常活跃在农村，实际上，他也只是小时候在东北乡下母亲的老家生活过一小段时间。偷吃毛驴磨出来的豆腐渣和长得比人还高的大葱，是这个厂矿子弟对乡村生活最美好的童年回忆。大概7岁那年，杜黎宏的父亲响应国家号召参与“大三线建设”，于是举家迁到了贵州，直到1981年考上华南工学院（现华南理工大学），东北、西南、华南的生活经历，使得杜黎宏身上具有了文化的多元性。

杜黎宏参与珠海古道活化工作（田思劭摄）

这种文化的多元性带给杜黎宏适应不同环境的生活能力，以及对不同领域知识的求知欲望。从本科到研究生，他学的都是建筑学专业。走上社会后，由于建筑理论研究的专业特点和个人爱好等方面的原因，他开始广泛涉猎中医、哲学、易学等国学经典，以及心理学、儿童教育等专业学习，从而成为一名知识结构无比庞杂的建筑设计师。

或许正是因为有着多元化的文化经历和复合型的专业背景，杜黎宏这些年在参与各种村落保护活动中，更多地关注建筑本体之外的使用者这个主体。2014年11月，杜黎宏作为“三师”专业志愿者首次前往佛山顺德区碧江村开展下乡服务活动，而后在2016年广东“三师”专业志愿者委员会成立后，作为南粤古驿道保护利用工作指导组成员，参加岐澳古驿道珠海段等一些重点线路本体保护修复和活化利用的指导工作，“感觉就像大学期间跟着陆元鼎先生当年做民居研究的一种延续”。

有一次下乡回来，杜黎宏专门写了一段心得，认为“三师”下乡就是要为规划思路的落地添枝加叶、为建筑改造和古建修缮出谋划策、为特色乡村建设的有益经验摇旗呐喊，还感言“其力微薄、其心赤诚”。斗转星移、白驹过隙，转眼间多年过去了，现在回想那段感言，杜黎宏内心尤为感慨。

为何说“其力微薄”？2018年，广东在正式开展11条南粤古驿道重点线路的工作计划之前，由“三师”专业志愿者组成的7个踏勘组，仅仅对全省古驿道遗存较好的地区进行现场踏勘，就用了一个多月时间，累计行程2000余公里。在这个过程中，杜黎宏作为广东省“三师”专业志愿者委员会的秘书长，在平时的组织协调工作过程中很清楚，几百名志愿者在摸清了古驿道本体、历史遗存及沿线村庄基本情况的同时，也不可避免地在各地看到了某些“灰暗”的一面，譬如，让人惨不忍睹的古驿道本体和古建筑保护现状，以及部分地方干部和村民对文化保护工作的消极躲避或暗地反对。正是因为乡土社会客观存在的这种对保护主体不合作、不配合的情绪，导致下乡志愿者的倡导和呼吁有时不被重视或无人响应，这在一定程度上会让一些年轻的志愿者感到在实践工作中力不从心。在很多志愿者看来，沉睡的古道需要唤醒，沉睡的建筑也需要唤醒，而沉睡的村民更需要唤醒。

实际的情况却是：一方面，下乡服务的工作任务重如泰山，而部分地方干部和村民在配合支持方面的责任意识却轻如鸿毛；另一方面，社会对“三师”专业志愿者的角色定位和价值评判标准也存在问题——习惯用“参与了多少具体工作和项目”来衡量志愿者的贡献程度。

“这其实是一种很严重的认识偏差。志愿者服务的核心原则就是不求回报的，而且服务的行为还是以‘三师’的志愿为原则的。由于每个志愿者本身还有自己的本职工作，因此不可能无限制地把自己的精力和时间投入到下乡活动中。”杜黎宏反对用评价职业的那套标准来评价志愿者的劳动，而认为“三师”下乡最核心的就是以自己的实际行动向社会传播志愿者精神，“我们最初的目的可以理解成一种关怀和唤醒”。

对杜黎宏个人来说，所谓的关怀，就是以一种强烈的社会责任感，去主动承担一个知识分子对文化保护的历史使命。“特别是对于那些涉及公共利益、你不做就没有人做的事情，一定不能再视若无睹、充耳不闻，而应该利用自己的专业优势和闲置资源，带头去关心、去维护。”而所谓的唤醒，就是说有些事只靠一个人的力量去推动是不够的，而必须呼吁和带动更多专业人士和有识之士来共同参与，在全社会形成合力才能做得更好。特别是在文化保护这种事关全社会、全人类的事情上，“三师”的责任就不只是自己来干，还得想办法通过自己的行动发动别人一起来干，大家共同把这种志愿者精神传递出去，进而代代相传。“其心赤诚，就赤诚在这里。”

正因为如此，“三师”专业志愿者委员会成立之初就立志“向下走”：一是“走下”乡村，深入乡村；二是使志愿精神“传下去”，不断吸纳新鲜血液，用专业技能服务乡村、造福乡村。

从现在做起

事实上，从研究生到博士学习期间跟着导师做民居调研开始，杜黎宏就深深意识到，在乡土中国里，传统文化的保护刻不容缓。特别是在一些经济落后的边远农村，那些珍贵的文化遗产如果再不加以保护，很快就会被正在修建的道路覆盖，被正在推进的房地产建设摧毁。

记得最早在碧江村调研时，地方干部带着杜黎宏走街串巷地考察当地人引以为傲的古建筑群，每走到一个地方，地方干部就会如数家珍地跟他讲起有关这些建筑的故事，以及现在的保护情况与以前的保护情况有什么不一样。凭着小时候的印象，地方干部跟杜黎宏声情并茂地讲起了许多承载着村民集体记忆的老宅和其他公共设施，这些建筑和设施实际上已经在过去几十年的城镇化和工业化过程中被拆掉了。譬如，这位地方干部以前读书的学校，在社区化的“新村”版图上早已不存在了，唯有通过一些老照片才能重温它的模样，缅怀过去那些与学校相关的片段和瞬间。

那一刻，在杜黎宏面前对着不存在的实物回忆过去的这位地方干部，眼神里带着一丝淡淡的忧伤。类似的忧伤，在后来杜黎宏走访的其他多个古道边上的村民眼中也同样见过。所幸的是，还有一大部分碧江村的老宅并没有在城镇化的大潮中倒下，而是在传统与现代的持续博弈中幸运地保存了下来。

碧江村位于广东省佛山市顺德区北滘镇。大规模建村始于南宋初年，古称“迫岗”，距今有近千年的历史，明清时期北滘镇属顺德四大圩镇之一。从古至今，碧江村人才辈出，《顺德县志》载，自明景泰三年（1452年）建县至清代中叶，碧江村出了17名进士，而中举仕子有106名。这些仕子分布在全国各地，他们告老还乡后，致力建造祠堂和宅第园林，因而在碧江村留下了大片极具特色的祠堂等古建筑。

同样幸运的还有广州的白山村。在最近几年“追赶城市”的乡建运动中，位于帽峰山脚下的白山村由于错失各种机缘，未能借助一年一变的政策春风把村里的经济搞上去。面对落后现状，尽管有些自然村的村干部抱有微词，但是该村的村支书却认为，这么多年来，尽管白山村与周边村庄相比，貌似发展得比较慢，但正因为发展的脚步慢，才保住了村里的青山绿水。隔壁有些村为了多引进几个大项目，大拆大建，唯独白山村没有用最宝贵的环境资源来换取经济效益。

通过几次交流，杜黎宏看到了白山村村支书与众不同的眼光和智慧。自党的十九大报告提出实施乡村振兴战略以来，一些时评即提到，戏好要靠唱戏人，兴村就要先兴人，振兴乡村从“人”开始，必须引好服务“三农”的“明白人”、抓强基层党组织“带头人”、激活农民群众“实干人”。

如果说对碧江村和白山村的调研让杜黎宏看到的是古道乡村文化保护的希望所在，那么，在其他一些村庄，让杜黎宏感受最深的却是实实在在的危机。

在杜黎宏爱人的老家梅州市丰顺县埔寨镇，村里的老宅子几乎是荒废的，每家每户都在宅基地上兴建小洋房，清一色是模仿城市的住房模式，而且尽可能多占地方。如果谁这个时候还要住回到老屋去，就一定会被视为没本事。被遗弃的老屋还有保护的必要吗？在大多数村民的观念里，很可能是没这个必要了。

杜黎宏在丰阳古村（黄睿民摄）

“这其实就是当前乡村建设过程中传统文化保护面临的最大危机。”杜黎宏认为，正是因为许多村民从自身的实用目的，而不是从人类历史这一更长的时间维度去看待这些历史建筑和公共设施的存在价值，所以才会认为保护是没有意义的，才会导致大拆大建成为大多数农村都在效仿实践的新村建设模式。“有些建筑虽然在法律上还是属于私人的财产，但是，由于这些建筑所体现出来的特征和内涵，早已使它们成为中华民族传统文化的象征。如果没有了这些实物，我们整个民族对传统文化的记忆就会失去载体，不用多久就会被时间自然抹去。因而，这些历史建筑本质上已经是我们整个中华民族的公共文化遗产，必须由我们来共同珍视和保护。”

“丰顺案例告诉我们，不管是对老村还是对老城来说，保护和利用其实客观上都是一直存在冲突的。如何帮助社会减少这种冲突，为传统与现代的融合发展提供更多有效可行的方案，正是我们‘三师’专业志愿者要发挥作用的地方。”

在杜黎宏看来，南粤古驿道的保护利用工作，其实为各地城乡的文化保护提供了一次很好的契机，因此，我们应该撸起袖子，从现在做起。不过，在增城指导当地志愿者进行古驿道活化利用的过程中，杜黎宏现场指出，不管是被淹没在城市里边的古驿道，还是被淹没在深山老林的古驿道，它们的功能均已退化，作为过去的交通线路，现在更多的是一种文化的象征。因而，要找到古驿道上的一个个点，挖掘故事，进行文化上的激活，从而带动当地经济发展。“古驿道不是一项单纯的修复工程，它的功能是去寻根、找魂，寻找生命之根和现代人缺少的文化灵魂。”当前，“三师”专业志愿者正在推进的“南粤古驿道文化创意大赛”和“南粤古驿道信息平台——永不谢幕的广东历史文化的宣传平台”，正是按照这样的宗旨行事的。（文：冯善书）

南楼寺古道（广东省自然资源厅供图）

王志钢
摸着石头过河

Wang Zhigang
Crossing the River While Feeling the Stone

王志钢，国家一级注册建筑师，教授级高级建筑师，广东省工程勘察设计行业协会副会长兼秘书长，广东省“三师”专业志愿者委员会常委。主要作品有潮汕体育馆、汕头博物馆、普宁华侨医院等。

Wang Zhigang is a state-level registered architect, a professor-level senior architect, vice-president and secretary-general of Guangdong Provincial Engineering Survey and Design Industry Association, and a standing member of the Professional Volunteer Committee of the "San-shi" in Guangdong Province. His main works are: Chaoshan Stadium, Shantou Museum, Puning Overseas Chinese Hospital, etc.

精彩观点

古驿道的工作在为乡村切实带来福利的同时，也保护了许多历史古迹，挖掘出了南粤特有的历史文化，给我们后代留下了宝贵的财富。

Viewpoint

The work of South China Historical Trail not only brings benefits to the countryside, but also protects many historic sites, excavates the unique history and culture of South China, and leaves precious wealth to our future generations.

上至80岁的老人，下至还未换牙的儿童，一批又一批人从眼前跑过，穿梭在古驿道村落的古建筑中，时而努力奔跑，时而踱步、停留。

当王志钢站在2017年南粤古驿道定向大赛饶平站的现场，看着匆匆而过的人们，想到他们脚下这块曾经堆放垃圾、十分脏乱的场地，在自己和其他志愿者的规划建议下变成了干净有序的定向大赛赛道时，内心的自豪感油然而生。

探索：边补知识边商讨方案

2018年，为了规划古驿道定向大赛的场地，王志钢等志愿者前往潮州市饶平县钱塘村，对当地的情况进行勘察。垃圾随意堆积、地面杂草丛生、空间利用不合理……这些问题被志愿者们一一解决。他们将举办大赛的场地需要和村民日常活动的需求相结合，利用钱塘村古建筑钱塘大宫前的空地，建成了一个融合体育休闲设施、人员集散、农业生产等多功能结合的综合性广场。

一年来，这个广场已经成为村民十分喜爱的广场，村民利用这个广场打谷、晒谷，举办祭祀活动。到了晚上，老人小孩都出来活动，有人打篮球，有人跳广场舞。小小的一个广场，对城市里的居民来说早已是习以为常的设施，然而在乡亲们的眼中，那是村子变好的象征，是新的气象、新的生活。

王志钢十分欣喜自己的努力可以带给农村一些改变，这也是他最开始加入“三师”专业志愿者时所期望的。不过，“三师”专业志愿者委员会刚成立时，王志钢的工作进行得可没这么顺利。

在建筑设计领域做得风生水起的王志钢，在做志愿者这件事上可算是一个不折不扣的“新手”。志愿者是什么？怎么做志愿者？王志钢对此了

王志钢实地考察村庄建设（受访者供图）

王志钢与村民签订结对帮扶志愿者服务协议（受访者供图）

解得并不清晰，加入“三师”专业志愿者团队，成为第一批“三师”专业志愿者，更多的是凭着一腔热血与责任。

“三师”专业志愿者委员会的其他成员们大多也是如此。这就带来了一个大问题：大多数人都没有当志愿者的经验，了解乡村的人也不多，志愿者们虽然都是行业中的专家，但在工作刚开始时却难以找到切入口。在这种情况下，王志钢等人只能一边补充志愿者工作的相关知识，一边积极开会讨论，争取商讨出切实可行的方案。当时开展工作，可谓是“摸着石头过河”。

坚守：被泼冷水热情未灭

第一个吃螃蟹的人总是令人佩服的，他们不仅拥有超凡的勇气，还要为后人探索、开辟道路，从而付出更多的时间和精力。在乡村振兴、古驿道修缮这件事情上，第一批“三师”专业志愿者们也算是第一批吃螃蟹的人，他们走出繁华的城市，走进乡村，为乡村带来新时代建筑文明的思想理念，却牺牲了自己休息的时间。

“三师”专业志愿者大都是建筑、设计领域的稳定从业者，自己的本职工作十分忙碌，只能在周末从事志愿者工作。“三师”专业志愿者委员会成立初期只有二三十人，但工作量却极大。在那段时间，王志钢从未拥有过休息时间，每个周末，他不是走在乡村考察的路上，就是在为村民普及乡村建设知识。这样的情况，持续了一年之久。

比起身体的疲惫，更令王志钢困扰的是村民们的不理解。大多数村民并不理解什么是志愿者，更加不知道“三师”专业志愿者要来做什么，有些人还以为志愿者要从村子里“捞好处”。在和村落进行对接时，一些村干部避而不见的态度无疑给王志钢热情的心“浇了一盆冷水”。

"那时候也想过，这些事做一次两次可以，但是不是真的能持续下去呢？"四处奔波造成身体疲惫，工作初期没有头绪，村民、村干部不理解……这些现实中的种种困难压在王志钢的心头，让他对志愿工作能否继续进行画了一个大大的问号。

不过，虽然被泼了几次冷水，但是王志钢心中想要为乡村建设出力的小火苗还未被浇灭。"通过这个活动，我发现农村和城市之间的差距很大，只靠村干部是不够的，我们这些具备专业知识的人有责任去帮助他们。"心中那份对乡村建设的责任，让王志钢坚持了下来。

转机：村民从猜测、怀疑到信任、亲近

功夫不负有心人，在经过一段时间的培训和交流之后，村民们逐渐了解了"三师"专业志愿者的工作内容，也认识到了改善乡村环境的重要性。当他们见到曾经脏乱的环境变得整洁有序后，对"三师"专业志愿者们的不信任便烟消云散了。

从猜测、怀疑到信任、亲近，王志钢对村民们态度的转变感到很欣喜。更让他感到温暖的是，当志愿者们到农村考察时，村民们还会热情地邀请他们到家中做客，用当地的土特产招待大家。

在与村民沟通的壁垒打通的同时，就如何推进乡村建设工作这个问题，"三师"专业志愿者委员会的委员们终于找到了头绪：将乡村建设和旅游、运动结合起来，用古驿道特有的历史文化带动古村落的发展。

这个提议让王志钢眼前一亮："以前总感觉空有一身专业知识却无处施展，古驿道工作方向的确定让我找到了发力点。"

王志钢在江门台山海口埠参加古驿道文化活动（受访者供图）

王志钢与志愿者在红色堡垒仁化石塘双峰寨
（受访者供图）

在确定了工作方向后，“三师”专业志愿者委员会陆续组织开展了“古驿道文化创意大赛”和“古驿道定向大赛”。在文创大赛中，参赛者以古驿道的历史文化为灵感制作作品，为古驿道的传播起到了推动作用。而定向大赛则让更多的体育爱好者深入古驿道沿途的乡村，近距离体味古驿道特有的时光之美。

为文创大赛奔波筹备，为定向大赛规划场地，走六七个小时的山路考察古驿道线路，到乡村小学客串“周末教师”，和学生们一起清理积水……虽然工作并不比以前轻松，但每一分努力都能够切实地为乡村带来改变，这让王志钢比以往更有干劲。

吸收：体味中华民族悠久历史文化

在王志钢看来，专业志愿者下乡，不是单方面对乡村的给予，对自身而言，也是在吸收乡村的养分。

王志钢在前往云浮兰寨考察时，发现了一件很有趣的事情：一个农民把当地出土的一些文物收集起来，然后在自己的房子里隔出区域，搭建展柜，建了一个小型博物馆。这个博物馆就是兰寨诗礼传家民办博物馆。

兰寨诗礼传家民办博物馆是由兰寨村民林深泉（兰寨小学原校长）申请成立的。兰寨诗礼传家民办博物馆的所有藏品均由林深泉老校长提供，包含青铜器、古玉器、陶瓷、文房用品、生活用品、岭南佛造像等1万多件具有南江文化特色的藏品。由于地方有限，最终确定1000件藏品永久珍藏在馆内，其余藏品不定期分批次展出。

在多次乡村考察中，王志钢发现了许多待在城市时忽略的建筑设计中的奥妙。“城市里的房子都要靠人工能源来取暖、纳凉，但很多农村的建筑却不需要，这就是古人在设计建筑时体现出来的智慧。”王志钢认为，在国家大力提倡绿色建筑的背景下，学习农村建筑这种善于利用自然、和自然和谐共生的智慧很有意义。“如果能学习这些建筑的原理，然后把它利用到城市建筑中，城市绿色建筑的发展将会前进一大步。”

除了专业上的思考之外，王志钢还在“三师”专业志愿者的工作中了解到了不少历史文化知识。

“古驿道其实分为陆上古驿道和海上古驿道。现在樟林古港港口有一艘仿真红头船，这也算是对历史的再现。红头船是樟林古港远洋贸易繁盛的象征，当时的人们就是乘着这一艘艘涂着红漆的船只走向海上古驿道的……”身为理科生的王志钢，滔滔不绝地讲述红头船的由来。驿站的历史沿革、古时候驿道的通向……这些以前从未接触过的知识，现在王志钢已经可以信手拈来。在此之前，他从未想过自己有一天会和历史进行如此亲切的对话。

古驿道的工作连通了城市和乡村，连通了专家与村民，也连通了古和今。志愿者们在考察古驿道的过程中，也在漫步历史。王志钢希望，未来能有越来越多的专业人士加入志愿者队伍，一同体味中华民族悠久的历史文化，一起将“下乡服务”的精神传承下去。

（文：黄进、高雪迎）

云浮郁南南江古水道（卢鉴全摄）

张强
一路感动，一路收获

Zhang Qiang
Moved All the Way, Harvest All the Way

张强，南粤古驿道视觉总监，日本筑波大学人间综合研究科设计学博士，国际认证特级商业美术设计师。主持和设计的项目主要有广州亚运会标识系统设计、2012海阳亚洲沙滩运动会形象景观标识系统设计、南粤古驿道视觉形象和标识系统设计等。

Zhang Qiang, visual director of South China Historical Trail, doctor of design in Department of Human Integrative Studies, Tsukuba University, Japan, and International Certified Super Commercial Art Designer. His main projects are as follows: Guangzhou Asian Games logo system design, Haiyang Asian Beach Games image landscape logo system design in 2012, South China Historical Trail visual image and logo system design.

精彩观点

参与古驿道工作，让我接触到了不少贫困村落，我希望我的设计能够给他们带来一些帮助。当我向村民们讲述新鲜事物时，能看到他们眼里放出的光，这让我非常愉悦。很多村民都认为城市里的东西很高档、很好，但是他们没有意识到一个地方最宝贵的财富是它的地方特色。

Viewpoint

Participating in the work of South China Historical Trail has introduced me into many poor villages. I hope my design can bring some help to them. When I told the villagers something new, I could see the light in their eyes, which made me very delighted. Many rural residents think that the things in the city are very high-grade and very good. However, they do not realize that the most precious treasure of a place is its local characteristics.

通体橙红的配色既像跑道又像火焰，柔美上升的线条构成了一个造型酷似火炬的五羊外形轮廓。这是广州2010年亚运会的会徽，火炬象征着亚运会的圣火熊熊燃烧、永不熄灭，五羊的轮廓则是广州特有文化的融入。

这枚会徽的设计者，就是张强。从事设计工作20多年，他的作品不胜枚举，无论是亚洲沙滩运动会的标识系统，还是第三十一届奥林匹克运动会的邮票和首日封，都出自他手。2015年，他加入南粤古驿道的工作，给自己的作品又加入了一个名为“南粤古驿道视觉形象和标识系统设计”的杰作。

从逢山开道、遇水搭桥的西京古道，到处处沧桑皆风景的梅关古道；从“红头船”的“通洋总汇之地”樟林古港，到海上丝绸之路的始发港徐闻古港，作为南粤古驿道的视觉总监，张强的足迹遍布各条古驿道。在这一路考察、一路探索的过程中，他也有了一路感动、一路收获。

老路新感•西京古道

西京古道是最早沟通中原和岭南的道路，因其历史悠久而有“古京城通往岭南的高速公路”之称，也因其历史悠久，张强曾多次前往考察。对于张强来说，西京古道可谓是一个“老朋友”，人们常用“三”来形容次数多，但这条古道，张强却足足走了六次。虽然考察了很多次，但张强却觉得，每一次都有不同的体验。

一条窄窄的小路在山坡上盘旋着，青石板石阶，有溪流相伴。这是张强第一次走西京古道时的情景，那天天空飘了点小雨，虽然没有拿“竹杖”，也没有穿“芒鞋”，但置身于古道的沧桑和幽静中，张强却有种“一蓑烟雨任平生”之感。

张强指导文创大赛（冯善书摄）

乳源大桥古镇街道上的南粤古驿道标识（冯善书摄）

然而，再次到访西京古道时，眼前的场景却让张强傻了眼：城市里的行道树被搬到了古道两旁，瓷板被切割得整整齐齐铺满了古道连接处的地面。现代化的材料被直接搬到古驿道里，和周围环境相比显得有些滑稽。

“很多村民都认为城市里的东西很高档、很好，但是他们没有意识到一个地方最宝贵的财富是它的地方特色。”张强说。

在发现这个问题之后，张强和其他“三师”专业志愿者们加紧对村干部和村民进行培训，向他们灌输“乡村建设要保留地方特色”的理念。同时，志愿者们也开始探讨进一步修缮西京古道的方案。

梅关古道上的标识牌（受访者供图）

西京古道路线较长，路面情况复杂，为了找到最适合的路面修缮方案，“三师”专业志愿者们邀请了各个大学的专家教授进行研究。讨论出几种方案之后，他们将每一种方案都在西京古道上进行实验，邀请村民进行体验，希望找到和环境最和谐的那一种方案。

路面修缮完成之后，当地的县委书记还在驿道两边撒了很多格桑花的种子，当张强再次去西京古道的时候，格桑花已经开放，白色、粉色的花海沿着古驿道一路蔓延，形成了一道亮丽的风景线。

木石新生•清远连州

时而指导村民工作，时而亲自用手固定标识，在广东农房改造连州站的现场，张强在充分考虑地域特色的情况下，就地取材，将竹子进行切割、打磨、捆扎之后，再配上文字面板指示，一个古驿道的路线指引牌就做成了。取之自然、用之自然，指引牌和周围的环境相得益彰，十分和谐。

作为南粤古驿道视觉总监，标识系统的建立是张强的重要工作，但这项工作可并不易完成。在国内，虽然山中会零星地分布一些“问路石”为人们指示方向，但从整体来看，郊野中标识系统的建立还处于一片空白。空白，就意味着没有前人的经验可以借鉴，需要自己慢慢摸索。

“南粤古驿道标识系统建立的目的，除了指引人们到达目的地这个基础功能之外，最重要的是让人们在游览中了解古驿道的历史、文化和故事。”张强认为，古驿道标识系统的建立，不仅要考虑信息的传达，还要考虑历史文化的渗透，标识和自然的融合度也是需要考虑的重要因素之一。

以往城市建设中用的材料，如果生搬硬套用在古驿道中就会显得非常突兀，因此张强和其他志愿者决定将古驿道本身的材料应用到标识系统的建立当中。

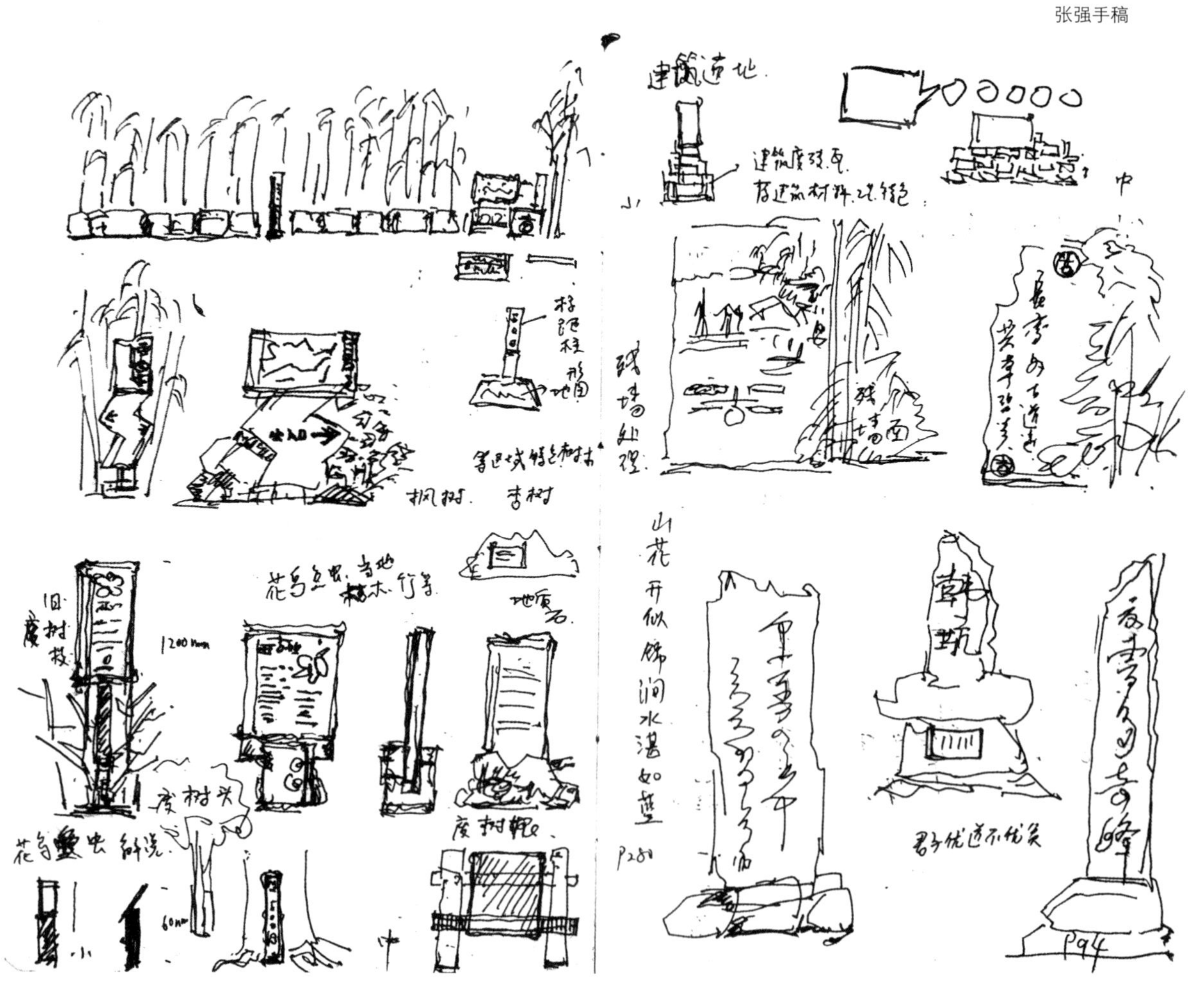

张强手稿

江门台山海口埠（广东省自然资源厅供图）

在考察古驿道的过程中，志愿者们发现了一些枯树，他们灵机一动，用混凝土给枯树的树干做了造型，当作标识牌的基座，再将做好的基座放到古驿道中。做好的基座和古驿道原有的树木融为一体。在河流、石子路多的地方，志愿者们还将大大小小的鹅卵石垒起来做成基座。原本简单的枯树和石头，在志愿者们的改造下，摇身一变成为古驿道游客的“引路人”，在新的时期焕发了新的生命力。

张强说，这些都是他们在古驿道标识系统“1.0时代”和“2.0时代”所做的努力，目前，他们正在争取向“3.0时代”迈进——争取垃圾的回收再利用。“很多乡村的垃圾非常多，我们正在和研究机构做一个黏合剂的实验。如果把垃圾放进黏合剂里就能做出想要的造型，这对于乡村环境的改善是非常有帮助的。”

银信记忆•台山海口埠

银信，又叫侨批，是海外华侨通过海内外民间机构汇寄至国内的汇款和家书，是一种信、汇合一的特殊邮传载体。

台山海口埠曾是清末民初时华侨出洋的港口，包括台山人在内的许多广府人，当年都是从此处登船，然后从广海湾去香港、澳门，再去往南洋和北美。这样的历史背景，让海口埠成为著名的银信纪念地。如今，很多海口埠的老人还保存着亲人寄回的银信。

“吾见德（得）吾孙焕麟相片，吾心可喜可贺也，吾居处佢（俱）各平安，见字不可锦念也。又云是日并付来赤纸一张，伸国币叁佰大元，祈查收入，应家用也。”一封银信中这样写道。

在老人们保存的银信中，“我们在外面过得很好”“你们不要太过牵挂我”“我挣到了钱，现在寄给你”是银信中出现最多的内容。当读到这些内容时，张强心里酸酸的：“我们通过历史资料能够知道那个时代在国外的华侨过得并不好，但是在家书中却一点都看不出来。”

报喜不报忧、靠自己、心系亲人……从银信中，张强感受到了中华民族传统文化的强大生命力。这种生命力影响着在这片土地上居住的一代又一代人，也包括海外华侨。

在海口埠，有一个老人的父母是从这里出洋的华侨，这个老人生在马来西亚，长在马来西亚，却选择在逐渐变老时落叶归根。“情这个东西真的很奇妙，他每天骑着三轮车出去卖一点东西维持生活，虽然不富裕，但是在这片土地上他感觉很亲切，也很快乐。”

一封封银信牵出了当年华侨对家乡的思念，也书写了一部华侨出国史。“三师”专业志愿者们将银信收集起来，烧制出648块银信瓷片，用这些银信瓷片装饰了银信纪念广场上的20根银信柱。20根银信柱立在那里，每一根都在诉说着中国第一侨乡台山的故事，也在诉说着中国的一段历史。

收集旧物、古董，不只是唤醒人们的集体记忆，同时也是复活一种精神、传承一种文化。在广东另外一个出海口，张强还活化利用过另外一种旧物：汽灯。

汽灯是20世纪90年代初期民间流行的一种用来照明的简易装置。20世纪六七十年代，一些大队夜里召开全村群众大会的时候，通常会在会场上高高悬挂明亮无比的汽灯。过年的时候，村里搭台子唱戏，舞台上的灯光用的也是汽灯。

汽灯是张强小时候的记忆，在张强心里，汽灯象征着点亮自己的希望和未来的方向。因此，张强对于汽灯有着一种特殊的感情。去贫困村落考察的时候，张强发现很多村民的家里还在使用煤油灯、汽灯等工具进行照明。后来，“三师”专业志愿者委员会召集广东省的一级演员、音乐家等在饶平举办了一场音乐会。在音乐会上，他们便使用汽灯装点氛围。

（文：黄进、高雪迎）

珠玑古巷（广东省自然资源厅供图）

庞伟
一半情怀，一半理性

Pang Wei
Half of Sentiment, Half of Rationality

庞伟，广州土人景观顾问有限公司总经理兼首席设计师，广东省“三师”专业志愿者委员会常委。致力于当代中国语境下的景观设计实践探索，倡导设计的地域性，提出并倡导“方言景观”。主要作品有中山岐江公园、深圳福田记忆公园、南昌利玛窦广场、顺德美的总部景观设计等。

Pang Wei, general manager and chief designer of Guangzhou Turen Landscape Consulting Co., Ltd. and standing member of the Professional Volunteer Committee of Guangdong Province's "San-shi". He is committed to exploring the practice of landscape design in the context of contemporary China, advocating the regionality of design, and advocating "dialectal landscape". His main works include Qijiang Park in Zhongshan, Futian Memory Park in Shenzhen, Matteo Square in Nanchang and Landscape Design of Midea Headquarters in Shunde.

精彩观点

成为一名“三师”专业志愿者，深入中国乡村，既增进了对国情和乡村真实状况的了解，又让我们对历史有了更深的感悟。在乡村建设这件事上，一方面，乡村缺乏设计和规划力量，需要“三师”专业志愿者的帮助；另一方面，乡村中的固有文化脆弱不堪，乡土力量再也经不起任何粗暴的外力挤压了。

Viewpoint

Becoming a volunteer of "San-shi" and going deep into Chinese countryside not only enhances our understanding of the national conditions and the real state of the countryside, but also gives us a deeper insight into history. On the one hand, the village lacks the strength of design and planning on rural construction, so it needs the help of volunteers of "San-shi ". On the other hand, the inherent culture in the countryside is so fragile that the local forces can no longer withstand any crude extrusion.

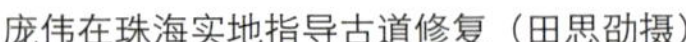
庞伟在珠海实地指导古道修复（田思劭摄）

“即使在没有人的时候，水也会有周期性的流动。”

这不是庞伟的诗，是庞伟发现的诗。在某个公共厕所的马桶盖上，厕所管理方加贴了上述提醒人们节水的文字。庞伟拍照发朋友圈感慨：多诗意的马桶！

石缝中长出野草、初春时枝丫开花、人间角落里坚韧顽强的普通人……庞伟在朋友圈中分享着一切他认为美好的事物。当然，成为一名古驿道“三师”专业志愿者，也是他人生中的美好之一。

庞伟和古驿道的相遇不是偶然，他是一个对土地有着深切感情并愿意时不时活在历史里的人。古道西风瘦马，他说他不介意穿越，做那个伫立越王台的天涯旅人。

“土人”回到了土地

庞伟的办公室其实是间藏书室，大片书架依墙而立，从地面直通房顶，粗粗浏览，书籍种类庞杂不羁，从设计学到科学人文、术数百科，无一不有。桌子上林林总总地摆着主人从各处搬运来的奇怪物件：各种各样的瓷枕、大小不一的石头，还有许许多多旧式暖瓶的软木瓶塞……不计贵贱，却足显性情。

除了景观设计师的职业身份外，庞伟写诗、摄影、作画，还身兼大学的客座教授和专业刊物的学术主编。如果不是事先了解，直觉上会认为他更像艺术出身而非建筑出身。“我觉得他像是个散仙。”某位访问过他的媒体人这样评论他。

不过，比起“散仙”，庞伟觉得更适合自己的词是“土人”。“土！”他这样评价自己。庞伟对土地有着不一般的感情，某公园两侧长满植物的自然小路被拓宽改造成为标准的水泥路面，他惋惜难过；某场地内的林子一夜之间被发展商刨根毁树，他痛心疾首……每到一个地方，庞伟都喜欢去买两三本当地作家写的书，他认为，这既是一种了解当地风土的方式，又是对那些置身本土的作家们的支持。“我们也是作家啊，景观设计做好了，就是土地上的好文章、好诗。”他说。

相遇有缘，2014年在中山三乡，广东省成立了“三师”专业志愿者委员会，庞伟作为第一批志愿者，投身到了广东乡村建设的事业中。他和其他专业志愿者们一道，为乡建出谋划策、培训讲课、沟通奔走……转瞬也有几个年头了。他说，不仅仅是在帮助乡村，我们也在向乡村学习。

几年的“三师”下乡实践，产生了无数难忘的瞬间，庞伟向我们回顾了他自己担任主持的“三师”下乡三周年纪念活动。那是2017年9月的一天，活动在粤北某地乡村的旧祠堂里举办，没有舒适的会议条件，炎热的夏季竟然没有空调。参会的省领导、厅领导和所在地市县领导干部与志愿者们、村民们济济一堂，或坐或站，虽然天气很热，身体很热，但现场的气氛更热。“挥汗如雨，慷慨激昂。”庞伟在现场说，“想想以前，南粤人的生活就是这样的，在空调等制冷技术普及之前，你就是两广总督也得这样开会吧。”与会者的投入，说明大家很喜欢这样“原生态”的交流方式……活动结束后，在暮色降临的田野里，星海音乐学院的师生们三五成群伫立在自然大地，吟唱起动人的乐曲，如天籁，如风吹过庄稼。

有情怀，也要脚踏实地

庞伟热爱土地、亲近自然，却不是一个一味守旧的人。他既可以与千年古村对话，又可以在先锋美术馆中畅览。打破“土”与“洋”的界限，实现城乡共融是庞伟一直以来的希冀。

庞伟现场讲解古道和古建筑保护修复（黄睿民摄）

早在几年之前，庞伟就为此付诸了实际行动。他和美国科学院院士、设计大师俞孔坚合作，将乡村堆稻谷的垛子搬到了城市中心——深圳福田市民中心广场的廊桥上，以此作为中国设计大展的一件展品。他们希望通过这种方式呼吁城乡共融，确立乡村的文化自信。

“土在现代汉语的语境里，是个贬义词。反过来，洋气是个夸人的词。”近代以来，农村渐成颓势，成为差的、落后的、过时的……庞伟希望能够通过志愿者们的工作，做些许改善。他拿起桌子上放着的一本明代古书《长物志》说，我们的古人居住有几个等级：居住在山水之间是上乘的，住在村庄中稍逊，住在城郊为第三等级。庞伟说，在中国古代的文明中，村庄是美好的，村居是诗意的……何时能去除城乡壁垒，让农村也有完备的基础设施、卫生设施、安全设施，如此城市人的村居理想不是梦。

亲近乡土、城乡共融，这些都是庞伟对于乡村的情怀，但庞伟也明白，古驿道的修缮、乡村的规划不能只靠情怀。“三师”专业志愿者委员会成立初期，庞伟在给乡村规划师的讲座中，已致力于梳理乡村建设的理性脉络，寻找最适合乡村建设的现实方法。“不能让‘三师’下乡变成简单的情怀和冲动，这都不能长久。不要总寄希望于道德的感召，经济、制度……这些手段要跟上。”

“广东乡村情况很复杂，既有大都市里的‘城中村’，又有历史文化名村，还有大量普普通通的平常村庄，经济发展也良莠不齐，在规划设计的过程中，断不能一刀切。”庞伟又从书架上拿出了一本书，名为《乡村设计——一门新兴的设计学科》。“这很奇怪，古老的乡村，关于它的设计却是新兴的。这是因为几千年来，建筑师们的目光和工作都盯着城市，设计学某种程度就是一个城市的设计学。今天，当我们要拿着这

2018年12月2日，庞伟参加南粤古驿道第二届文化创意大赛年度大奖评审（田思劭摄）

庞伟手稿

些城市的设计思路去进行乡村设计的时候，就必须要有所转变，不能把城市的东西贸然地、粗暴地搬到乡村。这是当下乡村建设参与者们尤其需要警醒的。”

不要打造景观，要呵护景观

作为宝贵的文化遗产，古驿道像是一根线，把乡村的文化、旅游、体育运动都串联了起来。在这种情况下，如何对古驿道沿途的乡村进行规划和建设，就显得尤为重要。

“乡村是一块最难啃的骨头。”庞伟说，古老的中国文明从乡村发端，直到今天，很多地方还保留着几千年来形成的习俗风貌。但是，在现代城市文明的冲击下，很多风土习俗都变得岌岌可危，转瞬即逝。在乡村建设这件事上，一方面，乡村缺乏设计和规划力量，需要“三师”专业志愿者的帮助；另一方面，乡村中的固有文化脆弱不堪，乡土力量再也经不起任何粗暴的外力挤压了。

“经过所谓的规划，村里原本的脉络、山水的格局、基本的画面反而被破坏了，市政的、地产的语汇被简单克隆到乡村。”面对这样的情况，庞伟觉得很痛心。“人们拆掉了乡村中那些自认为落后的东西，却代之以城市中劣质的钢筋水泥。”在庞伟眼中，乡村的景观基底特质构成了乡村的独特和美感，是高度有机的，充满时间和生命的痕迹，值得我们细加端详。

本着这样的原则，这些年来，“三师”专业志愿者们对于古驿道的修缮也十分谨慎，从小的方面入手进行修缮，尽可能使用乡土的、自然中能循环再生的材料，对已经消失的遗迹不做复原，新建造的景观力求控制规模、尺度，强调包含乡土气息，尽力保留时间的痕迹和古驿道的残迹之美。

“要能呼吸，有鸟、有植物、有动物。要有拒绝，特别要拒绝那些闻着有化学味儿的东西。”庞伟说，“每天不停地‘打造’，这个‘打’字多暴力啊，不客气地说，很多‘打造’对于自然景色、固有文化来说是一场浩劫。我们要多讲‘呵护’，而不是‘打造’。”

（文：黄进、高雪迎）

2018年7月21日，庞伟在中山纪念中学参加广东省“三师”专业志愿者活动（黄睿民摄）

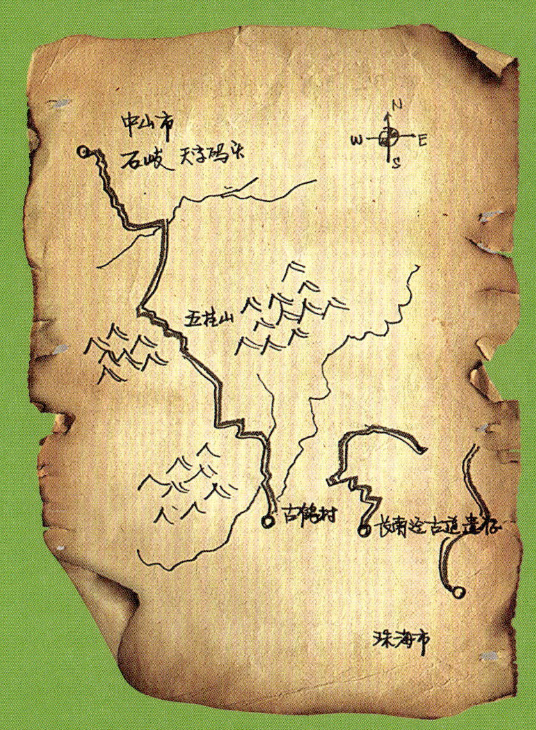

珠海中山岐澳古道

孙中山、郑观应、容闳、唐绍仪、唐国安、张文湛、肖友梅……在过去逾百年的历史进程中，无数影响和改变近代中国命运的先驱都曾从岐澳古道走过。这是一条具有国家记忆的遗产项链，这是一条改变近代中国命运、英才汇聚的古道，是政治、科技、教育和经济等先驱走出去寻找大千世界的必经之地。辛亥革命胜利后，孙中山从澳门经岐澳古道返回家乡翠亨村，途中在前山中学进行了一场激动人心的演讲。演讲后，为纪念孙中山首创民国之功，前山民众建了一座孙中山纪念亭，并得到孙中山亲自奠基。该亭是最早纪念孙中山的建筑物之一。这条由石板和石块铺就的古道，曾留下许多革命先驱的足迹，也见证了当地民众外出谋生的艰辛。历史上无数的五邑民众从古道出走，背井离乡，前往澳门及海外谋生拼搏。

马向明
在修复中再现驿道不同凡响的历史气场

Ma Xiangming
Reproduction of the Extraordinary Historical Atmosphere of the Historical Trail in the Restoration

马向明，广东省城乡规划设计研究院总规划师，中国城市规划学会城市影像学术委员会副主任委员，中国城市规划学会区域规划与城市经济学术委员会委员、城市生态规划建设学术委员会委员。编制完成众多重大规划设计研究项目，如《广东省城市广场规划设计指引》（1997）、《广东省村镇规划设计指引》（1999）、《广东省环城绿带规划指引》（2002）、《广东省区域绿地规划指引》（2002）、《珠江三角洲城市群协调发展规划 》《珠江三角洲区域绿道规划》《珠江三角洲全域规划》等。此外，主持或参与的项目获得国家级或省部级科研成果奖40多次。自南粤古驿道修复和活化工作开展以来，他参与了秦汉古道连州段等基干试点和重点线路段的规划和指导工作。

Ma Xiangming, the general planner of Guangdong Urban & Rural Planning and Design Research Institute, vice-chairman of the Academic Committee of Urban Imaging of China Urban Planning Society, member of the Academic Committee of Regional Planning and Urban Economics of China Urban Planning Society, and member of the Academic Committee of Urban Ecological Planning and Construction. He has participated in the compilation and completion of many major planning and design research projects, such as "Guidelines for the Planning and Design of City Squares in Guangdong Province" (1997), "Guidelines for the Planning and Design of Villages and Towns in Guangdong Province" (1999), "Guidelines for the Planning of Green Belts around Cities in Guangdong Province" (2002), "Guidelines for the Planning of Regional Green Space in Guangdong Province" (2002), "Coordination of Urban Agglo Development Planning", "Pearl River Delta Regional Oasis Planning", "Pearl River Delta Global Planning", etc. In addition, the projects he hosted or participated in have won more than 40 national or provincial or ministerial awards for scientific research achievements. Since the restoration and activation of South China Historical Trail was carried out, he has participated in the planning and guidance of the main pilot projects and key sections of the Lianzhou section of the ancient road in Qin and Han Dynasties.

精彩观点

古驿道的修复是历史气场的再现。古驿道的修复不能够抹去古道上沉积的时间，抹去时间就是破坏历史，气场的再现应该是一种既不破坏历史，又能够体现今天价值观的方法。

Viewpoint

The restoration of South China Historical Trail is the reappearance of historical atmosphere. The restoration of the historical trail can not erase the time deposited on it, since erasing the time is to destroy history. The reappearance of historical atmosphere should not destroy history, but reflect our values today.

马向明与连州秦汉古道踏勘组在东陂镇前江铺村碉楼前合影（受访者供图）

如果不做规划师，马向明一定会是一名出色的文学家。

卸下工作负担时，马向明喜欢在脖子上挂一台单反相机，自由自在地从城市中心游走到城市边缘，或从人畜悠闲的村落散步到野花烂漫的乡间。不管是走在静得可以让人随心所欲的空巷，还是置身于人多得同伴都找不到的闹市，马向明始终给人一种路人甲式的老文青形象。

回到书斋的他，则喜欢坐在电脑前，漫不经心地把一天的见闻和感想写在博客里。不管别人看与不看，他都会发表在那里。春夏秋冬、年年岁岁，即便是再忙的季节，也总有能够让他有感而发的话题。

写博客是他的喜好，并不是一种责任。哪怕是只言片语，也无不倾注着他最真实的感受、最浓郁的情感。每一次外出归来，他总会留下一篇图文并茂的游记。这些文章笔调舒缓，文采飞扬，更不乏真知灼见，就像泉眼里刚刚迸发出来的潺潺流水，明心见性，不矜不伐。

从城市广场规划到村镇规划设计，从环城绿带规划到区域绿地规划，从珠三角城市群协调发展规划，再到绿道、驿道、碧道和粤港澳大湾区历史文化游径规划……最近20年，几乎每一次与广东有关的重大规划，都似乎与马向明有关。

作为一名城市规划建设的参与者，马向明需要以一种自我的心态保持着持续不断的思考。但一旦有机会游离在工作之外，他又似乎更愿意以一种“他者”的视觉，静静地观察着眼前和身边的世界。

为失落的文化而悲伤

在主流媒体工作的记者，最喜欢马向明这样的学者。只要打得通他的电话，他就一定不会让你空手而归。

对于自己专业范围之内的问题，马向明从来不吝啬跟众人分享他内心最真实的想法。有了大众媒体的加持，他的专业声音往往会被放大多倍，从而以更快的速度传递给更广泛的社会人群。因而，作为“三师”专业志愿者的马向明，自然而然成为南粤古驿道最积极的推广者之一。

与其他许多知识分子一样，马向明有时也会把城市的建设者视为历史的破坏者。或许是因为离开家乡南雄后，在广州生活得太久的缘故，他有时候会把自己比作昆德拉笔下的主人公，当回到阔别的故乡时，惊讶地发现历史没有留下任何痕迹。“无论是在空间上还是时间上，它的存在都已一笔勾销，于是陷入欲归不能的痛楚中。故乡，支撑着他20年流浪的精神家园，已是可回而不可归。”2011年春，马向明在他的一篇博客文章《上帝，我的故乡》里，发出了这样的感慨。在他看来，不离乡便没有故乡。在新的地域，建立起了家园，在彼处，便有了个地方叫故乡。对故地、故事和故人的怀念，交融在一起便织成了乡愁，不管新家如何安逸，乡愁总是引领着你走向对故乡的回归。

马向明对西京古道的修复保护进行现场调研和指导（受访者供图）

马向明与连州秦汉古道踏勘组在西岸镇石兰“兰桂里”门楼合影（受访者供图）

看着高速发展的城镇化，把许多人的家乡变成了“陌生的另一种存在”，而身处异地的你我，却没有权利去干预家乡的选择，马向明毫不掩饰地表示，自己曾经对个别地区一些不合理的发展方式产生过非常消极和悲观的想法。正因为这样，他才会不断地诘问，难道我们就一定要成为昆德拉笔下的人物去面对欲归不能的痛楚？至少在写那篇文章的当时，他的内心仍然是迷茫的。“我们的故乡正以自身的异变来迎接现代化的到来。我不能说故乡死了，只能说故乡消失了。希望你还有一张童年时的旧照，虽然故乡已是不可回归，但你却可以把精神的家园珍藏在你私人的相册里。既然上帝已死，作者也死了，对故乡的消失我们还能做什么？闭上你的眼睛让一切发生吧。”

显然，作为一名成功的规划师，马向明在失落的传统文化中曾经因为找不到自己的精神家园而一度感到忧郁和悲伤。

只不过，这种忧郁和悲伤很快就因为几年后拂来的一阵清风而随之消散。2016年，广东省率先在全国启动对南粤古驿道的修复和利用。2017年，当广东省人民政府正式颁布《广东省南粤古驿道文化线路保护与利用总体规划》后，马向明兴奋地在博客上写道，这是广东省继2010年的绿道建设后在线性开放空间方面的又一创举。

事实上，在此之前的2010年，广东省便在全国率先开展建设绿道活动，全省累计建成的绿道总里程已经超过13000公里，由此也点燃了全国绿道建设的燎原之火。作为珠三角绿道网络总体规划的重要参与者，马向明对绿道与南粤古驿道的区别有着自己的理解：“两者既有共同点，也有不同点。相同之处是两者都是供公众使用的线性开放空间，不同之处是绿道是以生态为本底，古驿道是以文化为基石。”

曾经因为失落的文化而感到悲伤的老文青，显然已找到了新的寄托。

走在南粤古驿道上的老文青

在广东，南粤古驿道一度被视为绿道的升级版。

生活在城市里的公众，可以去绿道锻炼身体。但是，如果想到城市外面的远郊走走，又该怎么选择呢？马向明认为，南粤古驿道工作可谓正当其时，其将引领大家走进历史、走出城市、走向自然。

“过去，它们是军事之路、商旅之路，也是民族迁徙之路、文化融合之路，更是广东历史发展的重要缩影和文化脉络。”马向明以其一贯的文青思维来表述自己漫步古驿道的切身体验，“走在上面，路边的石头仿佛会向你叙述年幼的孙中山翻山越岭去澳门求知的艰辛，或是看到利玛窦翻越南岭上京路上在梅关古道上停留小歇的亭子，或是听到山风中传来的宛如林则徐在被贬路上的声声叹息。古驿道的点滴遗存，是过去千百年来广东南来北往历史往事的密码匙，走进古驿道，或能让你亲身体验汤显祖戏剧中描绘的情景，或是让你想象古时赴京赶考书生的艰辛与浪漫。”

古驿道的历史，实际上就是一部过去的繁华史。马向明说，由于社会经济发展方式的变更，这些文化遗存大多分布在边远地区，而这些被工业化和城市化遗忘的地区，恰恰又是广东贫困乡村分布密集的地区，也是自然环境未被工业化破坏的地区。

让马向明感到兴奋的是，南粤古驿道的提出，是充分利用古驿道作为线性文化空间，串联特色村落和自然美景，吸引公众休闲旅游、推动沿线乡村的发展。它具有文化修复、历史和自然体验、村庄整治和经济发展相融合的多元目标。

“在广东的城市里，绿道建设出现了进一步与公众的健康需求相结合的倾向。而在城外，以南粤古驿道为纽带，整合串联沿线历史文化资源、自然环境资源，将古驿道的保护利用与乡村旅游的发展相结合，以历史文化线路复兴的方式让广大市民走向广阔的历史与自然结合的天地。”马向明引用了英国人汤那在总结伦敦绿道时说过的一句话：“不管是绿色还是蓝色，不管是空中的还是地上的，只要能够让使用者愉悦的道就是绿道。”他将其引申到当前广东正在持续推进的南粤古驿道保护和活化工作中：“在广东，不管是绿道还是驿道，都是让人流连忘返、给人身心健康的好道。”

2017年以后，脖子上挂着一台单反相机的马向明，摇身一变又成了一名走在南粤古驿道上的老文青。

古驿道的修复是历史气场的再现

在马向明的眼里，南粤古驿道是对历史文化线路的再利用。因而，修复后的古驿道如何再现历史的气场，非常重要。

2018年，在数百名“三师”专业志愿者的共同推动下，广东正式启动了对全省11条重点线路精华段的修复和活化工作。那段时间，马向明的户外勘察工作可以说是连轴转。有一次，他用了将近半个月的时间，马不停蹄地去了连州、乳源和南雄三地，实地走访正在修复中的秦汉古道、西京古道和梅关古道。当他看到三地在广东省的统一部署下，把古道修复开展得有声有色，尤其是看到各地在古道修复上因地施策、各出奇招时，他情不自禁地在博客上表达了自己的兴奋之情。

回忆起在连州参观的过程，马向明说有一个问题一直在他的脑海里回旋："秦汉古道在它那个时代，是由官府出资兴建的官道，怎么才能让今天的人感知到它在当时的显赫地位呢？"紧接着，他们一行人又去了乳源的西京古道，看到古道在大桥镇的田野里延伸向前，岁月的流逝已经使当年的官道变得与今天的田埂小径并无太大的区别。于是，同样的问题又出现在他的脑海里："怎么才能在保护历史信息的同时，让今天的人们能够一眼就把它与乡径区别开呢？"

古道离开大桥镇后逐步爬坡，远处一排白色灯柱横贯半山腰处，在山峦间画出一条笔直的线条。"那就是京珠高速。"乳源的同行告诉他。马向明听后精神为之一振："历史的西京古道，当今的京珠高速，两个相差1000多年的通向京城的国家基础设施在一个峡谷并向而行，太震撼了！"望着京珠高速，他自言自语道：如果说那半山处划过的灯柱是京珠高速的识别，是京珠高速的气场，那么，西京古道也要有它区别于乡道的气场！

但是，如何再现它的气场呢？马向明认为，古驿道的修复不能够抹去古道上沉积的时间，破坏历史就是抹去时间，气场的再现应该是一种既不破坏历史，又能够体现今天价值观的方法。"我们今天看历史，并不是回到过去看历史，而是面向未来、面向海丝看历史。这是我们今天修复古驿道的目的和意义之所在。"

古道边上盛开的波斯菊（受访者供图）

马向明与志愿者在南天门古道附近村庄（受访者供图）

当他们翻过一道山岗来到猴子岭时，一位走在马向明前面的女同胞开始不断地摆出各种姿势拍照。原来，乳源的同行几个月前在古道两边撒下了波斯菊的种子，而在大家到访的当时，两边已经盛开的波斯菊开始把古道从山野中凸显出来了，古道上黝黑的石块在鲜花相伴下幽幽发光。“这真是伟大的创造！两条花带既凸显了古道的不同凡响，又显示我们对历史的尊重和崇尚，更重要的是，它不会对古道本体有任何的改变，更不会对古道有什么损坏。”马向明说这一情景霎时让他感到眼前一亮：“这不就是古道所需的气场吗？”

离开乳源后，他们一行人接着又去了南雄。南雄是马向明的家乡，他是在那里出生并读完高中的，因此，梅关古道对他来说丝毫不陌生，可以说是家乡最令人自豪的历史遗迹，以前回南雄时，马向明总会找机会上梅关古道看一看。当一行人来到梅关景区外的梅岭村和里东村时，施工队正在干劲十足地修复过去挖掉和破坏的古道。在里东村，施工队把土层翻开后，露出了鹅卵石铺的路面。望着那重见天日的鹅卵石路面，马向明突然心头一热，脑中闪现一个念头：为什么不在重修的古道地段刻上“梅关古道2018年广东省人民政府重修”的标志呢？如果说南粤古驿道的修复是对历史文化线路的再利用，那么，这种利用就不仅仅是为我们、为今天，我们还希望后人也能够通过古驿道感受中华民族的伟大历史，那么，今天我们在古道本体的重修处刻上2018年重修的字样，其实是在为后人书写古道是如何延续的历史。

至此，从连州秦汉古道一路过来回旋在他脑海里的问题，似乎有了一个逐渐清晰的答案：“我们今天面对古驿道，需要做一些事来再现驿道过去不同凡响的气场。首先，要根据历史资料确定古驿道当时的宽度，以当时的宽度在古驿道沿线画出‘古驿道红线’。其次，确定红线后，再用下面三个步骤来再现古驿道气场。第一步：把‘古驿道红线’内的杂草清理干净；第二步，在‘古驿道红线’两侧撒上花的种子，形成两条线性花带；第三步，在修复过的古驿道本体上，每隔50米镶嵌一块刻有‘南粤古驿道 2018年广东省人民政府重修’字样的石头。”这样，山野中鲜花相拥的古驿道，既明显地区别于田间小径，彰显其显赫历史，又用自然生长的花表达出我们今天对历史的尊重和敬畏。而对于游人来说，古驿道上的石刻和两边的鲜花，是历史感与美感的交融体验。

（文：冯善书）

马向明在南雄现场调研和指导古驿道修复（受访者供图）

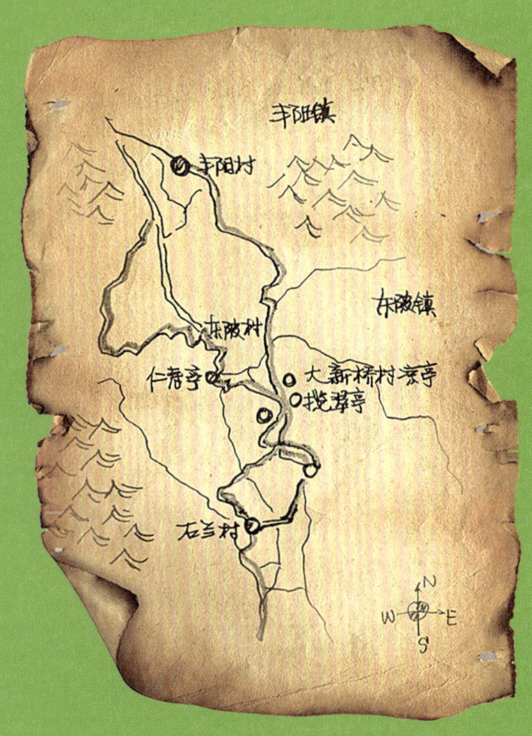

清远连州丰阳东陂古道

连州，是广东乃至整个岭南开化最早的地方，古驿道起到了重要作用。丰阳古道蜿蜒横贯丰阳古村而过，古道的鹅卵石经历千年风雨，圆润光泽，层层铺叠，如行行文字般诉说着丰阳那段家国春秋：五代时期，南唐后主李煜在宋太祖赵匡胤的步步紧逼之下，派“征南元帅”吴敬元带劲旅向南进发，试图开拓南疆作为后方根据地。岂料不到一年光景，南唐覆灭，家国尽失的将军只好仰天长叹，弃甲隐居于此。如今，踏上丰阳古道，铺着级级青石板的古道仿佛可以带我们穿越战火纷飞，聆听南唐丧国大将的声声叹息。继而来到商贾繁荣的宋朝，斜阳里古道边，南来北往的商旅们吆喝着吃酒划拳，声音响彻耳畔。

唐曦文
保持线性文化空间的开放性 未来运维是关键

Tang Xiwen
Future Operation and Maintenance is the Key to Keep the Linear Cultural Space Open.

唐曦文，深圳市城市空间规划建筑设计研究院常务副院长，中国城市规划学会城市设计学委会委员、村镇规划学委会委员，广东省城市规划学会理事，广东省住房和城乡建设厅特聘专家，曾任珠海市规划局总工办主任，美国伊利诺伊大学访问学者，曾在同济大学任教，具有丰富的城市规划管理与城市规划编制经验，主持及参与过多项城市规划设计与研究工作，擅长大型综合项目的运作管理以及规划专题研究。南粤古驿道文化之旅规划与交通组织总监，其团队对南粤古驿道线路的总体规划发挥了重要的推动作用。

Tang Xiwen, executive vice president of Shenzhen Urban Space Planning and Architectural Design Research Institute, member of Urban Design Committee of China Urban Planning Society, member of Village Planning Committee, member of Guangdong Urban Planning Society, special expert of Guangdong Housing and Urban-Rural Construction Department. He was appointed to Zhuhai Urban Planning Bureau as Director of Chief Engineer's Office and titled visiting scholar at the University of Illinois. He has been teaching at Tongji University, having extensive experience in urban planning management and urban planning preparation. He has hosted and participated in many urban planning design and research work, and is good at the operation and management of large-scale integrated projects and planning thematic research. As the Director of Planning and Transportation Organization for the Cultural Journey of South China Historical Trail, his team has played an important role in promoting the overall planning of South China Historical Trail.

精彩观点

南粤古驿道活化利用的着力点，除了应该注重对广东现有绿道、古驿道和碧道这些不同线性空间资源的整合利用外，还应该重视对已经建设好的重点线路的运维管理。在这个过程中，“三师”专业志愿者有能力且有责任去发挥更大的作用。

Viewpoint

The focus of activation and utilization of South China Historical Trail is not only the integration and utilization of the existing green road, ancient post road and Bidao in Guangdong, but also the operation and maintenance management of the key lines that have been built. In this process, the professional volunteers of "San-shi" have the ability and responsibility to play a greater role.

在实地走访南粤古驿道初期，大家都是穿着普通的休闲鞋去的。

离开村庄往深山老林走，渐渐发现有的地方的路断断续续，有的甚至连路都没有，中间需要跋山涉水穿越许多泥泞沼泽或陡峭艰险的节点。

类似的地方走多几次之后，专家志愿者们脚下的休闲鞋也就变成了运动鞋。

不过，慢慢地，大家又发现，遇上刮风下雨这样的恶劣天气，连运动鞋也保护不了大家的脚，有时还会因为鞋子破了或进水了而发生其他危险。

于是，有专业防护功能的户外登山靴在志愿者的队伍中陆续出现了。

在唐曦文的眼里，鞋子的变迁，实际上从一方面反映了南粤古驿道工作的难度，另一方面也代表着志愿者和专家组对古驿道的认知随着距离的拉近而一步步加深。许多古驿道不仅淡出了公众的视线，早已被历史淹没在荒野山沟，而且因为社会的发展和时代的进步，一般的交通功能早已退化了。对南粤古驿道的走访，实为当代知识分子对岭南2000多年历史文明的一种求知和探索。

而今，这批专家和志愿者还担负着如何将这些被遗忘的珍贵历史文化资源，通过一种线性保护和活化利用的方式，让其重新焕发青春，融入现代社会的生活方式和生活体系中。在唐曦文看来，这条路依然在考验我们的能力和智慧。

唐曦文走在古道上，与历史对话（受访者供图）

2017年南粤古驿道定向大赛总决赛颁奖现场
（受访者供图）

为了理解　啃下不少硬骨头

唐曦文因为搞空间规划和建筑设计，从而与南粤古驿道结缘。

2015年底，志愿者阿瑞在国内率先提出对南粤古驿道这一历史文化遗产进行线性保护和活化利用的初步设想。这是唐曦文第一次对南粤古驿道有了完整的轮廓性的认识。

“对我们搞规划的人来说，原来关注更多的可能是现代城市发展这方面的信息，对广东历史的认识相对比较肤浅。阿瑞对中外历史的关注和眼界，不仅极大地完善了我们的知识结构、提升了我们看问题的维度，而且也直接推动这项工作在广东的落地，给了我们很大的启发。”唐曦文回忆道。正是在他的引导下，规划和建筑领域的一大批资深人士开始从古驿道的角度来认识和了解广东的历史，这是一种前所未有的体验和经历。

由于过去以古驿道的历史文脉和文化积淀为线索去挖掘和认识广东的故事客观上来说相当不够，这才促成了广东2016年在全省正式启动对南粤古驿道相关文化遗存保护现状的普查，然后再以此为基础开展了对全省南粤古驿道保护和修复利用的总体规划。在唐曦文看来，假设没有前期的研究和付出，南粤古驿道的工作不可能那么快地找到方向和重点，更不可能在全省各地落到实处。

“把理论研究落实到现实操作层面，其实是最难的。”在广东正式把南粤古驿道纳入省政府的重点工作安排后，唐曦文及其团队承担了南粤古驿道全省线路体系的部分规划工作。在认真读懂了决策层的基本思路和设想后，他马上意识到，自己从事的将是一项在全国还没有先例的工作。“这两年受南粤古驿道的影响，国家大运河和茶马古道等线性文化遗产的保护利用工作虽然已经陆续开展起来，但是在前几年，与南粤古驿道同类型的规划设计工作在国内完全是一项新的课题。如何准确理解政府的意图和设想，并将其工作目标和要求转化为

唐曦文在实地考察（受访者供图）

一份可以操作实施的规划设计成果，确实很不容易，需要我们规划领域对中国的历史文化保护和现代的社会需求，以及政府在乡村振兴、环境保护、精准扶贫、旅游发展和全民健身等方面的工作要求，有一个全盘而深透的理解。"

对唐曦文的团队来说，在全省范围内弄清楚古驿道的保护现状并不难，难在完成这些调研之后，如何结合当代人的价值观念和生活需要来确定南粤古驿道的利用方式，它的线路应该如何筹划，如何串联周边各种环境因素、资源因素，串联起来后又如何与当代的社会发展和人们的生活方式相融合。

"为了攻克这项全新的课题，我团队的梅欣、叶青等几位负责人，啃了不少硬骨头。"唐曦文不无自豪地说。梅欣是深圳市城市空间规划建筑设计研究院的副院长，对整个历史文化的保护利用不仅有独到的见解，而且有很强的国际化眼光。他对欧美、日本一些线性文化遗产利用的理论和案例进行了系统归纳和研究。比如美国国家历史游径和国家公园系统、欧洲的文化线路、"文化之都"评选等。梅欣通过对国外有关线性文化遗产保护和利用的理论与实践案例进行系统整理和分析，形成了对全省南粤古驿道线路规划、系统构建和活化利用的一系列专业建议，从而为广东完成南粤古驿道总体规划工作打下了扎实的基础。

叶青为南粤古驿道做了大量非常细致的案头工作，譬如把全省能够收集到的关于古驿道的文献记载，特别是方志县志等宝贵资料系统收集起来，并进行大量的案头研究。光是把这些资料通读一遍就需要花费大量的时间，叶青所花费的时间可想而知。唐曦文粗略估算，他们自发收集到的有关南粤古驿道的文字资料有1000多万字，而唐曦文自己看过的也有五六百万字。作为这个项目的负责人，叶青通过翻看和通读海量的文献资料，基本上掌握和厘清了省内大部分南粤古驿道的前世今生。如果没有前面系统性的研究和铺垫，就不可能对后期南粤古驿道的工作实施形成如此强有力的基础支撑。

古道应与当代社会需求相连接

长期的专业积累，被唐曦文视为整个团队能够快速进入工作状态并构建起整个工作框架的关键。不过，同时他也认为，一定要把南粤古驿道在全省线路体系的构建跟现实的社会发展需求相对接。这项工作，不单单是一个对历史文化遗产的认识和保护的问题，更重要的是，修复和保护以后对当代的社会发展和社会生活能够形成哪些新的需求。

过去，古驿道之所以会被遗忘，是因为功能的退化。今天，我们要唤醒并将之活化，必须挖掘和赋予它新的价值。这就决定了这些线性的文化遗产，必须与其他优质资源串联和对接，由此才能够发挥更大的社会效应。

为了更好和更精准地找到这个连接方法和连接点，唐曦文专门到欧洲和美国实地考察它们的文化旅游线路和历史游径。特别是梅欣重点提到的美国国家历史游径，唐曦文曾经有意识地摆脱一般旅游者的思维惯性，尽量从一个普通美国人的运动需求的角度去体验这些历史游径存在的现实意义，以一个徒步者的身份实地走完了西雅图和华盛顿等多个地方的几段有代表性的游径。不管是在美国，还是在欧洲，唐曦文在徒步游览这些线路时，均发现了一个共同的特性：为了让游径与旅游产业紧密结合，这些线路的建设者和运维者对使用者的需求考虑得非常周到，哪怕是一个很小的标识问题，都会尽可能地考虑到使用者的感受。另外，一路上的公共设施，不放过任何一个机会向游览者介绍周边的自然资源和历史知识。

与当代人的使用习惯和价值需求相连接，也就成为唐曦文及其团队致力于构建南粤古驿道全省线路体系的一个最重要的宗旨和原则。除此之外，他们认为，这个体系要想得到当代人的认可和接受，一定要保持其应有的开放性。

这种开放性一方面表现在空间上，即南粤古驿道不是一个封闭的系统，而应该与广东已经在开展的绿道建设和正在开展的碧道建设，以及整个生态保护的区域和城镇发展的区域相互关联。“南粤古驿道必须融入整个大的空间体系里面去，跟所有的生态休闲和历史文化空间，以及城乡发展推进过程中形成的新的建设空间实现无缝对接。”唐曦文说。

另一方面，古驿道的开放性还体现在时间上。南粤古驿道不是单纯地停留在对一些代表过去的历史文化遗址的保护，而更应该看到这些资源和环境对未来整个社会发展的帮助。譬如，活化后的古驿道对我们今后的影响在什么地方，它跟老百姓和社会发展追求的长远目标有什么关系。“保护只是一种手段，活化利用才是我们做好这项工作的真正目的。”

活化的着力点在资源整合和未来运维

几年来，唐曦文一边工作一边思考。在他看来，南粤古驿道活化利用的着力点，除了应该注重对广东现有绿道、古驿道和碧道这些不同线性空间资源的整合利用外，还应该重视对已经建设好的重点线路的运维管理。

前者是由南粤古驿道线路体系本身的开放性决定的，而整合的目的是尽量减少资源浪费、避免重复建设，从而最大限度地发挥资源的综合效益。后者是因为前期得益于省政府自上而下的推动，地方政府都在积极配合南粤古驿道的保护和修复工作。问题是，这些线路建起来以后，吸引了大量的社会人士前往使用，未来的管理和运营怎么办？“怎么去建立一个可持续发展的运维机制，至今是一个难点。”唐曦文说。到目前为止，还没有特别明确的组织机构和管理办法。其实在这方面，纽约曼哈顿中城西侧的线形空中花园（高线花园）可以为国内提供一个很好的借鉴。高线花园是利用旧时纽约高架铁路改造而成的，其运营管理实际上是靠一个叫“高线之友”的社会组织。在“高线之友”的大力保护下，“高线”不仅存活了下来，而且被建成一条独具特色的空中花园绿道，为纽约曼哈顿西区赢得了巨大的社会效益和经济效益，成为国际设计和旧城重建的典范。这个社会组织从各方筹集资金，有政府划拨的、有社会捐赠的，也有个人爱好者投资的。南粤古驿道文化线路目前还处在建设和保护初期，今后的运维经费从哪里来、由谁来管，仍期待政府牵头建立一套科学完善的机制，以确保南粤古驿道这项工作能够长期运营下去，长久发挥作用。

唐曦文说他非常看好“三师”专业志愿者在其中的作用。在南粤古驿道文化线路的规划建设过程中，“三师”专业志愿者发挥了很大的作用。反过来也可以说，南粤古驿道这项工作为“三师”专业志愿者提供了一个很好的展示专业能力和担当责任的平台。当然，将来的广东省“三师”专业志愿者委员会能否发展成为“高线之友”那样的社会组织，则有赖更多的社会力量和热心人士来参与。

在他看来，除了“三师”专业志愿者之外，其他热心和有社会责任感的民间人士只要有时间、有资源，就都可以参与到南粤古驿道的保护工作中来。当前的广东省“三师”专业志愿者委员会已经开了一个头，往后就等待有更多的社会各界人士来添砖加瓦了。（文：冯善书）

珠海长南迳古道（广东省自然资源厅供图）

王世福
进入国际语境可以使驿道文化传播更深远

Wang Shifu
Entering the International Context Can Drive the Historical Trail Culture Far-reaching

王世福，博士，华南理工大学建筑学院教授、副院长、博士生导师；中国城市规划学会理事、学术工作委员会副主任委员、城市设计学术委员会副主任委员；首批广东省“三师”专业志愿者、南粤古驿道保护利用指导专家、广东万里碧道专家咨询组成员；《南方建筑》副主编；广州市、佛山市、福州市城市规划委员会委员。作为首席专家承担国家社科基金重大项目1项，主持国家重点研发计划课题及国家自然科学基金项目等科研项目及一批重要的规划实践项目，多次获得省部级优秀规划设计奖项。主持规划设计的项目主要有广州市恩宁路历史文化街区保护规划、广州市越秀区传统中轴线地区总规划、广州国际金融城起步区城市设计、广州市珠江新城中央广场规划设计等40多项。

Wang Shifu, Ph.D., professor, vice-dean and doctoral tutor of the school of Architecture in South China University of Technology Director of the Chinese Urban Planning Society, vice-chairman of the Academic Work Committee and vice-chairman of the Academic Committee of Urban Design; the first group of volunteers from the "San-shi" of Guangdong Province, experts on the protection and utilization of South China Historical Trail, members of the expert advisory group of Great Greenroad in Guangdong Province; Vice-Editor of *Southern Architecture*; member of the Urban Planning Committee of the City in Guangzhou, Foshan and Fukuo. As the chief expert, he undertakes one major project of the National Social Science Fund of China, presides over the research projects of the National Key Research and Development Program and the National Natural Science Fund of China, and a number of important planning and practice projects. He has won many excellent planning and design awards at the provincial and ministerial levels. The projects that he is mainly in charge of planning and design are the conservation planning of Enning Road historical and cultural block in Guangzhou, the Planning of Yuexiu District traditional central axis area in Guangzhou, the urban design of the starting area of Guangzhou International Finance City, and the planning and design of the Central Plaza of Zhujiang New Town in Guangzhou, adding up to more than 40 projects.

精彩观点

中国乡村有关于建成环境（人居环境）美学最丰富的物质表现形态，且充满人文情感。在这方面，城市要向乡村学习。因为驿道一定是为了相互交流而设计的，所以遗产线路本身可被视为一种特殊的动态文化景观。在多年的发展变迁过程中，其自身也会存在文化的积淀。因此，充分挖掘古驿道的人文内涵和历史信息，能找到很强的中国文化自信，并且与沿线的乡村振兴关联起来。

Viewpoint

The Chinese countryside has the richest material manifestation of the aesthetics of built environment (human settlements) and is full of humanistic emotional connotations. In this respect, cities should learn from the countryside. Since historical trails must be designed for mutual communication, the heritage line itself can be regarded as a special dynamic cultural landscape. In the course of many years' development and change, it will also produce the accumulation of culture itself. Therefore, fully excavating the humanistic connotation and historical information of historical trail can help us find a strong Confidence in Chinese cultural, which is related to the rural revitalization along the historical trail.

南粤古驿道的活化利用，在有些学者看来，是让自己沉浸到历史与古代的文化里去“淘金”。

这样的“淘金者”，就包括华南理工大学建筑学院教授、博士生导师王世福。与一般的工匠和乡村学者相比，搞建筑和规划设计出身、近年来一直活跃在全省众多南粤古驿道上的王世福，显然拥有更广阔的国际视野和当代审美观念。由他主导规划和设计的空间景观作品，代表着广州、东莞、佛山、珠海等珠三角地区的前瞻性。

作为2018年南粤古驿道保护和修复利用工作第七督导组的专家，面对着散布于偏远山区的那些动辄拥有几百上千年历史的文化遗存，他又会以什么样的心态和方法去修复和利用它们呢？坐在华南理工大学西湖边上的一家老发电厂改造的咖啡馆里，王世福谈起他这几年的经历和感受。

到农村去吸取传统美学的营养

早在2014年，广东省启动“三师”下乡服务工作，王世福作为第一批志愿者，就投身到传统村落与广东绿道的规划建设中去，接着在广东省有关部门的指引下，又转向更具文化活力的升级版绿道——南粤古驿道的保护利用工作。作为一名城乡规划学科的教授和博士生导师，日常教学科研任务繁重，还要肩挑起督导组专家的职责，其实十分辛苦，但在王世福看来，自己到古驿道和乡村去，除了志愿帮忙之外，更多是吸取营养。“中国传统文化的魅力主要在乡村，像中国引以为豪的绘画、文学等，其根基多在乡村，而承载中国传统美学思想的载体也一般分布在乡村。”王世福说，“规划设计的从业人员，不懂乡村不行。中国乡村有关于建成环境（人居环境）美学最丰富的物质表现形态，且充满人文情感。在这方面，城市要向乡村学习。比如我们做CBD花城广场的规划设计，要想做得更接近自然生态，更富有人文精神，都得向自然和乡村学习。实现这类目标的设计元素，在工业化、机械化的语境里是很少的。”

走在古驿道上，他说自己常常被身边一些“非设计美学”所触动和影

中央电视台专题纪录片场景

罗浮山古道（受访者供图）

响，只有看到乡村的那些人文和自然生态景观才有一种顿悟的感觉：设计的最高境界或许是无设计。只有“道法自然”的东西才是最动人的。

“这两年深度参与到古驿道的规划设计中，最出乎我意料的是，我们来之前都低估了那些农村干部和乡贤对古驿道文化的认知和热爱。”王世福说。当他拿着从图书馆里找出来的文献资料去跟来自乳源的许化鹏那样的乡村学者交流时，才发现他们手头有太多从城里来的专家所没有的“活着的知识”。尽管在实际工作过程中，彼此也会经常就一些话题产生激烈碰撞，尤其是在处置具体的驿道遗址景观遇到要在保留、修缮、复建等措施中进行判断与取舍的情况时。但是，这并不妨碍王世福内心对他们的敬佩和尊重。

同样的感触还发生在他发现一些现有文化遗产存在品质问题时。王世福坦言自己所看到的文化遗产，大多具有数量少、分布散、距离中心城市远，甚至处于大山之中等特点，从物质空间质量方面来考量，也都属于比较破败的那类，不仅功能退化，而且从文化审美的角度上看，也说不上漂亮，很难进入当代人的审美体系，尤其是难以获得年轻人的欣赏与接受。但是，从另外一个方面来讲，正因为它们已经非常稀少，所以才显得特别珍贵。对于当前正在发生剧变的广东来说，南粤古驿道几乎是唯一可以连接历史记忆的文化线路，而且其具有的可行走性还带着人类的体温。“所以，每一次去行走古驿道，我都有一种使命感，觉得自己一定要去帮助当地把这些文化遗产保护和活化好，并与各级政府部门一起找到一套行之有效的办法，去让这些古老的事物重新走进当代人的审美体系，重获新生并继续传承。”

指导组在罗浮山古道登顶后合影（受访者供图）

只有让世界可认知，古驿道才更具有文化生命力

曾经主持过广州市珠江新城中央广场、广州市海鸥岛、佛山市西樵山听音湖等重要规划设计项目的王世福，更愿意把南粤古驿道放到国际视野下来进行思考。“跟外国人讲南粤古驿道他们未必理解，但讲到线性遗产或文化线路，他们就明白了。目前我们用的英文是Historical Trail，直译就是历史径，我想国际学者一般就会把它与文化线路联系起来。正如纳入国家战略的粤港澳大湾区，在国际语境中很容易建立与世界几大知名湾区对比的一种认知。只有进入国际语境，才能让世界上更多的朋友认知我们的南粤古驿道，也才会形成真正意义上的文化线路概念并传播得更加深远。”

线性遗产已经被公认为世界文化遗产的一类，包括运河、长城、铁路等具体类型。早在1987年，西班牙的朝圣之路就被欧洲定为文化线路，1993年被正式列入了世界遗产，确认了文化线路作为线性遗产的历史文化价值。欧洲文化线路委员会目前已经认定29条欧洲文化线路，名单包括运输线路、贸易线路、宗教线路等。“从国际实践来看，欧洲给我们最大的启发是，文化线路不强调道路的实体空间，而强调特定文化主题的线路概念，体现历史文化要基于旅行，基于文化、人物和背后的故事。”王世福说，“欧洲重视文化自信，也不断在传承中创新。美国相对来说历史短一些，文化底蕴会弱一些，但是美国以国家公园的体系做文化之旅的系统规划，也是值得我们借鉴学习的，美国有‘遗产廊道’的定义与相应的保护和利用措施。”所以，在王世福看来，驿道可被视为一种特殊的动态文化景观，因为驿道一定是为了相互交流而设计的，本身就是文化景观。而在多年的发展变迁过程中，其自身也会存在文化的积淀，因此充分挖掘古驿道的人文内涵与历史信息，能找到很强的中国文化自信，并且与沿线的乡村振兴关联起来。

他赞同广东大力推进对古驿道周边历史文化和名人故事的挖掘，通过讲好驿道故事带动驿道品牌传播的做法，认为南粤古驿道深入挖掘之后的创新呈现，将来也一定会有国际传播力。而在他看来，最重要的活化方法就是参与、体验与教育，积极引入研学活动、青少年活动等。比如，在起点给你发驿道护照，在每个驿站、关口给你盖关口戳。在驿道上如果步行超过100公里、骑行超过200公里就给你发勋章，途中经过重要文化景点也会在你的护照或明信片上盖纪念戳等。这样更多地寓教于乐，是进行文化传播、促进当地经济和文化发展的综合手段，对南粤古驿道沿线地区的文化传承和乡村振兴具有深远意义。

“只有让全世界都能认知到，古驿道作为一个文化品牌才具有生命力。”他认为，广东显然早就意识到这一点，所以这几年一直在大力推动驿道文化遗存的有效利用，不管是搞定向越野、摄影、绘画大赛，还是搞文创、展览、研学和文化旅游，都是为了扩大知名度。只有让知名度提升，古驿道才能成为集聚人气的平台，并最终成为能够推动乡村振兴、精准脱贫、农业和乡村旅游发展的新动力。在知名度不断提升的过

铺地大样 （王世福手绘）

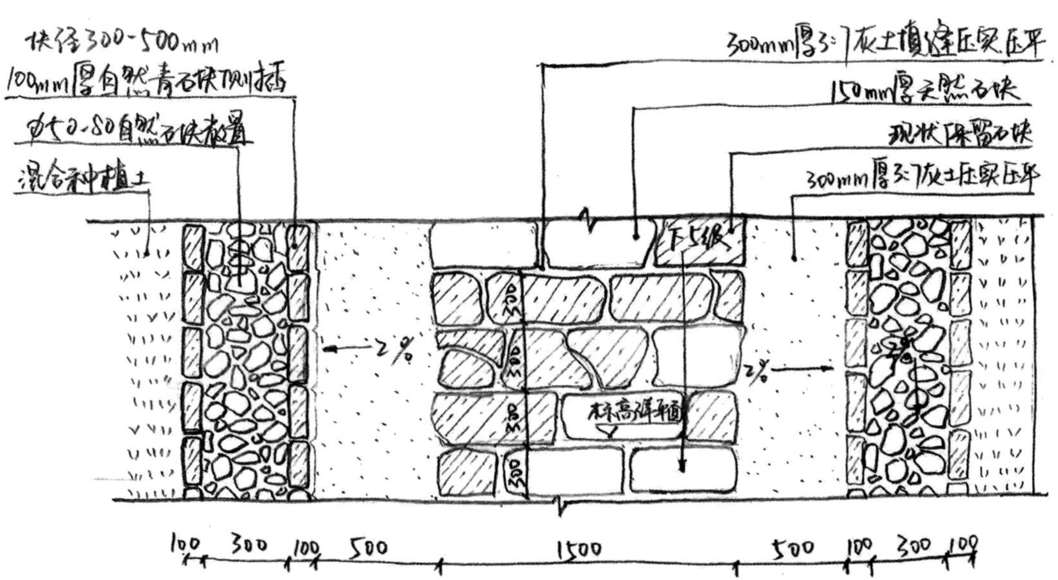

程中，必须立足全球视野，不断地引入国际标准，将南粤古驿道具有的南粤精神、岭南内涵等地域文化基因带进国际语境。

王世福说，西方呵护文化的方式值得我们学习和尊重。“南粤古驿道文化线路包括沟通中原、放眼世界这样一种定位。历史上，南粤古驿道促成了中国南北地区的交流融合，加强了广东作为南国门户与世界各国的联系，具备作为文化线路应有的跨地区交流和文化多样性等主要特征，我们应该更进一步思考其中具有的全球普遍适用性。”伴随纳入国家战略的粤港澳大湾区建设的启动，更加迫切需要以南粤文化来凝聚大湾区城市群。我们有理由期待，南粤古驿道如一张文化网络，把大湾区11座城市的文化联通融合起来，让陈列在广阔大地上的历史遗产活起来，共同构成宜居宜业宜游的世界级人文湾区。（文：冯善书）

古驿道交通（受访者供图）

山花烂漫的古驿道沿线风光（广东省自然资源厅供图）

罗赤宇
“大师小筑”助推美丽乡村振兴

Luo Chiyu
"Eminent Masters and Exquisite Buildings", Promote the Revitalization of Beautiful Countryside

罗赤宇，广东省建筑设计研究院总工程师，教授级高级工程师，一级注册结构工程师，英国特许结构工程师，享受国务院政府特殊津贴专家，首批广东省工程勘察设计大师之一。主持和参与完成了广州报业文化中心、保利商务中心、广州美术馆及广东省博物馆等复杂超限结构建筑的设计及技术研究工作，在地下空间结构、超高层建筑结构及钢-混凝土组合结构设计与创新技术研究等方面成果突出，曾获全国优秀工程勘察设计行业奖、省部级科学技术奖、省级设计奖励等各类大奖几十项，并荣获全国五一劳动奖章和“广东省土木建筑二十佳中青年工程师”称号。

Luo Chiyu, chief engineer of Architectural Design and Research Institute of Guangdong Province, professor-level senior engineer, first-level registered structural engineer, chartered structural engineer of the United Kingdom, entitles special subsidies from the government of the state council, and is the first batch of "Masters of Engineering Survey and Design of Guangdong Province" in Guangdong Province. He has presided over and participated in the design and technical research of complex over-limit structures, such as Guangzhou Newspaper Culture Center, Poly Business Center, Guangzhou Art Museum and Guangdong Museum. He has achieved outstanding results in underground space structure, super-high-rise building structure, steel-concrete composite structure design and innovative technology research, and has won national excellent results. He has won dozens of awards, such as the Industry Award of Survey and Design, the Science and Technology Award of Provincial and Ministerial Level, and the Provincial Design Award. He has also won the National May Day Labor Medal and the title of "Twenty Best Young and Middle-aged Engineers in Civil Architecture of Guangdong Province".

精彩观点

小的建筑也值得我们这些做大型项目的设计师投入一些想法去做好。尽管只是一处小景观的提升，一处小驿站的改造，但能起到活化古驿道的作用，可以丰富旅游资源，吸引更多游客。

Viewpoint

Small buildings are also worth investing in by our designers of large projects. Although it is only the improvement of a small landscape and the transformation of a small post station, it can play the role on activating the historical trails, enriching tourism resources and attracting more tourists.

作为广东省建筑结构设计领域的代表，罗赤宇以志愿者的服务精神在业余时间贡献自己的才智。通过积极投入“三师”专业志愿者活动，参与南粤古驿道景观提升和乡村民居改造工作，为建设美丽宜居村庄，延续“美丽乡愁”而努力。

对他而言，走出设计院，走进农村的广阔天地，通过亲眼观察、亲身实践，投身于生态文明建设以及乡村振兴工作，同样意义非凡。

建筑结构设计大师的责任意识

“和建筑外观设计师相比，我们建筑结构工程师的工作更为理性、枯燥。我们思考的是建筑物的结构竖向承重和抗水平作用体系，包括建筑的框架梁柱、承重墙等。我们的使命就是保证建筑的稳固和安全，也就是在地震、风、温度等外部因素的作用下保证建筑物的安全，保证建筑物不倒塌、不被破坏。”

笔者初次见罗赤宇时，他是这样介绍自己的。他说话平和自持，处处显示着温文尔雅，有条不紊。办公室桌案上摆放着的一本本厚厚的建筑图纸，透露着他紧张忙碌的日常工作——反复在尺寸限制、荷载要求、性能要求、允许预算上权衡考虑。

在建筑领域，结构设计是一项艰巨的任务，责任也很重大。而广州报业文化中心、保利商务中心、广州美术馆、广州圣丰索菲特酒店、中交南方总部基地、广州花城广场等一个个发光的地标性建筑，都是罗赤宇在结构工程上的成果。在这些建筑的背后，是他20多年来对结构技术的钻研积累，对超高层建筑结构、地下空间结构、钢-混凝土组合结构等复杂超限结构的设计及技术研究的不断突破。

从华南理工大学工业与民用建筑专业毕业后，罗赤宇走进了广东省建筑

罗赤宇参观文创大赛作品展（黄睿民摄）

2019年6月1日，罗赤宇在珠海长南迳古道参加“大师小筑”美丽宜居乡村行动（田思劭摄）

设计研究院，遇到了容柏生、陈宗弼、陈星等行业内的大师级人物。他在一次次参与大型项目结构设计中积累了丰富的经验，也在一次次磨炼中不断创新进步，走出了一条属于自己的结构设计之路。

由他主持设计的广州报业文化中心，由于通过设置大量连廊、过廊、围合庭院形成丰富、通透的公共空间，因此这座立面简洁流畅的标志性建筑有着特殊的结构骨架，汇集了特大跨度拱架结构、塔楼外框柱倾斜曲折、裙楼大悬挑空间、特别不规则超限结构等复杂技术难题，还有搭接柱、多种形式连廊、大跨悬挑板、异型空间楼梯等众多不一般的设计挑战。罗赤宇及其团队独具匠心地采用高效、经典、现代的建筑形式展现媒体特色与岭南建筑文化，故而该中心建成后成为一座集信息化、智能现代化于一体，融合了新媒体时代发展智慧的一流媒体中心、总部大厦和甲级写字楼，还被称作“广州新城中轴地标首席文化标杆”。

从业20多年，“责任心”三个字始终是罗赤宇的底线和座右铭。设计出来的图纸首先要过他自己这一关。他认为只有保证设计质量，做到问心无愧，才算是个合格的结构工程师。

“大师小筑”的示范效应

作为建筑结构设计大师，从2018年5月，罗赤宇以“三师”专业志愿者的身份参与到南粤古驿道上的多个景观改造及农居改造工程中，先后参与了信宜站、连州站等站点的建设工作，与诸多大师携手共同创造了诸多“大师小筑”。

“大师小筑”是广东省副省长许瑞生以全国政协委员、建筑师、“三师”专业志愿者的身份向广东省建筑和工程勘察设计大师们发出的倡议，吁请设计大师们腾出个人宝贵时间到乡村去，到古驿道边，以“三师”专业志愿者身份参与乡村建设，利用个人专长，积极投身到广东美丽宜居乡村行动中去，助力乡村振兴。

2018年5月20日，罗赤宇和广东省内建筑和工程勘察领域的知名建筑专家和设计大师们作为“三师”专业志愿者一同参与广东美丽宜居乡村行动——农房改造示范项目推广活动，并先后在茂名信宜、清远连州和珠海、中山等多处开展了古驿道景观改造、广东美丽宜居乡村行动——农房改造示范活动，成为农房改造生动有效的样板，“大师小筑”活动引起社会各界高度关注。

信宜地处粤西欠发达地区，农房建设相对缺乏设计和指导，外观简陋，和周边环境不协调。在深入当地充分调研的基础上，罗赤宇和其他“三师”专业志愿者结合周边环境、地域文化及农房主具体使用需求等，对农房进行设计改造，综合考虑结构安全、建筑遮阳及排水等功能要求，从立面材料和色彩、屋顶檐口、门窗及阳台装饰、小庭院营造等方面进行优化升级。罗赤宇和其他“三师”专业志愿者与当地干部、村民等一起加入了村居改造的工作中，拿扫帚、铲子清理农房周边的建筑渣土和垃圾，一起修缮残墙等，共同参与、见证山背村环境改善的全过程，让破旧村屋的面貌焕然一新。

作为结构工程师，罗赤宇更加注重从建筑结构上关注古驿道上的民居和古建筑的修复。他发现大量的农村建筑只考虑简单的建筑功能需求，并没有考虑抗震安全的问题。因此每次参与下乡活动，他都会与当地村民交流，利用自己的专业知识给村民们提供民居建造及加固的建议，如利用当地易得的建筑材料加固民居，使民居更能抗风、抗震，或者采用乡村工匠易学的建造技术让房子既保持建筑特色又能够变得结实、牢固。

除此之外，罗赤宇还把自己在改造乡村建筑中遇到的技术问题加以总结，提出加强农村民居建设抗震设防要求和抗震构造等方面的建议，协助广东省有关部门开展一些相关标准建设工作，为其他农村地区提供参考，以提升村屋的防风、抗震等安全性能。

作为领域里的大师，罗赤宇平时做的都是大型的超高层和大跨度建筑项目，主要在办公室和计算机、图纸打交道。通过参与“大师小筑”的活动，罗赤宇与其他“三师”专业志愿者和当地的工匠们一起，站在一线工程人员的位置上干起了“搬砖批荡”等粗活。他觉得利用自己的技术服务于美丽乡村建设非常有意义。

“建筑不分大小，都是和安全息息相关的。我们做大项目时始终非常关注建筑的安全问题。国家鼓励设计下乡，把设计下沉到美丽乡村的建设中。为促进广东省的平衡发展，有很多乡村振兴的工作要去做。我们作为技术人员能参与这些工作是很有意义的。”罗赤宇说。

振兴乡村，抚慰美丽乡愁

2019年6月，广东省“三师”专业志愿者委员会在珠海香山古驿道再

参与连州秦汉古道标识系统建设（受访者供图）

罗赤宇在信宜参与农房改造示范项目（黄睿民摄）

次推出4组“大师小筑”示范项目，包括烟波草涌、心悦池、曲水流泉（古井）、远芳驿站 。罗赤宇和其他“三师”专业志愿者与当地工匠、学生共同开展了一次大地景观创作活动。

通过参与项目，罗赤宇亲身见证了古驿道发生的变化：他参与整治后的曲水流泉（古井）巧妙地将古道溪水与石步道融为一体，山路幽寂、泉水汩汩，重现了昔日古驿道的优美身姿。

“我们作为志愿者，参与一个个景点的改造，一个个景观的打造。虽然很多项目比较小，但也能体现设计师的心思。这些小的建筑也值得我们这些做大型项目的设计师投入一些想法去做好。尽管只是一处小景观的提升，一处小驿站的改造，但能起到活化古驿道的作用，可以丰富旅游资源，吸引更多游客。”罗赤宇说。

通过亲身参与，罗赤宇对于南粤古驿道有了更加深刻的理解。“广东南粤古驿道分布广泛。古驿道抵达的地方，周边有相当多美丽乡村的景观资源，值得开发、建设、利用。南粤古驿道从景观改造、文化打造、赛事举办入手，吸引更多的人了解它、喜欢它和参与其中，这样就可以带动南粤古驿道周边乡村的建设，对于乡村振兴意义重大。”

实际上，作为于粤西出生在广州工作的城市新移民，对罗赤宇来说，美丽的乡愁始终都挥之不去。每年的回乡都让罗赤宇感受到某种变化，在南粤古驿道建设春风的吹拂下，家乡正在悄悄地改变。一间农屋、一湾水塘、一片竹林、一块晒谷场、一道残墙等，通过乡村建设，正在转变成另一番美丽的乡村景色。

尽管罗赤宇的日常工作非常繁忙，但是他总是尽量抽出时间参与“三

古道兴村（广东省自然资源厅供图）

师”专业志愿者活动。他觉得这件事情本身很有意义，因为参与美丽乡村、古驿道秀丽景观的打造工作，对忙碌于城市中的他来说，也有益于身心的释放和调节。

“参与南粤古驿道建设工作，参与乡村振兴、设计下乡活动，我能够发挥自己的技术能力，奉献专业知识，推动保护和传承乡村历史文化。另外，我们设计师也感受了古朴的文化，体会到乡村建设的需求，其实是让自己的视野变得更加开阔。”罗赤宇说。（文：董萍）

羊蹄岭古道（广东省自然资源厅供图）

田中

寻回中国美丽乡村
一半靠技术，一半靠关爱

Tian Zhong

Retrieve the Beauty of Countryside, from Technology and Passion.

田中，广东省建筑设计研究院中山设计分院院长、广东省“三师”专业志愿者委员会常委。曾参与佛山陈家祠、广东伍氏宗祠等重要古建筑的保护和修复项目。南粤古驿道工作的一项重要任务是保护和修复历史建筑，其目的是助力乡村振兴。为此，田中全身心投入，其团队完成了多条重点线路的有关工作，并得到地方政府的充分认可。他几乎参与了所有体育定向大赛，带动了越来越多人来关注农村、农民，甚至参与到志愿服务工作。

Tian Zhong, director of Zhongshan Design Branch, Guangdong Institute of Architectural Design, and Standing Committee of the Professional Volunteer Committee of "San-shi" in Guangdong Province. He has participated in the conservation and reconstruction projects of important ancient buildings such as Chen's Temple in Foshan and Wu's Ancestral Temple in Guangdong. One important mission of the great job of the South China Historical Trail work, is protecting and regeneration the historical buildings, for the purpose of developing our countryside areas in Guangdong. Mr Tian participated in such work with a great passion. His team completed several key lines of the Historic Trail, and get excellent commitments from the local government. As a volunteer,he also take in the sports Orienteering competition hold by the "San-shi" Committee, which encourage's more and more people to care about countryside and the people who living there, as well as to join in the volunteer team.

精彩观点

古驿道活化利用也在重建我们文化的根。中国文化的根在乡村，习俗也在乡村。修缮古驿道的核心是修复传统文化，根本目的是服务于人。修缮古驿道的过程实际上是完善我们的文化、历史的过程，也是我们重新认识自己的过程。

Viewpoint

The meaning of South China Historical Trail is to express our traditional culture,especially in countryside where civilization and custom began. While, the core value of repairing Historical Trail is to restore the traditional culture and serve the people. Actually, the processes of South China Historical Trail is considered to be a method of perfecting our culture and history, also a way to renew and explore ourselves.

“无人之处也会有绝美风景。”在2019年新年即将来临之际，田中在朋友圈里写道。

名校毕业，多年留学，使田中有着国际化视野和思维。然而有种东西将他与中国的乡村连接起来，那就是南粤古驿道志愿者。从2014年到2019年，田中志愿参与乡村建设和南粤古驿道建设已有5年。在此期间，他一次又一次作为志愿者抵达南粤大地的偏远山村。

这段经历让田中对中国的乡村有一种深深的文化认同感。他认为城市是“千城一面”的，中国的传统文化活在广大的乡村中，而要寻回传统就要回到中国的乡村。这在很大程度上要依赖一群有志愿精神的人——“三师”专业志愿者。

从留学英国到扶贫乡村

“从英国回来，我觉得西方的东西非常潮、非常酷炫，但是也非常飘。到了一定年龄以后，那些酷炫的东西就让我感觉不够踏实，就像烟花一样，绚烂过后没有太多回味。接触传统文化，让我了解历史的沉淀、懂得传承的魅力，我越来越被它所吸引。”田中说。

1982年出生的田中有着非常漂亮的履历。本科是华南理工大学城市规划

田中为连州项目手绘的设计稿

田中在梅州古道粤赣交界处（受访者供图）

专业，硕士是在英国学习城市设计和建筑设计。毕业后留在英国工作3年，在扎哈•哈迪德的工作室从事建筑设计工作。那个时候，他能参与任何一个设计师都会引以为傲的世界级建筑设计，如香港理工大学创新楼、新加坡丽敦豪邸。

在国外走了一圈，田中觉得中国历史文化的根底才真正适合自己。2009年回国后，从工作到创业，再到成为广东省建筑设计研究院中山设计分院院长，田中参与的项目越来越多，职务越来越重要，工作也越来越忙。他经常一接到任务，就开会、画图、改图、画图、改图、再开会……如此往复，是标准的“996”工作模式。

2011年，田中有机会参与佛山陈家祠、广东伍氏宗祠等古建筑的修复项目。他从测量到施工全程参与，前后持续3年多的时间。在建筑领域，古建筑修复是最吃力不讨好的活，不但周期长、非常辛苦，而且不赚钱。但是田中却乐在其中。

“你去看陈家祠的砖雕灰塑，是用黄糖、糯米这些很珍贵的食物和石灰混合做成的。古人用这些食材做建筑，可能是为了祈福，也可能是一种建筑上的智慧，现代人的很多种解释，我信，却也不全信。对它的认识越多就会越好奇。古人花这么大的成本去建设陈家祠，可见他们有多么向往美好生活啊！”

古建筑的博大精深让田中十分痴迷，也在他心里种了一颗种子。2014年，广东省政府提出要发挥各类社会组织和志愿者在村庄规划、历史建筑修复与环境治理等方面的作用，加强对古村落、历史建筑、古驿道、革命遗址的修复保护，建设有历史记忆、地域特色、民族特色的美丽乡村。得知这一消息，田中毫不犹豫地投身其中。

作为有设计才能的年轻志愿者，田中参与到服务乡村的工作中，一干就是5年。5年的时间里，田中先后参与了江门、清远、潮州的古村建设工作，工作的内容主要是为贫困乡村提供义务咨询服务。

一开始，田中感觉无从下手。因为他所服务的乡村经济条件有限，他画的图纸根本无法变为现实。他所能做的事情就是多跟当地的村民交流，给他们提供精神支持。后来田中逐渐找到了存在感，他画的图纸被当地村民以领工分的形式变为了现实，破败的乡村发生了巨大变化。

不但如此，田中的设计亦有效避免了对乡村的破坏性建设。有一次到村里，田中发现施工人员正在用水泥等材料修古驿道，他马上叫停，让施工人员按照技术指导组的意见立即整改，因为对古驿道的修缮必须考虑材料和工艺对整体建筑的影响，而不仅仅是“修好”。

“中国的古驿道很多有上千年的历史，这也就代表着它可能已经荒废了几百年甚至上千年。要是用现代的技术、现代的材料来修，就会破坏其原有价值。而修缮的过程其实就是一次考古发掘的过程。就像日本东大寺的古道修复，往往一天工人就修复1米。中国古驿道的历史更长，文化含量更丰富，对修复技术要求更高。要是用现代材料来修，就会破坏其文化和历史价值。好的修缮技术会让道路跟几千年以前的一样，这才叫文化的传承与保护。”田中说。

在实际工作中，田中的工作重点不只是修路，更重要的是引导当地人，告诉他们哪些是有价值的，哪些是要保护、不能轻易抛弃的；告诉他们哪些是一旦被破坏，就很难找回来的东西。

投入服务乡村的工作，田中一干就是5年。田中坦言坚持5年的志愿工作并不容易：“一开始感觉很困难，但是慢慢坚持下来，积少成多，这便成了一件非常有意义的事情。他们需要什么我们就做什么，有时候出谋划策，有时候画一些图。这是一个很好的开始。”

从轻狂少年到“三师”专业志愿者

“我以前很贪玩，最爱滑雪、骑马、打球，现在基本没时间去了；以前我很爱喝酒，现在根本不敢喝醉，怕耽误第二天的工作；以前我喜欢和三五个朋友出来聚会，现在他们基本不叫我了，因为知道根本叫不到我；以前我很讲究车的品牌，现在随便开一台SUV，脏了也没时间去洗。”留洋回来的田中，笑着说自己越来越接地气。

尽管还是一副少年书生的模样，但是他早已褪去了年少时的轻狂。采访时田中一身白衬衫、运动裤加运动鞋的搭配，既满足了一个工程师忙碌开发的工作需要，又满足了一个志愿者上山下乡的需要。偶尔他也会像孩子一样大笑，但更多的时候是保持成年人的淡然与谦卑。在他波澜不惊的描述中，更多的是袒露出一份对生活的责任与承担。

采访被安排在了晚上七点，田中姗姗来迟，因为刚刚结束了一个会议。他还没有时间吃晚饭，略带疲惫和倦意，但是仍然打起精神接受采访。其间不断有电话打进来，第二天早上他马上又要出差。这些年来，他几乎一直保持着高强度的工作节奏。

“这个年龄已经不能轻狂、不能任性、不能玩了。大概因为我以前就是职业运动员，曾经接受过接近生理极限的挑战，所以没有什么是不可以忍受的。”田中说。

从2015年到2018年，除了本职的规划设计工作，田中的另一个工作重心基本就在南粤古驿道。只要是“三师”的工作，他基本上都不会推托，能参加尽量参加。

2017年，田中参与到南粤古驿道项目中。彼时，南粤古驿道项目像一个呱呱坠地的婴儿。受广东省有关部门委托，田中担负起全省古驿道的调研工作。为了尽快了解广东省古驿道的情况以及相关历史文化，田中把粤东、粤西、粤北的古驿道基本都走了一遍。

运动员出身的田中，希望为古驿道增加附加值，在规划时特别注重对古驿道的活化利用，把体育活动引入古驿道。2016年，田中全程参与南粤古驿道定向大赛10个站点的赛事。

2018年5月，田中作为广东美丽宜居乡村行动——农房改造示范项目先行军前往信宜市山背村查看活动现场。

2018年6月，田中在2018年南粤古驿道重点线路工作推进会上，对古驿道本体修缮施工的难点进行了详细剖析，对选材、工艺、排水沟工程等给出了具体建议。他提出对古驿道路面的修缮和复原应在材料和施工技术等方面与原有古驿道保持一致，尽量减少人工痕迹，就地取材。

田中与陈雄大师交流古驿道活化的想法（黄睿民摄）

寻回中国美丽乡村

“我觉得古驿道活化利用也在重建我们文化的根。中国文化的根在乡村，习俗也在乡村。国家提倡要找回文化的根、文化的自信，这个根不在城市，而在乡村。” 田中说。

田中一直在思考关于中国乡村古建筑的保护问题。在英国生活多年，他非常喜欢英国的乡村，周末经常参加当地的各种活动。他对英国乡村的印象是安逸、漂亮、干净，尤其深刻的是“英国茅草屋”。相比之下，中国的乡村还没有完全脱离贫困，还是脏的、死气沉沉的、没有生命力的。

“英国的茅草屋非常漂亮，承载着大量的历史文化和所有英国人的记忆。英国的茅草屋是用麦秆编制而成的，政府每年拨出大笔经费进行维护，早已成为英国乡村文化的符号。中国也有茅草屋，是三合土的墙壁，冬暖夏凉，历史非常悠久，也有很多的传统文化被保留在上面。我们应该去保护我们自己的茅草屋。”田中说。

田中认为，保护茅草屋，就是保护一个空间载体，保护里面的仪式感，保护被传承下来的生活习俗。但是保护古建筑在目前还很困难，因为技术标准的滞后，目前对古建筑的保护还没有一套相对健全的标准。他建议政府从技术标准完善的层面去思考如何加强对乡村古建筑的保护。

除了技术，田中也注重精神层面的投入。只要有机会下乡，他都会和古驿道的村民聊天，跟他们讲一些专业知识，也聊一些家常。他还会为老人们表演太极拳，或者教小朋友新东西。田中觉得这些事情尽管微不足道，但却能够温暖人心，并不能用钱来衡量它们的价值。田中也呼吁更多“三师”专业志愿者关注村民的内心世界，通过关爱乡村、村民，让乡村更有温度、更有生机。

在“治愈”乡村的同时，田中觉得自己也在被“治愈”。因为规划建筑的高强度工作，田中坦言自己在生活中并不容易开心。而作为“三师”专业志愿者，他可以暂别城市，在青山绿水中体验一种简单、放松的生活；也可以放下利益，单纯地为别人做一些事情，真正被人需要、被人尊重。

他非常享受这个过程。

“我始终觉得，修缮古驿道的核心是修复传统文化，根本目的是服务于人。修缮古驿道的过程实际上是完善我们的文化、历史的过程，也是我们重新认识自己的过程。”田中说。（文：董萍）

肇庆古水道边上的老建筑（冯善书摄）

李鹏
跨界当起“乡村医生”

Li Peng
Becoming a "Country Doctor" Across the Border

李鹏，广东省建筑设计研究院副总规划师，广东省“三师”专业志愿者委员会常委。主要专长为城市规划、城市设计、乡村规划等。

Li Peng is deputy planner of Architectural Design and Research Institute of Guangdong Province and standing member of the Professional Volunteer Committee of Guangdong Province's "San-shi". Main specialities: city planning, urban design, rural planning and so on.

精彩观点

乡村振兴是一项很复杂的工程，需要各行各业的人才跨界合作。“三师”下乡活动就是这样一个跨界融合的过程，在下乡活动过程中，“三师”的概念发生了扩展，规划师、建筑师、工程师、设计师、教师等都加入进来，跨界融合，取长补短，共同进步。

Viewpoint

The Rural Revitalization is a very complex project, which requires the cross-border cooperation of talents from all walks of life. The "San-shi" rural activities are such a cross-border integration process. In the process of rural activities, the concept of "San-shi" has been expanded. Planners, architects, engineers, designers and teachers are involved in, which forms cross-border integration so that they can learn from each other and make common progress.

路边的杂草被一一清理，一个个用木桩做成的休息凳排列得整整齐齐，泉水槽边的土路铺上石子后不再泥泞……连州的乡亲们看到几个小时前还杂草丛生、泥泞不堪的古驿道宛如整了容一般，心里别提多开心了。

看见乡亲们开心的笑容，李鹏完全忘记了刚刚挑石头、铺设木桩的疲惫，也露出了欣慰的笑容。这次理水行动是连州农房改造的第10个活动，在此之前，“三师”专业志愿者们还一起为连州的乡亲们整治古桥、改造房屋，解决了不少村容村貌上的问题，给乡村的环境当起了“医生”。

结缘“三师”　为乡村“输血”

2015年，李鹏成为一名“三师”专业志愿者。4年来，古驿道沿途的各个村庄中都活跃着他的身影。从文创大赛的组织筹备，到秦汉古道的修复活化，再到农房改造项目，李鹏都参与其中。

在李鹏看来，“三师”下乡，实际上是为乡村“输血”。

古老的村落中蕴藏着几千年悠久的历史和文化，但由于乡村的封闭性，不少文化虽“历久”却未“弥新”。新的生产不出，旧的代谢不掉，长此以往，不少农村变得衰败。而“三师”专业志愿者下乡，给乡村注入了新鲜的“血液”，在挽救衰败乡村的同时，也给乡村带来了新的思想、新的文明。

乡村环境的改造，是最直接的“输血”方式。

2018年，广东省“三师”专业志愿者委员会提出开展古驿道11条精华线路修复工作，李鹏作为从化古道的指导组成员之一，定期就会到古道沿线去考察。为了更好地了解9.2公里精华段多个重要古遗迹节点，他和其他指导组成员经常头顶烈日，攀爬于杂草丛生、荆棘交织、苔藓密布的

2017年9月9日，李鹏在韶关仁化双峰寨参观指导文创大赛作品展（田思劭摄）

李鹏与参加文创大赛的学生和教师志愿者合影（田思劭摄）

千年古道上，一走就是一下午。

几年来，李鹏走过的山山水水和古镇名村不胜枚举。其中不乏像南雄这样非常有意思的地方。南雄，古称雄州，地处广东省东北部，大庾岭南麓，毗邻江西省赣南地区，自古是岭南通往中原的要道。南雄境内的梅关古道，坐落在广东省韶关市南雄市城北28公里的梅岭上，是全国保存得最完整的古驿道之一。梅岭是粤赣交界的一个隘口，秦时在此设关，叫“梅关”。梅关是古代海上丝绸之路连接长江、珠江水系陆路最短的交通要道。

李鹏去雄安新区时，发现其下辖的雄县有个别称也叫“雄州”，该县有长达65公里的宋辽古战道，被誉为“地下长城”，有著名的由杨六郎镇守的瓦桥关遗址。2007年，雄县被授予“中国古地道文化之乡”“中国古地道文化研究中心”的称号。南雄和雄县有着同样的名字，且都有着古时的要道，这样的巧合，大大引起了李鹏的兴趣。

当然，让李鹏印象最深刻的还是参与秦汉古道修复活化工作。秦汉古道为连州市古道东翼，古道从连州市大路边镇顺头岭南天门村开始向山下蜿蜒延伸，逶迤在骑田岭上。目前保存完好的地段包括顺泉村老铺、凤头岭、山洲村等古道段。秦汉古道是沟通中原与岭南的最早官道之一，更是海上丝绸之路与陆路的交汇点，极具历史价值。如今保存较为完好的古村落包括东大村、黎水古村等，历史遗迹包括顺泉村南天门、怀清亭，东联村广惠亭等。

在秦汉古道的修复活化项目中，经过李鹏等“三师”专业志愿者的建议，南天门旁边的两栋废旧校舍被改造成了一个集驿道诗廊、文化展示、休憩品诗功能于一体的节点。游客们可以一边走古道，一边读诗，诗廊中的诗和乡村特有的景色相映成趣，让人心旷神怡。

不过，李鹏也深知“授人以鱼不如授人以渔”的道理，他认为“输血”只是前期的方法，“三师”专业志愿者最终的目的是成为“乡村医生”，为乡村“开药、调理”，最终提升乡村自身的“造血功能”，让乡村走上“造血式”脱贫道路。

“开药方”链接城乡

乡村如何“造血”？这是李鹏这个“乡村医生”需要着重考虑的事情，为乡村“输血”之后，想要让乡村能够持续健康地发展，还需要根据村庄现状“对症下药”，为贫弱的乡村找到适合的“诊疗”方式。文创大赛就是志愿者们为古驿道村落开出的“药方”。

在文创大赛中，参赛者以古驿道历史文化为灵感创作的作品对打造古驿道品牌、传播古驿道文化都起了良好的作用。

成为“三师”专业志愿者后，李鹏多次参与文创大赛的筹备组织工作。虽然在规划设计领域，李鹏早已是业内的佼佼者，但是建筑设计运用的是物质空间思维，而组织文创大赛则需要多方协调、组织沟通。

“文创大赛是在原来古村落保护的基础上，把文化旅游等元素加进去。”在李鹏看来，这种工作更像是一种跨界合作。

工业设计、平面设计、美术、传媒……了解方方面面的知识后，李鹏还要考虑如何让作品落地、如何推广、如何营销。这对李鹏来说，着实是不小的挑战。但与此同时，他也觉得跨界合作是一件很有意思的事情。

“设计的过程把我的主观能动性调动起来了。”在这个过程中，李鹏感受到了文创大赛参与者对乡村文化的热情。“商量创意时挑灯夜战，搭

农房改造示范项目效果图（受访者供图）

2018年6月16日，在连州市百土脚村，“三师”专业志愿者与村民一起共建共治生态文明（黄睿民摄）

建展台时日晒雨淋，他们的热情也是鼓励我们克服组织工作中的种种困难的动力。”

李鹏认为，在古驿道的各项工作中，“三师”的内涵已不再拘泥于规划师、建筑师、工程师，“三师”的“三”也不再是具体的数字，而是一个泛指，所有愿意参与古驿道保护工作的社会力量都可以是“三师”。

古驿道像是一座桥，连接着城市文明和乡村文明，也连接着城市里的人和乡村里的人。“三师”专业志愿者们聚集在桥上，贡献自身的技能，学习他人的专业知识，共同为乡村建设出力。聚是一团火，散是满天星。

“诊断、调理”促进持续发展

提升乡村的“造血”功能，不是一蹴而就的。在“输血”“开药方”之后，“三师”专业志愿者们还需要定期为古村落进行“诊断”，并根据现状进行“调理”。只有这样，乡村积贫积弱的状况才能真正改变。

深谙这个道理的“三师”专业志愿者们决定走“改变乡村物质环境—改变

村民的思想—打造驿道产业"的路线，循序渐进地开展乡村建设工作。

为村民们改变村容村貌、修缮房屋的经历在李鹏的志愿者生涯中有很多，虽然辛苦，但想到自己的努力能够为乡村带来实质性的改变，李鹏觉得十分值得。他在工作中起到的示范作用逐渐改变了村民们的思想，让村民们树立起了讲文明的理念，也让李鹏欣喜万分。

在连州理水行动中，为了修缮景观，李鹏和其他"三师"专业志愿者需要一起用扁担挑石头，由于缺乏经验，一个小时过去了，进度还十分缓慢。见此情景，一旁好奇的村民收起了围观心态，主动加入挑石头的队伍中。有了村民们的助力，不到半个小时，所有的工作都顺利完成了。

这个情景让李鹏极为感动："如果只是我们自己做这些事，就只能帮助他们一时。但能够通过这样的方式调动村民们的积极性，让村民们参与其中，我感觉非常有意义。"

从改变乡村物质环境到改变村民的思想是一个潜移默化的过程，如何打造古驿道产业，让古驿道为乡村带来持续性的福利，才是一个大难题。文创大赛成为"三师"专业志愿者打造古驿道产业的第一个突破口。

以往的文创大赛只停留在创作作品的维度，但单单创作出文创作品还不够，只有将作品转化为产品，古驿道才能成为创造价值的载体，带动乡村发展。

"乡愁是很虚的东西，我们要做的就是把乡愁变成人们愿意购买的实实在在的产品，并且投入市场，这样才可持续。"近年来，李鹏等"三师"专业志愿者们一直致力于实现文创作品的产业化。

2018年，广东工业大学的参赛团队与梅州市八珍娘酒业有限公司签约，其以客家山歌为灵感设计的《八珍娘酒礼盒包装设计》成为首个走向市场的文创产品。《八珍娘酒礼盒包装设计》的市场化，让李鹏看到了文创产品产业化的可能。他说，在即将举办的第三届文创大赛中，他们将更加注重文化的深挖和文创作品的产品化。（文：黄进、高雪迎）

广州从化古道

用“大隐隐于市”来形容从化古道再恰当不过了，从化古道沿线的钱岗村、钟楼村、阿婆六村等古村落就隐匿在繁华的羊城边。在从化太平镇，钱岗村依山傍水，驻守在那里已经800多年，比从化建县还早200多年，故有“未有从化，先有钱岗”一说。钱岗村三面环山，南面的沙溪河呈蜿蜒环抱村落之势，村内有900多间民居，呈藕状分布，错落有致。珠三角繁忙的都市人，大可就近探访钱岗村，近观“岭南建筑标本”广裕祠，穿越耸立至今的灵秀坊，邂逅重重古门楼、古书院，踏访古驿道沿线留下的时光踪迹，感受古村之钟灵毓秀、传世遗风。

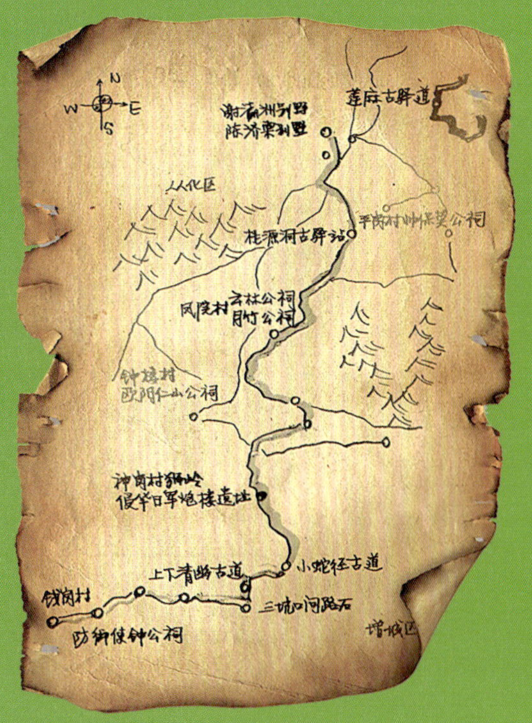

武文溥、张佳胜
用“赤脚医生”的精神去参与乡村建设

Wu Wenpu and Zhang Jiasheng
Participating in Rural Construction with the Spirit of "Barefoot Doctor"

武文溥，老家山西，10多年来一直在广州增城从事乡村规划建设工作，是乡村文化和产业的实践推动者。现为广州市增城区城乡规划与测绘地理信息研究院乡建中心主任、乡村规划师，“三师”专业志愿者，增城古村之友协会执行会长，南粤古驿道•夏街众创空间的主创者之一。

Wu Wenpu, coming from Shanxi, has been engaged in rural planning and construction in Zengcheng District, Guangzhou, for more than ten years. He is a practical promoter of rural culture and industry. Now he is the director of the Rural Construction Center of Guangzhou Zengcheng Urban and Rural Planning and Mapping Geographic Information Research Institute, the village planner, the professional volunteer of Guangdong Province's "San-shi", the executive president of Zengcheng Ancient Village Friends Association, and one of the pioneers of creative space in Xiajie, South China Historical Trail.

张佳胜，曾任增城古村之友协会执行秘书长，《广州日报社区报•增城社区》资深记者，“三师”专业志愿者。与众多爱好、关心古村落发展的志愿者一同投身于增城古村落活化事业，致力于调研、挖掘和传播有关古村落保护和乡村建设的故事。与武文溥优势互补，通力合作，开展项目及活动，推动了榄雕传承中心项目、夏街古驿道活化项目、南粤古驿道•夏街众创空间、古村土酿酱油项目等的建设，为增城古驿道、古建筑和多个古村落的活化利用引入资本和智本，培育众多创客。

Zhang Jiasheng was the Secretary-General of the Association of Friends of Ancient Villages in Zengcheng, senior journalist of Zengcheng edition of the community newspaper, Guangzhou Daily, and volunteer of the “San-shi”. With many volunteers who are interested in and concerned about the development of ancient villages, he devote himself to the revitalization of Zengcheng ancient villages and devote themselves to the research, excavation and dissemination of stories about the protection of ancient villages and rural construction. He cooperates with Wu Wenpu, who complements him, to carry out projects and activities, which promote the central project of olive core carving inheritance, the activation of Xiajie historical trails and the creative space, ancient village soil soy sauce project, etc. These projects raised monetary and intellectual capital and cultivate many innovators for the activation and utilization of Zengcheng Historical Trail, ancient buildings and many ancient villages.

精彩观点

要像“赤脚医生”那样去了解乡村、村民的发展“症结”，更重要的是要让村民树立信心，让他们有自己的想法、有自己的思考。建筑本身只是空间的载体，文化才是当中的主体内容。失去文化的建筑是死的，摆在那里就只是摆在那里了；有了文化的建筑才能鲜活起来。

Viewpoint

We should find out the crux of rural and villagers' development like barefoot doctors. More importantly, we should help villagers build up confidence and form their own ideas and thonght. Architecture is only the carrier of space while culture is the main content. Without culture, architecture is dead and it only be put there, while only with cultural, architecture can be alive.

羊城以东、区位独特的增城历来是广州经陆路、水路通往粤东地区的咽喉要塞。在这里，有广州城区内仅存且保存完好的一条古驿道。

2016年3月14日，就是在这条古驿道上，“三师”专业志愿者武文溥和他的好伙伴张佳胜正式发起成立了增城古村之友协会，以“保护增城古村，活化荔乡古韵”为宗旨，带领一群有志向、有情怀的青年志愿者，共同致力于保护和活化古村落。紧接着，2017年5月，他们在广东省“三师”专业志愿者委员会的指导下，又成立南粤古驿道•夏街众创空间，发掘和吸引了一批社会创客、手工艺人进驻，通过统一规范的筹划与管理，对接政府资源，利用线上和线下渠道募集资金，复兴古村、古驿道，传承非物质文化遗产，形成了一套由民间自发产生的内生力量推动古村、古驿道活化利用的新模式。

驿道边上古村林立，建筑破败保护堪忧

这条古驿道起于增江河西岸的横街口码头，古时曾是衣锦还乡的学子、走马上任或巡视增城的县官进城的必经驿站。从码头步行穿过陈屋村门楼，进入夏街村尾回龙关门楼后继续往北走，是一条全程800多米的麻石大街，称为“接官道”，也叫“迎恩街”，然后才能到达位于夏街村村头的县城南门（即通明门），从而进入县城。

被麻石大街贯穿全村的夏街村，是一个有着近千年历史的古村落，至今仍聚集着上百座清末建成的民居古宅，10座已被列为不可移动文物的祠堂、门楼、古庙。夏街村世代以耕读传家，历史上出过不少名人，至近代随着城镇化的发展开始转业工商，还出了有影响力的商业领袖。遗憾的是，村里的古宅有的空置，有的住了外来打工者，由于年久失修，有的外墙、屋梁已开裂，有的屋顶杂草丛生，有的被乱改建。

与其他许多“三师”专业志愿者一样，武文溥也是因为职业而与乡村

武文溥和张佳胜参加广东省“三师”专业志愿者乡建经验交流会合影留念（黄睿民摄）

增城古建筑（受访者供图）

结缘的。2005年夏天，大学毕业后他正式来到增城区城乡规划与测绘地理信息研究院工作，参与新农村规划、美丽乡村建设。在深入乡村调研的过程中，他发现增城居然还存在一批历史建筑保存较完好、空间格局比较完整的古村，这跟他在其他一些新村所看到的新房建起一片又一片、新村规划却找不到半点影子的现象形成了强烈对比。在广州这样的一线城市，居然还有这样的地方，这让武文溥感到非常惊讶，也异常兴奋。

在反复调研的过程中，武文溥意识到，像夏街村这类古村落，若无法活化利用、产生新的使用价值，迟早会自然消亡。难得见到如此原生态的传统建筑群落和村民居住空间，武文溥的内心马上升起了一股想要努力借助自己的专业知识去带动村民守护好这些资源和环境的冲动。

成立南粤古驿道•夏街众创空间，培育众多创客

武文溥的好伙伴张佳胜曾经在媒体工作多年，对增城的古村活化事业亦

增城古村之友协会开展活动（受访者供图）

倾注了大量的热情和心血。

2016年，他与武文溥共同发起成立增城古村之友协会后，即担任该协会的执行秘书长，带领身边一大批热心青年，在当地相继开展了古村研学、传统服饰摄影大赛、文化论坛及文化入村、文化创意集市等各类活动，并以此为载体，调动社会各方力量共同参与，希望将增城古村落文化的传播、传承、创新和活化落到实处。

对于夏街村古建筑群的保护现状，他与武文溥有着同样的关心和忧虑。在他看来，这些历史悠久、保存完好的古建筑群，不仅是夏街人的财富，也是所有广东人的共同文化遗产，承载着我们对历史和传统文化的集体记忆。在他看来，不管古建筑活化是公益用途还是商业用途，建筑本身只是空间的载体，文化才是当中的主体内容。失去文化的建筑是死的，摆在那里就只是摆在那里了；有了文化的建筑才能鲜活起来。

而在这个过程中，人是其中的灵魂。张佳胜说："要保护好这些公共文化遗产，仅靠当地的村民是不够的，还必须有全社会的合力，必须通过挖掘古村落的物质、文化产品，将资本和智本引入进来共同发力。"

武文溥也认为，乡村落后的根本原因并不是产业落后，而是缺乏社会参与。因而要大力培育新乡贤，鼓励年轻人回到乡村创业，鼓励志愿者和社会各界更多地为乡村贡献力量和资源，鼓励设计师、美术家、音乐家回归乡村，在乡村创业并回馈乡村。

2017年5月20日，在广东省"三师"专业志愿者委员会的支持和指导下，武文溥和张佳胜借助增城古村之友协会的现有资源，在夏街村正式成立了南粤古驿道•夏街众创空间，希望依托迎恩街深厚的历史底蕴，整合现存的丰富古村落资源（包括古建筑、风俗、传统工艺等），进行统一规划与管理。同时对接政府资源，利用线上和线下渠道募集资金，吸引对古村落保护与发展感兴趣的社会创客及从事民间工艺传承和发扬工作的传统手工艺人到此处落户。

众创空间引入的第一个项目就是广州榄雕复兴项目。榄雕是增城唯一入选国家级非物质文化遗产名录的工艺美术，至今已经有300多年的历史，清朝时曾是朝廷贡品，却在近代衰落。2017年8月，广州榄雕非物质文化遗产传人周汉军以创客身份落户荔城街夏街路18号。位于该处的黎贺榛故居为清朝晚期建筑，是夏街村保存较为完好的古代建筑。故居由黎贺榛后人捐与夏街村，周汉军将其改建为广州榄雕传承基地——榄人榄园后，其正式成为榄雕技艺传承与榄雕文化弘扬的承载地。周汉军平时除了在榄人榄园内讲学、传艺以外，还举办各种展览活动免费向公众开放，促进大众对榄雕的认识，弘扬榄雕文化，实现古建筑与传统工艺同时复兴。

广州榄雕传承基地挂牌后，夏街古村、古驿道的保护活化由此拉开帷幕。如今，除榄人榄园外，爱碧邻•花巷、乡村美学实验室、织女刘娘传统女工坊、巴本文创等创新项目也相继进驻夏街村。

在众创空间的影响下，近两年，有着近千年历史的夏街村一改往日“城中村”“外来务工者聚集地”的形象，以一种创新、创业的全新面貌出现在人们的视野中。村内迎恩街古驿道、古祠堂、古民居等极具历史感的建筑物和新开设的榄人榄园（广州榄雕传承基地）、爱碧邻•花巷成为不少人周末“打卡”的热门选项。

“我们希望借助众创空间这个平台，以古民居为载体，以传统手工艺传承、历史街区营造、文化复兴为内容，带动创客和手工艺家的发展，可谓老瓶装老酒，瓶活酒愈香。这一形式，也能真正让古村在当代重新焕发生命力。”张佳胜说。

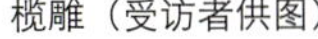

榄雕（受访者供图）

“夏街村的活化主要运用了手工艺传承和文创落户两种模式。”武文溥说，基于增城古村的现状，村民共建、手艺传承、文创落户、多元社区这四种活化模式最为有效。其中，手艺传承模式能够留住民间艺人，让其在古村开设手艺传承坊。文创落户模式则让文创产业为乡村发展注入新元素，为传统乡土文明增添浓浓的“文艺范”。

村民为主体，带动全社会共同参与

在武文溥的心里，“三师”专业志愿者就应该用“赤脚医生”那样的意志和精神去服务乡村建设。不仅要像“赤脚医生”那样去了解乡村、村民的发展“症结”，更重要的是要让村民树立信心，让他们有自己的想法、有自己的思考。

尽管乡村振兴离不开政府、专家、资本等外来力量，但也必须清楚一个事实，即承认村民的主体性地位。在他看来，包括“三师”专业志愿者在内的这些外来力量，应该重视帮助在村民内部建立共同参与机制，通过培养村民的主人翁意识来调动他们参与村庄建设的主动性和积极性。只有形成了内生动力，乡村的发展才能走得更长远。

如何成为村民信任的“赤脚医生”？武文溥说，首先必须做村民的知心人和好朋友。10多年来，武文溥一直在增城从事乡村规划建设工作，对增城的一草一木和每一条村落都非常熟悉。与武文溥交谈，可以发现他对笔者问到的每一条村落的面积、人口及历史都能够脱口而出。在他看来，增城历史文化积淀深厚，古村众多，建筑风格、民俗特色显著，但随着社会经济的发展，城镇化进程的加速，农村空心化现象也在加剧，古建筑缺乏保护，毁坏严重。这些现实令我们心痛，但村民更心痛。

武文溥和张佳胜参加古村之友派潭古村研学实践活动（受访者供图）

武文溥和张佳胜参加派潭镇汉湖村儿童图书馆公益慈善拍卖会（受访者供图）

了解了乡村的痛点和村民的真实需求以后，古村活化的思路和方案才能在乡村得到村民更广泛的支持和认可。近年来，让武文溥和张佳胜颇为骄傲的是，他们在增城当地，还发动和带领村民成立了大坝农业服务（民宿）专业合作社，通过开特色民宿、搞都市农业来实现乡村精准扶贫。

派潭镇派潭河畔的汉湖村大坝社祠堂，多年前被暴雨冲毁后，村里一直无力重修。武文溥与其他“三师”专业志愿者在下乡过程中与村民进行多次沟通后，决定带领村民通过自力更生的方法来解决这个难题。后来，在“三师”专业志愿者的指导下，大坝农业服务（民宿）专业合作社应运而生，并依托该村特有的区位和地理优势，成功创立和运营了首个民宿示范项目——麦客和客乡村精品民宿。

大坝农业服务（民宿）专业合作社80%的成员是村民。在武文溥等“三师”专业志愿者的帮助下，他们有组织、有目的、稳定地让闲置资产流动起来并产生价值，盘活农村闲置资产，发展都市农业、乡村旅游业、精品民宿，让村民从闲置资产中获得稳定收益。在此过程中，合作社还带动了大坝公共文化事业的发展，如修缮祠堂书斋，解决困难家庭小孩上学问题，向老年人等弱势群体提供服务及保障。

要推动古村活化事业发展，只靠增城本地志愿者的经验和力量显然不够。作为“三师”专业志愿者的一员，武文溥这些年还积极参与外地的下乡志愿服务，并与省内各地城乡规划设计研究院的其他志愿者共同沟通，探讨古村发展。在“三师”专业志愿者的启发及增城区国规局的支持下，武文溥参考国内其他同类组织的做法，打破传统设计院的方式，提出在区城乡院专门成立乡建中心的想法，以驻乡设计的方式参与乡村社区打造工作，从乡村公共环境和乡村文化入手，引导项目资金下乡，引导村民创业，为镇街相关管理部门提供技术支持。

如今，乡建中心已成立并投入运营。目前武文溥正联系增城其他在乡村发展的机构，共同发起创立“增创美丽乡村平台”，以规划设计、产业投资、社区打造为基础，连接政府、企业、投资者、创业者与村民，同时以绿道、古驿道为纽带充分挖掘乡村的自然生态资源与历史文化资源，培育以产业为核心的美丽乡村，全面实现增城区的乡村振兴。

在2017年广东省“三师”下乡三周年纪念活动上，武文溥作为青年“三师”专业志愿者的代表，被评选为优秀“三师”专业志愿者。许瑞生副省长对这次活动发表寄语时动情地表示：“泥泞乡道有你们自驾车到乡村服务的‘胎记’，败落的祖屋有你们的气息。正因如此，城乡相通，祖屋逢春。”这段话，其实便是对像武文溥这样一批志愿者工作现状的真实写照。（文：冯善书）

麒麟岭古道（广东省自然资源厅供图）

梁迪宇
驿道赛事是星星之火，我希望它可以燎原

Liang Diyu
The Historical Trail Race is a Spark of Fire, Which Can Start a Prairie Fire as I Hope

梁迪宇，广州美术学院青年教师、教育部万名创新创业导师、广州星梦动漫设计有限公司策划总监、广州美术学院南粤古驿道研究中心执行主任、南粤古驿道视觉和景观设计总监、艺道游学•中国南粤古驿道少儿绘画大赛秘书长、广东省 “三师” 专业志愿者委员会常委。这种多板块、多线程作业的方式，让他成为“自然教育”的笃定者，志愿者中的“多面手”。

Liang Diyu, young teacher of Guangzhou Academy of Fine Arts, one of ten thousands of innovative and entrepreneurial tutors of the Ministry of Education, planning director of Guangzhou Star Dream Animation Design Co., Ltd, executive director of South China Historical Trail Research Center of Guangzhou Academy of Fine Arts, director of Visual and Landscape Design of South China Historical Trail, secretary-general of the Children's Painting Competition of "Study Tour to Art" and standing member of "San-shi" Professional Volunteer Committee in Guangdong Province . The multi-plate, multi-threaded ways of work, make him become a firm believer of "natural education", an all-rounder among volunteers.

精彩观点

南粤古驿道，不是点状的赛事，而是南粤地方经济和文脉发展的契机。目前南粤古驿道保护、利用和活化已成为一种点状的火把形态，还需要一定的商业模式才能正向循环起来。无论是文创大赛还是“艺道游学”，都是对古驿道“点状”的提升，而这个点未来会像星星之火一样，和中国的小镇经济模式结合在一起，成为中国乡村新的经济发展引擎，改变小镇的生存土壤，吸引更多的青年回乡创业。

Viewpoint

South China Historical Trail is not a point-like event, but a development agreement of local economy and culture in South Guangdong. At present, the protection, utilization and activation of South China Historical Trail have formed a kind of point-like torch, needing a certain business model to circulate positively. Whether it is a literary contest or a "Study Tour to Art", it is a "dot" promotion of the historical trails, which will be like a spark in the future, combined with the economic model of small towns in China, becoming a new economic engine of rural areas in China, changing the living soil of small towns, attracting more young people to return home and start businesses.

梁迪宇为艺道游学•中国南粤古驿道少儿绘画大赛全省总决赛站台（受访者供图）

从2016年听说古驿道，到2017年正式参与古驿道建设工作，创办艺道游学•中国南粤古驿道少儿绘画大赛并引起全省关注，梁迪宇始终处于超高转速、跨界联动的状态。

两年来，梁迪宇和他的团队所主导创办的“艺道游学”公益性厅级赛事，并非通过政府发文，而是通过打造赛事的品牌影响力来吸引更多人参与。通过创新活动内容和形式，带动学校、学生和家长、社会机构以及古驿道所在地政府和民众参与。

英雄情结

梁迪宇的办公室里经常会弥漫着咖啡的香气。他每天都会喝手冲咖啡，喝着咖啡聊天对他而言是一种生活方式。咖啡似乎是他思维的润滑剂，让他的思维每天高速运转。他语速很快、思维清晰，但是在与他人交流时，他也会体谅对方，适当放慢语速。

“‘三师’专业志愿者的转速都是超高的，反应快、思维快、资源对接快。我们志愿者之间的沟通成本很少，但效率很高。因为大家看问题都是有‘电量’的，有问题一说就明白，做事情很爽。‘三师’团队是自发性质的，领域不同，职位不同，没有利益牵绊，想的就是共同干好一件事情。我超喜欢，很享受 。”梁迪宇谈起自己参与“三师”专业志愿者工作的感受。

作为广州美术学院的青年教师，80后的梁迪宇身上始终有一种不安分的能量。他一毕业就留校，本职工作是美院的专业教师，关注和研究新科技手段，用动漫IP去凝聚知识产权，最终应用于教育事业上。

2011年，梁迪宇作为策划总监加入星梦动漫团队，该团队历经10个月制作的原创动画《星梦园》被中国中央电视台、法国国家电视台等9个国家级影视机构联合收购。这部描写“十二星将”在生活磨砺中成长的动画片，主题曲中有一句歌词是“给我一对梦想的翅膀，我就可以飞翔”。

梁迪宇说自己从小是看《哆啦A梦》《非凡的公主希瑞》等动画片长大的，心中有一种英雄情结，看到不公平的事情，正义感很容易被触发。对于现在以“暴力”和“媚娘”为基调的动漫，他感到有些担忧，不希望自己的儿子看着这种动画片长大。

聊起做“三师”专业志愿者的动因，梁迪宇说并非始于行政的压力。当他得知一位广州美术学院同事参与精准扶贫工作，需要同事协助驻扎在乡村里开展工作时，在开车回家的路上，他忽然闪过一个念头：“我愿意跟着他去打一场硬仗。”当他把这个想法和妻子商量后，也得到了妻子的全力支持，他向学校自荐参与精准扶贫工作，就这样成为一名下乡服务的志愿者。

扶贫一年后，梁迪宇正式加入了“三师”专业志愿者。第一站从广东江门台山文创大赛开始，通过参与文创大赛连续一年的考察工作，他和全省三十几个高校教师，从视觉、文化、建筑等多个层面深入挖掘古驿道的元素，把古驿道元素转化成日用品，通过设计给古老的驿道带来新的生命。

“做‘三师’专业志愿者的意义我一直没有思考，但是我自己愿意这样

艺道游学•中国南粤古驿道少儿绘画大赛成果展示（受访者供图）

干。这件事情肯定有意义和价值。‘三师’专业志愿者都有服务乡村的情怀，都能放下身段，我想真正去做，从无到有，功不在我，但是功必有我。这个过程就很好。人生就是生不带来，死不带去的。”梁迪宇说。

大地博物馆

“做文创大赛的两个多月我在判断一件事情。古驿道在修复之后，还要利用和活化。2016年有定向越野大赛，可以让运动员了解和传播古驿道，我的判断是该赛事的影响力在15天内，而办好文创大赛，可以影响到全省高校师生。如果想联动每个家庭，可以办一个古驿道少儿绘画大赛。”

2017年梁迪宇创办艺道游学•中国南粤古驿道少儿绘画大赛。通过“艺术+驿道”的模式，让孩子进入古驿道，体验古驿道文化进行绘画。这样南粤古驿道所影响的人群就从专业选手、院校师生进一步拓展到家庭。这是梁迪宇创办中国南粤古驿道少儿绘画大赛的一个思路。

一直以来，梁迪宇都不喜欢复制别人的经验，他更享受从0到1的创造过程。2017年正式启动后，中国南粤古驿道少儿绘画大赛成功举办了两届，成为南粤古驿道赛事新的亮点。

首届艺道游学•中国南粤古驿道少儿绘画大赛广东省总决赛落地惠州市博罗县旭日古村。古村为群山与良田、河流与森林所包围，在青砖灰瓦的围屋中，孩子们亲身探索、发现古村落之美，体验古驿道文化，用画笔记录下自己的所见所感。

梁迪宇参加中国南粤古驿道首届文化创意大赛广州站总决赛暨年度大奖颁奖典礼合影留念（受访者供图）

“艺道游学”助力精准扶贫（受访者供图）

数据显示，首届文创大赛举行当天，1200名学生和500名家长自愿自费抵达古村落，六七千人到场观赛，仅住宿一项就为当地创造了40万元/天的收入。活动相关百度词条达到80万条，活动当天微博浏览量达300万次，活跃用户超过4000。由500名孩子现场共同创作的30米长卷《旭日美丽山水，奋斗放飞梦想》现存于广东省档案馆，缩制版由许瑞生副省长转交给马兴瑞省长并转达“艺道游学”孩子们对马爷爷的祝福。

第二届艺道游学•中国南粤古驿道文化创意大赛广东省总决赛落地珠海，这里有香山古道群英故里文化遗产路线，是近代广东地区民众走向世界的重要通道，历经百年风霜的古村依然风韵犹存，独具特色的建筑风格给采风的小朋友提供了很多创作素材。

公开报道显示，第二届赛事吸引全省32566人参与投稿，收到有效参赛作品56215幅，获得总决赛资格选手为567名。活动共吸引1786家社会办学机构踊跃参加。总决赛日为当地单日创收177万元。

为了吸引各方参与，梁迪宇及其团队想了很多办法。首先，重视原创内容。通过组织特聘导师团走进古驿道，从天文、植物、人文、建筑等角度为每一条古驿道都制作一本游学手册，帮助参赛选手们在游学过程中自行探索、体验南粤古驿道文化的博大精深，形成自己的南粤古驿道文化观。

其次，增加体验感。在“艺道游学”活动中，通过岭南传统木版年画、可穿戴的灰雕文创产品、醉龙小板凳等形式，将南粤非物质文化遗产转化为可销售的文创纪念品。通过创意市集、40米集体画卷创作、珠海非物质文化遗产表演、作品赠送等形式，吸引了大批当地村民、游客驻足观看。

在“艺道游学”中组织少年儿童进行现场创作（受访者供图）

“我想把南粤古驿道变成大地博物馆，通过游学手册为孩子们提供一个从建筑、植物、非物质文化遗产、民风民俗等多个角度深度游学的方式，增加孩子们的参与感和体验感。教学的1.0版本是老师教学生听。教学的2.0版本是在大自然里进行互动式教学，家长也可以陪伴孩子学习，这更有利于对孩子进行素质教育。”梁迪宇说。

多方共赢

“自从我参与精准扶贫工作，我发现做很多事情只要有一个好的初心，很多资源就会汇聚过来，然后就把事情干完了。做了这么大的事情，其实没有花很多钱。”梁迪宇说。

实际上，艺道游学•中国南粤古驿道少儿绘画大赛的幕后团队只有35人，所有成员都是以“三师”专业志愿者的身份参与活动，大家分散各地协同办公，并没有固定的办公室。两届大赛投入共计300多万元，但为当地创造的经济效益，一天就有40万～177万元（可计算收入）。

对于一个新生的赛事，前一两年是成败的关键期。在这个从0到1的起步阶段，梁迪宇依托广州美术学院的平台和资源，通过“刷脸”召集学校

8个院系不同专业背景的中青年教师加入，然后扩展至华南农业大学、广东工业大学、广东外语外贸大学、广州大学、汕头大学等高校，吸引大量师生加入“三师”专业志愿者队伍。

“我今年39岁，我看到的是人行，事就行；人不行，事再好也不行。托付身边可以托付的人，这是我做人、做事的一个心得，也是举办比赛的方法。我做每件事情的时候都要过一遍，做什么、怎么做、谁来做、参与者的利益如何分配，争取实现多方共赢。”

两年时间，梁迪宇心里有了一幅清晰的线路图：第一届赛事是投入期，弄清楚怎么玩，想办法让别人知道，肯定要投入；第二届赛事需要更多故事，更多爆点，让南粤古驿道品牌深入人心，深入生活；接下来的第三届赛事要做更多利他的事情，形成良性循环。

两年时间，大赛玩法也在不断升级。汲取第一届赛事的经验，与市场对接成为梁迪宇及其团队共识：发挥高校设计资源的优势，与企业需求捆绑，提升古驿道沿线中小企业的品牌影响力。同时由“花钱让大家来”转变成“让大家来花钱”，创造让大家愿意来、愿意消费的场景。

对于赛事的性质，梁迪宇说不能通过行政命令强制大家参与，只能通过市场化的方式运作。他们下沉到各级地市进行品牌推广，不断重复地告诉别人“艺道游学”是怎样的一个厅级的公益赛事，参与的收益点在哪里，争取各方加入并且从中获益。

对于创办“艺道游学”赛事的个人得失，梁迪宇笑着说：“大家看到我整天非常忙，以为我赚了大钱。我也不想解释太多，理会这些就是自寻烦恼。以志愿者身份来工作，会有不理解也会有善意的评价，但没必要让每个人都认可。”

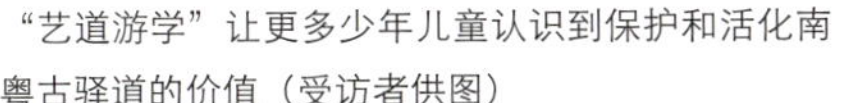

“艺道游学”让更多少年儿童认识到保护和活化南粤古驿道的价值（受访者供图）

星星之火

“我所理解的南粤古驿道，不是点状的赛事，而是南粤地方经济和文脉发展的契机。目前南粤古驿道保护、利用和活化已成为一种点状的火把形态，还需要一定的商业模式才能正向循环起来。”

在梁迪宇心中，无论是文创大赛还是“艺道游学”，都是对古驿道“点状”的提升，而这个点未来会像星星之火一样，和中国的小镇经济模式结合在一起，成为中国乡村新的经济发展引擎，改变小镇的生存土壤，吸引更多的青年回乡创业。

梁迪宇的老家是广东湛江，一到过年，大批务工青年纷纷返乡。他们在外打拼一年攒下的积蓄，都花在路费和应酬上了，这让梁迪宇唏嘘不已。倘若能把离家乡30分钟车程内的乡村打造成特色文旅小镇，就能为在外漂泊的年轻人提供就业、创业的机会，让他们在衣食无忧的同时陪伴家人，这就是美丽乡村中的美满生活。

“我希望古驿道的星星之火变成带状的经济发展引擎。重庆是音乐之都，它形成了演艺的产业链，养活了很多艺人。乌镇每年的国际戏剧节为小镇注入文化的灵魂，成为很多人每年‘打卡’的地方。南粤古驿道沿线周边有很多贫困村，活化和利用好这条道路，把文脉挖掘出来，也可以建设我们自己的美丽乡村、特色小镇。”（文：董萍）

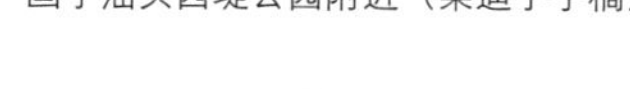
画于汕头西堤公园附近（梁迪宇手稿）

梅州十二肩岭古道（广东省自然资源厅供图）

郑志伟
甘当炮灰团长，要让古驿道成为广东大IP

Zheng Zhiwei
Willing to Become Head of Cannon Fodder Regimental Commander. Want to Make South China Historical Trail Become Big IP in Guangdong Province

郑志伟，广东省建筑设计院办公室副主任，广东省“三师”专业志愿者委员会副秘书长。多年来一直承担志愿者下乡和南粤古驿道文创大赛组织协调工作。

Zheng Zhiwei, deputy director of office of Architectural Design Institute of Guangdong Province, deputy secretary-general of Guangdong Provincial "San-shi" Professional Volunteer Committee. For many years, he has been responsible for organizing and coordinating the activities of volunteers going to the countryside and the Cultural Creation Contest of South China Historical Trail.

精彩观点

故宫文创为什么这么火？东西当然很好，但更重要的是故宫这个IP。公益事业单靠情怀走不远，要不断探索公益事业的可持续性，由此形成一个闭环，让它可以自己运转。南粤古驿道上到处都是珍宝，但是活化这些珍宝并不容易。市场的难题还是要以市场的方式来解决。消费者在哪里，文创大赛就办到哪里。

Viewpoint

Why the cultural and creative products in the Palace Museum are so popular? Certainly, it is because things are certainly good. More importantly, it is because the IP of the Palace Museum. For public welfare matters can not go far by emotion alone, we should constantly explore the sustainability of public welfare undertakings, thus forming a closed-loop so that it can operate itself. South China Historical Trail is full of treasures, but it is not easy to activate these treasures. The difficulties of the market should be solved in the way of the market. Where consumers are, the cultural and creative competition will be held.

如果不是做了广东省建筑设计院办公室副主任，郑志伟觉得做一个非物质文化遗产文创设计师也不错。同他的偶像单霁翔一样，郑志伟每天都想着如何把南粤古驿道变成一个大IP。

黝黑的皮肤，挺拔的身材，郑志伟笑称，自己把古驿道当作大自然里的日光浴场和健身房。为了开展文创大赛，他亲自组织教师和学生走古驿道，两年下来，人变得很黑。没时间去城市里的健身房，南粤古驿道成了他的“有氧跑步机”。

郑志伟的日常工作非常繁忙，采访中不断有各种事情切入，他办完事再迅速回来接受采访。他的语速飞快，两个小时的滔滔不绝贡献了近万字的观点和素材。你会发现，这个中文专业出身、从事文字工作的人，并不像传统认知中那样充斥着感性思维。他不断从一个充满情怀的公益事业，谈到效益、机制、市场运作的思路。

他始终觉得公益事业单靠情怀走不远，他不断探索公益事业的可持续性，希望形成一个闭环，让它可以自己运转。这也是支撑他做下去的力量。

文创炮灰团团长

“我们自己取了名字，叫作‘文创炮灰团’，我被任命为团长。我们院里的几个小年轻经常跟着我到处跑。广东这么多山山水水、村村落落他们原来都不知道，还是参与南粤古驿道这个项目后才发现的，这让我很有成就感。”郑志伟说。

郑志伟有多个头衔，如广东省建筑设计研究院办公室副主任兼行政党支部书记、院团委书记。他日常的工作包括协调行政综合类工作，以及为

郑志伟在中国南粤古驿道第三届文化创意大赛发布会上讲话（田思劭摄）

郑志伟在台山海口埠（田思劭摄）

研究院的发展做政策研究、决策辅助。除此之外，广东省建筑设计研究院正在进行的转企改制工作，也落到他所在的办公室。

除了要应付已经足够繁忙的办公室的日常工作，郑志伟还兼任广东省“三师”专业志愿者委员会副秘书长、省文创大赛具体负责人。整个“三师”机构的日常运转都由设计院的办公室负责，承办省文创大赛、“三师”下乡活动，协调中国南粤古驿道少儿绘画大赛等活动。作为省文创大赛具体负责人，郑志伟要负责整个大赛的联系、沟通、运转工作。作为广东省“三师”专业志愿者委员会副秘书长，他要负责“三师”的召集、开会、材料准备等工作。同时他还要为中国南粤古驿道少儿绘画大赛的举办协调关系，对接地方和省厅。

“三师”相关的工作一个接着一个，从调研、组织创作，到评选、展出、生产，再到最后总决赛的评选。郑志伟笑言自己有点“不务正业”，日常工作中六成以上的时间都花在“三师”下乡活动上了。两年的时间，整个广东省建筑设计研究院抽调了各部门力量，投入了280万元在这项公益事业上。院里领导班子和青年人周末加班都成了家常便饭。周末下乡、周末调研、周末展出，基本上全年无休，大家回家过周末的次数两只手就可以数得出来。

“炮灰”是一个调侃，但郑志伟却乐在其中。他目前带领团队在做的事情，确实是在不断投入的公益事业，并且已经投入了两年，没有加班费。

“我们这帮人，投入了六成的时间，把这件事情当作一个公益事业在推动。我是潮汕人，2017年文创项目6个站点中有2个在潮汕地区，带旺了当地的经济。我看到小县城的生活质量变好，有更多的机会，很多青年人都愿意回乡发展、定居、创业，觉得非常有成就感。”郑志伟说。

郑志伟在做古驿道文化推广活动讲解（黄睿民摄）

通过文创大赛、设计下乡活动，把技术送到乡间，为当地文化活化利用做贡献，为当地发展牵线搭桥。把技术、资源、理念带过去，发展当地的旅游和经济，这就是郑志伟现在正在做的事情。

对于充当“炮灰”，郑志伟并不介意，而是换一种眼光去看待它。“还是要把眼光放长远一些。‘三师’的事业无论是对企业的社会声誉，还是对个人未来的发展都是有帮助的。”

让古驿道也成为大IP

“故宫文创为什么这么火？东西当然很好，但更重要的是故宫这个IP。”提到文创大赛时，郑志伟忽然谈起逆袭成全民追捧的“宇宙IP”，并且成了新潮和时尚的代名词的故宫。显而易见，在他心里故宫是真正值得学习的“模范生”。

2015年南粤古驿道项目开始启动，由不同省厅牵头，每年的建设有不同的侧重点。如果说2015年是起步年，2017年、2018年是基础设施建设年，那么2019年就是文化建设年。在基础设施基本完善之后，郑志伟主要负责的古驿道文化活化和经济发展就成了重点。

从2017年开始介入古驿道项目、参与文创大赛，到正式参与“三师”这个组织，郑志伟先是以古驿道联系人的身份开展工作，后来正式成为广东省“三师”专业志愿者委员会副秘书长，才真正“名正言顺”。

“2019年就是继续搞文创大赛、定向大赛，主要是为古驿道积攒人气。这些地方风景有自己的特点，作为周末短途三天游非常合适，是跟大自然亲近的好场合，同时也实现了消费升级，带动了内需。”郑志伟说。

为了搞文创大赛，广东省内的古驿道，最远和最近的郑志伟都去过。他把车开到可以和国道、村道、镇道接驳的地方，然后再沿着山路爬上来、走下去。对他而言，古驿道很“具体”，粤东、粤北、珠三角地区11条重点古驿道他都用双脚丈量过。古驿道也很“抽象”，只要是古人走过的路、跨过的桥、游过的江都是古驿道。

在郑志伟眼里，南粤古驿道上到处都是珍宝，但是活化这些珍宝并不容易。比如韶关、揭阳这些地方的芋头因土质优良而特别好吃，但现在还是以农民零散销售为主，没有统一标签、包装。虽然这些东西的品质很好，但是却不能被更广泛地认识，也无法给当地带来收益，郑志伟觉得非常可惜。

比如，剪纸在广东佛山、潮州、清远都有，但工艺不太一样。一幅手工较好的剪纸可以卖到60～120元。按照4个小时计算，平均每个小时要20元。刨去生产成本，几乎就没有钱赚。

又比如，文创大赛的设计主要是从美观的角度出发，和生产流水线对接时可能会产生很多麻烦。太过个性化的设计就要另外开模，成本就很高，销售价格自然也会水涨船高。

再比如，某家做客家娘酒的企业看中了文创大赛中的一个设计包装方案，花了5万元钱把方案买了下来。结果这个方案被企业买回后，又改了好多轮。郑志伟反思：文创大赛和市场对接还有很大的差距。文创设计既要有设计，又要能和市场对接。

市场的难题还是要以市场的方式来解决。2019年广东省建筑设计研究院开始着手为文创大赛产品注册商标，同时要找成熟、有经验的合作企业一起来进行项目商业化运作。

在探索把非物质文化遗产通过文化创意转化为产业化生产的过程中，

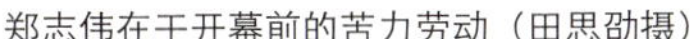
郑志伟在干开幕前的苦力劳动（田思劭摄）

形成了一套机制：文创大赛所产生的产品，刨去成本，利润和当地分成，部分利润用于运营，部分利润用于当地文化创意活化培训、非物质文化遗产传承培训。

对于韶关、揭阳的芋头，郑志伟想办法把很多小商户归口到一个平台，统一做设计和销售，将芋头变为韶关手信、揭阳手信， 最终目的是让产品上架 ，在京东、淘宝等更大的平台上可以买到。他的想法是，通过文创大赛产生的产品，最终要真正被广大市民需要和消费。

消费者在哪里，文创大赛就办到哪里。一开始搞文创大赛是在村里展出作品，参与的领导嘉宾对于文创产品其实是没有强烈的购买意愿的，而当地村民也没有购买意愿。这两年他调整了思路，开始在当地的游客集散中心展出和销售文创产品。不单是给游客看，还要让他们买。

“南粤古驿道有历史文化，有社会公信力。古驿道文创产品的品牌是有人背书的，企业贴上这个品牌就可以对接到很多渠道，获得意想不到的社会影响和关注。”郑志伟说。

郑志伟向参与活动的少年儿童讲解、推广文创产品（黄睿民摄）

文创产品展示（田思劭摄）

不靠情怀靠机制

“不求回报，是做一件公益事业的初心。但是长期投入去做公益，就要考虑这件事情的可持续性。如果是一直掏钱，一直出人、出力，在其他方面完全没有回报，是很难长远持续下去的。”郑志伟说。

郑志伟的言谈中很少有感性的成分，甚至在笔者故意引导他谈情怀、理想时，他都会很快回到理性地探讨问题上来。他对于公益事业的理解，更多是考虑经济性、发展性、长远性。他致力于探索公益事业的可持续性，让它形成一个闭环，可以自己运转。

尽管是公益项目，郑志伟却一点也不讳言市场。他谈到早期接触的志愿者，有些不愿意再去做这个工作，就是因为投入得太多，会考虑自己的时间和精力成本，而且不一定每一个人都有情怀。怎么办?

“做这件事情靠的不是情怀，而是从长远发展来看，能够为单位带来好的声誉，为当地创收，也让个人接触和学习到更多东西。我在做这件事情的同时，其他事情也不耽误。周末经常出差，周一到周五下班一有空就陪家人和小孩。走古驿道就代替了健身，都是有氧运动。”

初期，郑志伟觉得这个活动做一年就搞定了，思考的重点在于把现场效果搞好。2018年，他认识到这是一个长远的帮扶措施，因此他思考的重点转为开始建立机制来运营，并考虑项目的效益和产出。

“2019年做文创大赛，在广东省‘三师’专业志愿者委员会的指导下，我们研究把生产、设计、销售整个闭环打通的方法，就是要把文创大赛变成可以自己运转的公益事业。产品设计的奖金，要从销售环节来获取。现在很多政府主办的活动都是在贴钱，所以这个活动要想长期举办下去，肯定要自己运转起来。”郑志伟说。

即使政府投入资金建设古驿道，也不是为了建设而建设，而是希望给当地带来效益。政府投入的资金有的放矢，由点带面，形成正向循环，并不希望古驿道修好后没人用，过几年坏了再投入。古驿道维修的成本，未来一定要由当地旅游业来补贴。这是郑志伟对于古驿道运作的理解。

尽管很少谈情怀，但古驿道的景色常常让他触景生情。连州秦汉古道，坡度舒缓，巨石杂陈，灌木丛密布，显得特别苍茫。郑志伟想到刘禹锡走过，韩愈走过，很多被贬黜的政客都走过，在悠扬的《沧浪之歌》中，他可以真切感受到古人的那份落寞。

作为摄影爱好者的他，也愿意给别人推荐古驿道路线：像清远的阳山、汕头的澄海、潮州的饶平、湛江的徐闻，还没有完全开发，旅游的成本更低。连州看文化，肇庆看古城墙…… （文：董萍）

下乡活动现场交流（黄睿民摄）

粤赣古道（广东省自然资源厅供图）

许化鹏
与古道相守、相知、相惜

Xu Huapeng
Keeping Company with the Historial Trail, Knowing Each Other and Cherishing Each Other

许化鹏，乳源县文史作家、广东省作家协会会员，自幼在古道边长大，以地方历史文化为题材写作30年，是西京古道的忠实守护者、“三师”专业志愿者。

Xu Huapeng, born in Ruyuan, is a writer of literature and history and a member of Guangdong Writers Association. He has been writing for local history and culture for 30 years. He is a loyal guardian of Xijing Historical trail and a professional volunteer of Guangdong "San-shi".

精彩观点

脚步量尽路不尽，无悔做回古道人。

Viewpoint

Footsteps are limit while paths are endless. Do not regret being a person who studies and promotes hitorical trails.

长亭外，古道边，芳草碧连天。在乳源境内，有一条贯通南北、经历1000多年沧海桑田变化的西京古道，在幽深的山谷里时断时续，逶迤走来，逢山开道，遇水搭桥。直到今天，那些青幽斑驳的石板路上，仍然屹立着一座座保存完好的石亭，背靠着山脊，等待着路人前来纳凉避雨。

在这条古道上，有一个博学多才的掌故人叫作许化鹏，数十年如一日地以双脚来实践和探索着一门新的学科：古道学。迄今为止，他在各级刊物发表各类作品共100多万字。曾经参加国家文物局主编的大型工具书《中国文物地图集•广东分册》的编辑工作和《广东名胜古迹辞典》的撰稿工作，著有历史专著《乳源文物志》和文学专著《情满瑶乡》，编辑出版有《瑶乡乳源文化铭作选》和《盘王赋》等著作。他笑言自己是古道文化的终身志愿者，还赋诗一首："西京古道悠悠情，相守相知相惜行。脚步量尽路不尽，无悔做回古道人。"

寒来暑往，年复一年，他独自一人用脚步丈量着这条曾经"来者来，

古道风景（广东省自然资源厅供图）

往者往，熙攘交错，累如贯珠”的古时要道。他撰写的《西京古道行》，揭开尘封千年、曾经连接海陆丝绸之路、早已被世人遗忘的西京古道，引起了国内外专家学者的关注。以此为蓝本，广东省电视台拍摄了大型历史文化系列纪录片《南粤古驿道之西京古道》。

在他的眼里，西京古道的文化遗存如串珠般丰富多彩，不仅有石阶、桥梁和古亭，还有碑文、石刻和神舍。钻研古道多年的他，笑称在取得丰硕成果之余，曾经历“四过”：被狗咬过，被阎王爷放过——差点坠下万丈深渊，被人救过，从头上砸下的瓦片躲过。没有这些经历，许化鹏的古道人生，或许不会这么多彩。为了认知和推广西京古道，他矢志不渝，著作等身，并坦言要付出毕生努力。他把古道和周边的所有建筑遗存都视为当地和国家宝贵的文化遗产，并一直在推动政府和社会各界珍惜和保护，同时也在配合广东的南粤古驿道保护修复和活化利用工作，把古道和旅游、农业等相关产业结合起来，以获得更大的综合效应，让这些承载岭南记忆的历史文物能够长久留传下去。　　（整理：冯善书）

曹春生

连州古道文化遗韵的追随者，连州文化记忆的定格者

Cao Chunsheng

Followers of Lianzhou Historical Trail Culture and Fixers of Lianzhou Cultural Memory

曹春生，笔名季首。广东省作家、戏剧家、曲艺家、民间文艺家。生于湘而长于粤，做过农民，当过教师，曾任连州文化馆馆长、《连州报》总编辑，现任连州市文联主席。

Cao Chunsheng, Guangdong writers, dramatists, quyi artist,folk artists,whose pen name is "Jishou". He was born in Hunan and grew up in Guangdong. He was a farmer and a teacher,the director of Lianzhou Cultural Center and the chief editor of *lianzhou newspaper*. Now he is the President of Lianzhou literary federation.

精彩观点

搞历史文化研究就一定要尊重历史、沉得住气、耐得住寂寞。除此以外，眼光也要放远一些，不可局限于局部利益。

Viewpoint

In the study of history and culture, we must respect history, be calm and bear loneliness. In addition, we should take a long view and not confine ourselves to some local interests.

在广东历史文化名城连州，谈文化不可避开曹春生。而聊曹春生，则避不开古村落发掘。

曹春生从20世纪80年代初涉足文学创作，此后笔耕不辍。 自幼由母亲从湖南桂阳携带至连州定居的曹春生，自觉守护连州民间文化三十五载，足迹遍及连州千山万水。为了在当地探究民间文化艺术，他曾怀揣笔记本、身挎相机包，走遍连州370多个自然村。2005年以来，其每年均出版一本著作，先后出版了《古村遗韵》《连州历代名人》《连州民俗大观》《连州石刻史话》《连州地名考源》《秦汉岭南第一州》等大批著作，填补了连州人文历史、民风民俗的空白。他对刘禹锡的研究，则直接促成了连州刘禹锡纪念馆的建立，成为当地的一张文化名片。

作为广东省历史文化名城，连州从秦汉到明清，一直是中原入岭南的门户、通衢和水陆枢纽。这里有深厚的文化底蕴和丰富的历史遗迹。“打开二十四史，每一个章节都有提及连州。秦汉时，连州就已经是桥头堡、军事重镇。当年赵佗到达岭南就途经连州。”在《清远日报》记者卓小畴的眼里，曹春生一谈起连州历史便如数家珍。连州在唐朝天宝年间已经有1000多户人家，是唐朝的人口大州，到了宋代则是文化大州。“光是唐宋期间出的进士就有138位。”

面对连州丰富的历史文化遗产，2005年曹春生成为当地专职文联主席后，就决定大干一番。古村落的发掘和研究是他攻克的第一个小目标。媒体报道，为收集资料，他经常早出晚归做田野调查，汗渍、泥浆沾身而不觉，最终出版了《古村遗韵》。这本书引起了广东省民间文艺家协会对古村落的重视，并开展全省古村落大普查。2006年，广东省第一次古村落普查会议在连州召开。自2007年开始，广东省连续开展了三批古村落评选活动。广东省的做法也直接推动了全国各地开展对古村落的保护和评选活动。他的努力，为连州成功申报了6个省级古村落，也因此被授予广东省民间文艺突出贡献奖和“2018年度广东省优秀民间文艺家”荣誉称号。

在曹春生看来，搞历史文化研究就一定要尊重历史、沉得住气、耐得住寂寞。除此以外，眼光也要放远一些，不可局限于局部利益。

自南粤古驿道工作开展以来，曹春生一直在配合各路专家和志愿者积极发掘、整理连州秦汉古道的资料，宣传秦汉古道，得到了政府和社会各界的高度认可，为“顺利争取资金维修秦汉古道，并以盘活秦汉古道为纽带，带动古道沿线村庄的经济发展”做出了较大贡献。（本文部分内容来自《清远日报》报道） （整理：冯善书）

连州秦汉古道（广东省自然资源厅供图）

邹钢民
水口石林古驿道徒步旅游项目策划者

Zhou Gangming
Planner of the Hiking Tourism Project of Shilin Historical Trail in Shuikou

邹钢民，清远旅游局行业管理科科长，曾驻阳山县阳城镇水口村开展精准帮扶，是秦汉古道阳山段水口项目策划、推广者。

Zou Gangmin is chief of Industry Management Section of Qingyuan Tourism Bureau. Once in charge of Poverty alleviation work of Yangshan county YangCheng town Shuikou village, and he was Shuikou project planning and promotion of Yangshan section of Qinhan Historical Trail.

精彩观点

把徒步古驿道、体验菜园、探访古迹等旅游元素串点成线，发展乡村特色旅游，让古驿道焕发新活力。

Viewpoint

We will link the tourist elements of hiking ancient roads, experiencing vegetable gardens and visiting historic sites together to develop rural tourism, so as to revitalize the Hitorical Trails.

“徒步石林古驿道转大运、萝卜美食徒步节、‘无人售菜’公益义卖……”邹钢民一说起精准扶贫，眼睛里就闪烁着兴奋的光彩。如今，量体裁衣的旅游扶贫计划使水口村小有名气，“旅游+农产品”的帮扶模式正带领着村民走向致富路。

小小村落，多少往事如烟。水口村是南粤古驿道中秦汉古道驿站之一，多条石板路北上南下，隐藏在崇山峻岭之中。成片的阳石林、石垒山寨，还有分布在各个村里的石板路，古意盎然。邹钢民认为，旅游扶贫，不仅可以直接增加农民的收入，帮助山区群众脱贫致富，还有助于推动山区经济转型，走符合实际、可持续发展的道路。

对水口村可开发旅游资源进行挖掘、整合、包装后，邹钢民决心运用自己的专业能力为水口村扶贫工作打开新的窗口。2017年1月14日，水口村正式推出水口石林古驿道“行水口古道，转鸡年大运”的休闲徒步游线路，前来水口村徒步的游客络绎不绝。之后，邹钢民趁热打铁，推出一连串乡村旅游体验活动，通过旅游带动当地经济发展。旅游的牌子竖起来了，邹钢民以党员和年轻人为突破口，团结一批志同道合的年轻人回乡创业，鼓励他们积极支持和参与到带领广大贫困户脱贫致富的工作中来，为水口村乡村旅游发展带来更多力量。旅游的拉动效应是巨大的。村里的共产党员李剑通常年经营电器，但生意一般，在邹钢民的耐心分析和反复鼓励下，李剑通的电器铺转型成为水口石林古驿道徒步游客接待中心、水口农产品销售中心。

客向古道来，水口之美，已为人知。说起未来，邹钢民踌躇满志。在他的工作设想中，水口村将继续把徒步古驿道、体验菜园、探访古迹等旅游元素串点成线，发展集采摘、观光、农家体验于一体的乡村特色旅游，让古驿道焕发新活力，让普通的农家美食走进城市千万家。而水口村也终会在扶贫干部和村民的齐心协力下，努力描绘出美丽乡村、魅力水口的新画卷。（本文部分内容来源于《南方杂志》报道）

（整理：冯善书）

冬天的秦汉古道（广东省自然资源厅供图）

陈浪波
英德古道文化掌故人和推广者

Chen Langbo
Yingde Historical Trail: the Historian and Promoter

陈浪波，英德古驿道文化的掌故人和推广者，古道学研究者，英德市史志办副主任科员，多年来一直默默从事对英德现存古驿道本体的实地考察和发掘工作。

Chen Langbo, a historian and promoter of the Yingde Historical Trail's culture, a researcher of Historical Trail studies, and a deputy chief clerk of the historical records office of Yingde city, has been quietly engaged in the field investigation and excavation of the existing Yingde Historical Trail's Culture for many years.

精彩观点

实地开展古道学研究，推动传统文化保护和传承。

Viewpoint

The protection and inheritance of traditional culture can be promoted through field study of Historical Trails.

2019年初，英德举办连铁古驿道美丽乡村徒步行活动，连樟村古道、浈阳峡古驿道、波罗镇西京古道等新增古驿道遗址引起了各界的关注。

其中，南粤古驿道英德古驿道2019年精华段位于连江口镇及黎溪镇，总长度为56.71公里（其中古水道长18公里，连接线长38.71公里）。而作为英德古驿道文化的掌故人和推广者，英德市史志办副主任科员陈浪波从多年前开始，就已经脚踏实地、默默展开了对境内现存古驿道本体的实地考察和发掘工作，并曾经在《广东史志》期刊发表过《曾巩笔下的“真阳”古道辨析——兼谈〈送英州苏秘丞〉》的古道学专论。早在2016年，他便多次带队走进横石水等镇，对自然村落古驿道路线进行实地考察，在镇政府普查办成员和村委干部的陪同下挨家挨户地走访村民，与当地的老人沟通交流，尤其是细心倾听一些高龄老人亲口述说他们印象中的古驿道的名称、路线、位置等，并认真做好记录，顺着老人的思路，整理自己的思路，认真摸索着明朝年间连接英德市和韶关市翁源县翁城镇的自然村落古驿道的具体位置。类似的自然村落历史人文普查工作，对推动英德进一步摸清全市现存古驿道线路周边基本村情、镇情、市情，抢救和保护历史文化遗产打下了扎实基础。与此同时，陈浪波还积极带队到各地参与各种南粤古驿道文化交流活动，为英德的古驿道保护吸引人气。

英德古驿道始于北江与连江交接处的浈阳坊江东岸绿道，可达皇城山，再接377县道进入连樟村。自连樟村出，向南经林场山道抵达白坟村后，经由743乡道向西串联白水寨、铁溪小镇。自743乡道向西延伸与367县道交接于丰盛古寺，最后止于松岗围村（吴光亮大屋所在村）。

志愿者阿瑞于2019年初到英德考察调研南粤古驿道开发和生态保护工作时，陈浪波对其强调的“要结合南粤古驿道修复利用工作，将古村落、古建筑串联成线，打造内涵丰富的文化景观”感怀在心。正是因为以陈浪波为代表的一批地方专家和志愿者们提早开展了扎实的文史研究工作，才引起了阿瑞的关注，并为一批红色历史建筑争得了大量的专项维修资金。在黎溪镇松岗围村，阿瑞专门调研了吴光亮故居修缮工程，并参观吴光亮历史纪念馆，了解抗倭名将吴光亮早年从军、开山抚番、捐资办学、英勇抗倭等历史事迹。吴光亮历史纪念馆的建设得到了阿瑞的肯定，对方还希望当地加快修缮进度，加强对传统文化的保护和传承，提升历史名人故居的文化内涵和品质。（整理：冯善书）

石桥（广东省自然资源厅供图）

周裕丰
尽自己的力量保护溪南村

Zhou Yufeng
Try My Best to Protect Xinan Village

周裕丰，广东普宁人，工程硕士，教授级高级工程师，“三师”下乡第二批志愿者，现任广东国地规划科技股份有限公司董事长、广东国地资源与环境研究院院长。

Zhou Yufeng, a native of Puning in Guangdong province, master of engineering, professor-level senior engineer, the second batch of volunteers of "San-shi" to the countryside, is now the chairman of Guangdong National Land Planning Technology co., LTD and the President of Guangdong National Land Resources and Environment Research Institute.

精彩观点

当故乡渐行渐远的时候，乡愁，便成了一粒饱满的种子。

Viewpoint

When homeland is getting farther and farther away, nostalgia becomes a full seed.

当故乡渐行渐远的时候，乡愁，便成了一粒饱满的种子，在心头翻腾，等待某一刻的萌芽。自2014年9月“三师”下乡服务活动在中山正式启动以来，该活动试图通过组织志愿者与村镇结对，为村镇规划建设提供技术服务，引起社会各界的高度关注。来自广东省揭阳市普宁市梅塘镇溪南村的周裕丰报名成为“三师”下乡的第二批志愿者，他选择服务的村庄就是自己的故乡。

“我从小就在溪南村长大，那里的一草一木都留存着我的记忆，可是近些年，每一次回家，我都会感到非常心痛。”周裕丰说。

他心痛是因为越来越恶劣的乡村环境、满地散落的垃圾、已然成为“死水”的江河、落后的打井饮水方式，但这里却是一个有着600多年历史的古村落，分布了多栋明清时代的古民居，并有保存良好的祠堂、公厅、庙宇等历史风貌建筑，可以说，溪南村集中体现了普宁传统村落格局和传统农业聚落风貌。这两种强烈的对比，让周裕丰萌发一种冲动，那就是一定要尽自己的力量去好好保护它。

于是，在周裕丰等人的积极推动下，溪南村被列入2014年第二批中央财政支持范围的中国传统村落名单。他说：“这件事一定要有人去做，农村的保护意识还不足，如果不去推动，那根本就不会有人留意到溪南村。”

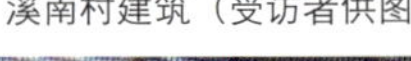

溪南村建筑（受访者供图）

2015年2月，在溪南村挂上“中国传统村落”牌匾的仪式上，周裕丰作为此次申报中国传统村落的主要发起者和“三师”下乡志愿者，在村子里向村民发出这样的呼吁：“要树立大溪南观念，摈弃私心和偏见；严格执行古村保护规划，杜绝破坏性建设；严格资金使用管理，接受审计和监督，确保透明公开；整治村容村貌，清污通渠，使活水长来；成立乡贤顾问团，设立公益理事会，凝心聚力共谋发展。”

周裕丰的讲话深深触动了在场的乡贤和村民，有乡贤根据其讲话，起草了《保护溪南古村，还我青山绿水——告周氏南益公族亲书》，通过在村口张贴、微信群转发等各种方式广泛宣传，引起溪南村村民和各界乡贤的热切关注。

保护溪南村，单靠周裕丰一个人是远远不够的，为了建立溪南村环境治理的可持续发展机制，2015年5月，在周裕丰等多位溪南村乡贤的共同筹备下，普宁市溪南村公益理事会正式成立。理事会在环境治理、基础设施建设、扶贫恤孤、文化教育等方面为溪南村做了许多惠民的工作。例如，重修村内破旧危险的湖埔桥、拆迁危房建成南星小公园、清理整治湖泊、建设垃圾压缩站；成立了溪南公益教育专项基金，募集首期资金近100万元；从2016年初开始，在春节期间连续举办了四届溪南古村马拉松比赛（环保10公里跑），吸引了广州、深圳、揭阳、汕头等地的跑友前来参赛，极大地提升了溪南村的知名度。

2016年6月22日，在理事会的协助下，广东工业大学建筑与城市规划学院主持编制的《揭阳市普宁市梅塘镇溪南大寨传统村落保护发展规划》完成申报备案工作，同日在溪南村公示了中国传统村落保护区规划技术图集（溪南古村）。

“溪南村具有宗族性和乡土性，乡民们生于斯、长于斯，彼此熟悉，构成一个以村落为边界、以宗亲纽带为基础的熟人社会，同时在彼此熟悉的基础上，形成一个自然而然的信任关系。改善乡村治理的任何努力都不可能脱离乡土中国熟人社会或半熟人社会这一历史基础及其演变。”周裕丰说道。

周裕丰认为，普宁市溪南村公益理事会作为一个以出自本村的精英为核心力量而成立的社会组织，搭建起一个民间可信任的利益表达机制平台，广泛参与乡村治理事务，逐渐承担起越来越多的乡村治理职能，在一定程度上有效地解决了政府纵向治理能力不足和社会横向治理能力缺失的问题。他说，重塑现代乡贤，通过发挥当代乡村精英在乡村治理中的积极作用，逐步构建一个包括乡村精英在内的多元治理主体共同参与的乡村治理体系，不失为当前推进乡村治理变革的可选路径。

（文：李晓婷）

邝维清
守护万绿湖畔的千年古道

Kuang Weiqing
Guard Wanlv Lake of the Millennium Ancient Road

邝维清，现任东源县文化广电新闻出版局局长，粤赣古道（东源段）保护、修复与利用工作的主要推动者。在他的努力下，东源抓住赵佗古城、万绿湖、灯塔盆地、田园综合体开发、库区移民文化等亮点，成功将东源古驿道打造成2018年重点古驿道文化路线之一，使之成为南粤古驿道保护与利用工作示范段。

Kuang Weiqing,chief of Dongyuan county Culture, Radio, Television, Press and Publishing Burea.The prime mover of protection, restoration and utilization of the Yue-Gan Historical Trail(Dongyuan section).Under his efforts, Dongyuan captures the highlights of "Zhao Tuo ancient city, Wanlv lake,Lighthouse basin, development of pastoral complex, and immigration culture in the reservoir area"around the historical trail, It has successfully built one of the key historical trail cultural routes in 2018, making it the South China Historical Trail protection and utilization demonstration.

精彩观点

时光可以淡化记忆，但始终抹不掉历史文化痕迹。

Viewpoint

Time can be forgotten, but it can never erase the traces of history and culture.

古老而又年轻的东源，东江、新丰江穿流而过，特别是东江流经东源75公里，曾是粤东北航运通道。得益于水陆交通便利，东源历来是粤东北重要交通枢纽。

光阴似箭，岁月如歌，随着新丰江水库（万绿湖）的兴建，还有公路、铁路、高速公路等现代化交通的铺筑，曾经骡马声声、商客络绎、热闹非凡的粤赣古道终被时光湮没，淡出了世人的视线。

东源县文化广电新闻出版局局长邝维清以其实际行动告诉世人，时光可以淡化记忆，但始终抹不掉历史文化痕迹。2年来，在他的推动下，这条曾经肩负着南北经济往来、文化交流与信息传递重任的粤赣古道终于重现世间。

粤赣古道（东源段）地处万绿湖畔，依弯就曲，绵延于崇山峻岭之中，与周围的群山起伏、湖水浩渺及美丽的森林风光融为一体，不但风景秀丽、生态环境良好，而且蕴含着非常丰富而宝贵的历史人文资源，一路自然风光，一路历史文化景观。据悉，古道沿途有2000多年历史的南越王赵佗古城遗迹、平天大王庙、永定桥；有罕见的距今1.9亿年的菊

石化石（目前藏于河源市博物馆，数量和个体是中国之最）等文物；有市级保护文物客家古屋、桥头圩古道遗址、下林神王庙、黄仕俊状元祖堂、状元瓜等人文古迹；有梨花屋舍、马腰寨瀑布、千亩百果园基地、百亩柑橘园、万绿葡萄园和万绿湖白鹭长廊等自然生态及现代农业景观；等等。

这些令人叹为观止的历史人文与自然生态资源，让邝维清一度感到无比自豪。2017年，在他的牵头和组织下，当地正式介入了对南粤古驿道的发掘与保护。在广东省专家组和“三师”专业志愿者的指导下，他们坚持以古驿道及历史遗存修复、标识系统建设、配套设施建设等为工作重点，突出利用好赵佗古城、万绿湖、灯塔盆地、田园综合体开发、库区移民文化等亮点，结合农村特色产业开发和美丽乡村建设，助力古驿道沿线村庄经济发展和精准扶贫，提升农村人居环境，全力打造特色鲜明的乡村文化旅游品牌，使之成为南粤古驿道保护与利用工作示范段，并成功打造了2018年重点古驿道文化线路，让陈列在广阔大地上的遗产活起来了，吸引了一批批游客慕名远道而来，成为东源集徒步、休闲、观光、体验于一体的亮点旅游景点。（整理：冯善书）

新丰江古水道（万绿湖）（广东省自然资源厅供图）

叶远景
身体力行推动新丰江古道活化利用

Ye Yuanjing
Promote the Activation and Utilization of the Historical Trail of Xinfeng River

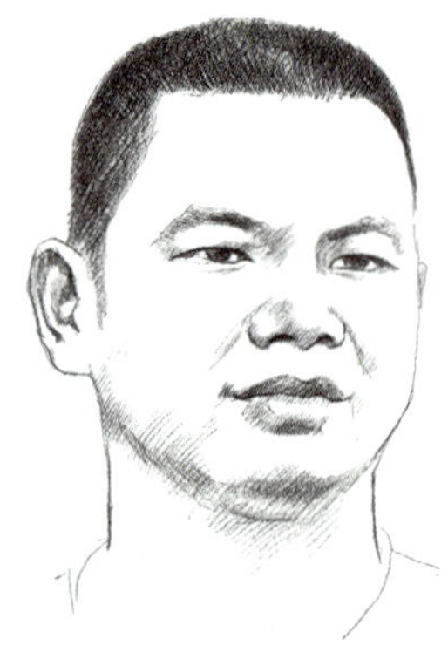

叶远景，广东省“三师”专业志愿者，连平县长吉体育运动协会会长，近年来一直致力于对粤赣古道中新丰江古水道和田源古道文化的调查研究和发掘保护。

Ye Yuanjing, a professional volunteer of "San-shi" of Guangdong province, is the President of Changji Sports Association of Lianping county. In recent years, he has been committed to the investigation and protection of Xinfeng River ancient waterway and Tianyuan historical trail culture in the middle of Guangdong-Jiangxi Historical Trail.

精彩观点

发展“古驿道+”乡村旅游产业，助力乡村振兴，是连平发展的生态之路、文化之路、可持续之路。

Viewpoint

Developing "hitorical trail+" rural tourism industry and boosting rural revitalization is the ecological, cultural and sustainable road for Lianping's development.

新丰江古驿道成功申报2019年南粤古驿道重点线路，这个消息让广东省“三师”专业志愿者叶远景欣喜不已。

该古驿道所在的田源镇位于连平县东南部，九连山下新丰江畔，万绿湖上游，陆路交通相对落后，严重制约了经济发展。2018年，叶远景出任连平县长吉体育运动协会会长，面对连平县落后的经济环境，他紧紧围绕县委、县政府打造健康休闲旅游产业带的工作思路，深入思考挖掘连平县可发展的旅游资源，在研读连平县人文历史书籍中关于新丰江古道的简短描述时灵机一动，并着手研究挖掘古水道、古驿道。

在挖掘过程中，他一方面为2000多年前先辈们沿新丰江开拓南粤蛮荒之地的艰辛深深感动，另一方面又为曾经热闹非凡的千年古驿道无人问津

新丰江古驿道（受访者供图）

感伤不已。当他试图了解更多关于新丰江古驿道的人、事、物时，却发现身边的同事、群众对这条古驿道知之甚少。不仅如此，他还发现古驿道被破坏和填埋的现象。

时值广东大力推动南粤古驿道保护、利用、开发工作，着力倡导保护和传承历史文化遗产，作为长吉体育运动协会领头人，叶远景带头响应省市县工作部署，充分尊重历史文化，积极引导群众协助政府保护和利用历史文化遗产。

于是，叶远景开始投入精力，广泛查阅文史资料，对新丰江流域内古驿道进行实地调研，听取相关部门意见和建议，走访古驿道周边村民百姓，在一点一滴中慢慢地加深对新丰江古驿道的认识和了解，也逐渐建立了对古驿道利用、开发的信心和决心。他坚信古驿道挖掘有利于传承历史文化，增强文化自信。发展"古驿道+"乡村旅游产业，助力乡村振兴，是连平发展的生态之路、文化之路、可持续之路。

随着对田源辖区内新丰江古驿道踏勘和调研工作的不断深入，在叶远景的提议下，由田源镇村干部、长吉体育运动协会会员、"三师"专业志愿者等各界力量组成了新丰江古驿道工作小组。工作小组进一步明确保护、利用、开发目的：一是查清镇辖内的新丰江古驿道的走向和现状；二是通过查资料、踏线路、访老人的方法梳理古道沿线的古木秀水、奇山异石、传说典故；三是做好记录，并把线路标识在地图上和各个路口旁；四是开展多元化宣传活动推广新丰江古驿道。

在叶远景和地方相关部门的大力协助下，经过6个多月的奋战，工作小组摸清了新丰江古驿道田源段走向及遗存情况，并组织村民对古驿道进行保护性的挖掘。据实地考察，田源镇内新丰江古驿道（包括古盐道）总长约21公里，沿途有23处石壁刻、石碑、石桥、古庙、茶亭等历史遗存实物，经连平县博物馆工作人员考证，现存新丰江古驿道年份可追溯到明清时期。

2018年9月，广东省城乡规划设计研究院受邀到田源镇对新丰江古驿道进行深入探索研究，发现田源镇内新丰江古驿道历史悠久，现存的历史遗存较多，且保存较为完整，对新丰江古驿道进行保护、利用意义重大。自那以后一年多的时间内，叶远景协助田源镇把新丰江古驿道沿线丰富的历史文化和自然资源串珠成线，打造各具特色的文化之旅线路，并持续举办"古驿道+文化、体育、旅游、特色农业"系列活动，不仅带旺了人气，刷新了广袤山村的"颜值"，还从内部激活了乡村发展的"造血机能"。

（整理：冯善书）

驿道三师

图说

“三师”专业志愿者概况

总人数
725人

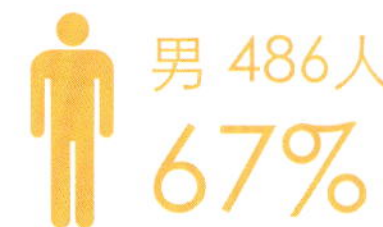

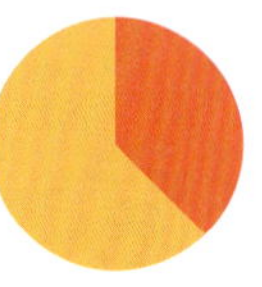

本科	硕士	博士	其他
40%	20%	15%	25%

覆盖的职业人群：

建筑、景观、结构、城市规划、市政、给排水、建筑施工、风景园林、基础建设与电力规划、电气安全、招投标管理、艺术文化、行政管理、人文地理、历史文化遗产保护、公共艺术学、计算机科学与技术、服装设计、品牌设计、摄影、视觉传达等**数十个专业和方向**

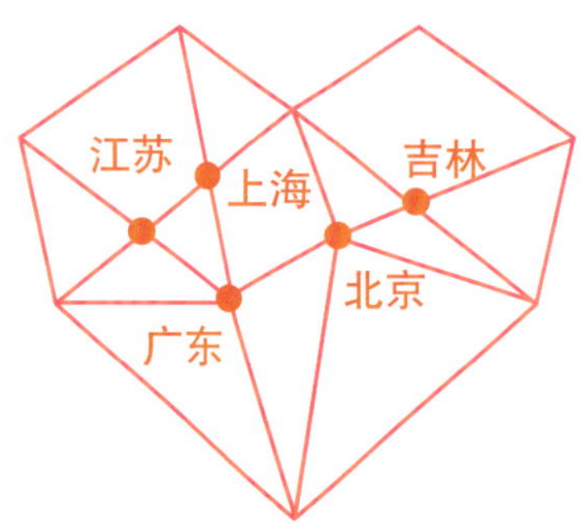

来自北京、上海、广东、吉林、江苏等地的**260**多家单位，涵盖建筑设计、标准化研究、电力建设、路桥工程等企业及律师事务所、各大高校和各地办事处、民间协会等。

来自国家/地区：中国内地、中国香港、中国澳门和意大利等。

广东省“三师”专业志愿者委员会活动情况

共：584场

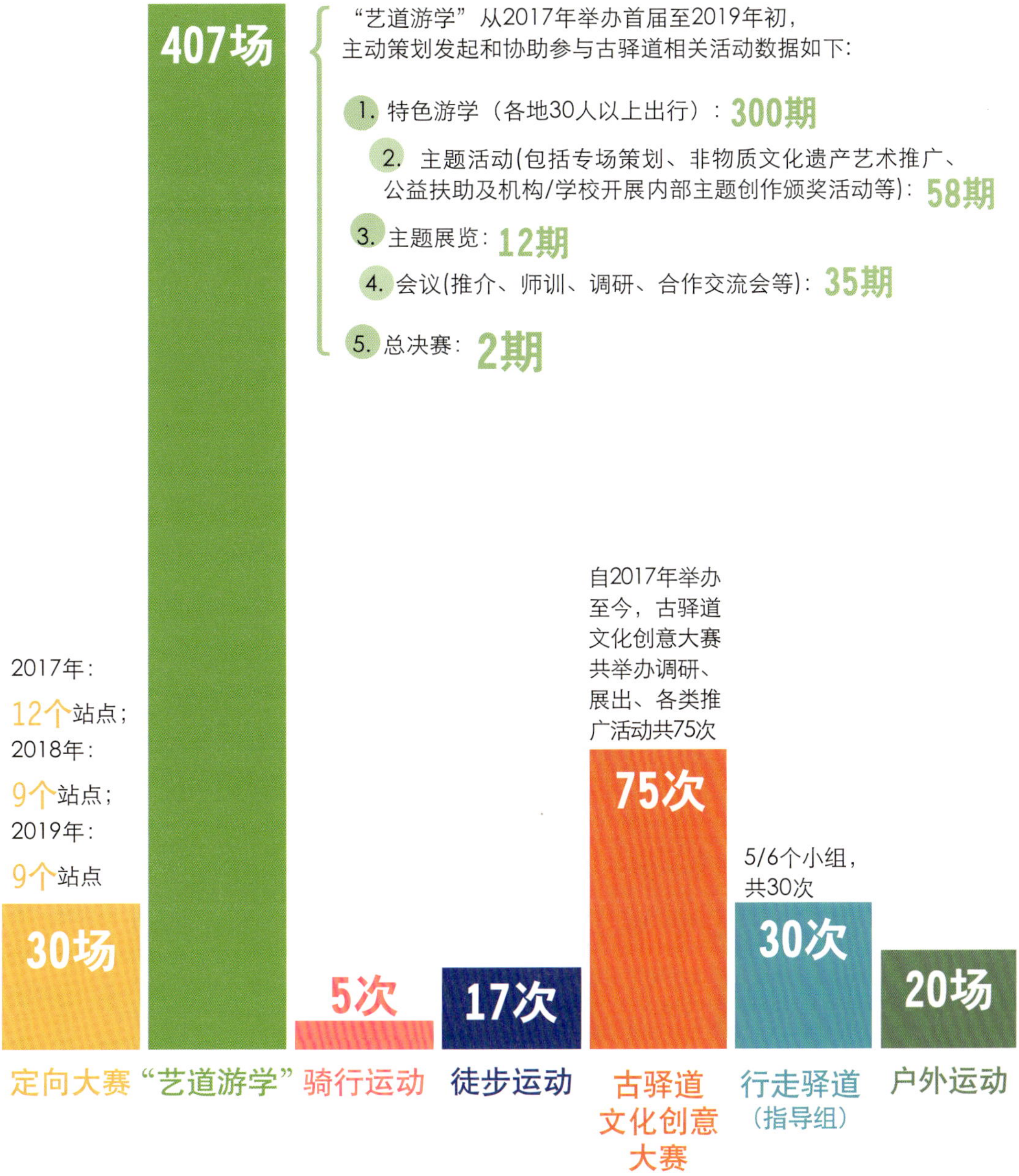

407场

“艺道游学”从2017年举办首届至2019年初，主动策划发起和协助参与古驿道相关活动数据如下：

1. 特色游学（各地30人以上出行）：300期
2. 主题活动（包括专场策划、非物质文化遗产艺术推广、公益扶助及机构/学校开展内部主题创作颁奖活动等）：58期
3. 主题展览：12期
4. 会议（推介、师训、调研、合作交流会等）：35期
5. 总决赛：2期

2017年：12个站点；2018年：9个站点；2019年：9个站点

自2017年举办至今，古驿道文化创意大赛共举办调研、展出、各类推广活动共75次

5/6个小组，共30次

定向大赛	“艺道游学”	骑行运动	徒步运动	古驿道文化创意大赛	行走驿道（指导组）	户外运动
30场	407场	5次	17次	75次	30次	20场

参与南粤古驿道保护和修复工作情况

在省的指导下，各相关市县制订了工作方案，
编制了线路规划设计方案，建立了项目库和工作台账，

开展**古驿道本体修复、连接线建设、历史遗存修缮、标识系统安装、配套设施建设**等工作。

140多公里 精华段
按时在国庆节前建成并投入使用

目前，共修复古驿道本体
164.4公里

建设连接线
607.7公里

参与规划设计的文化线路

现有：24条

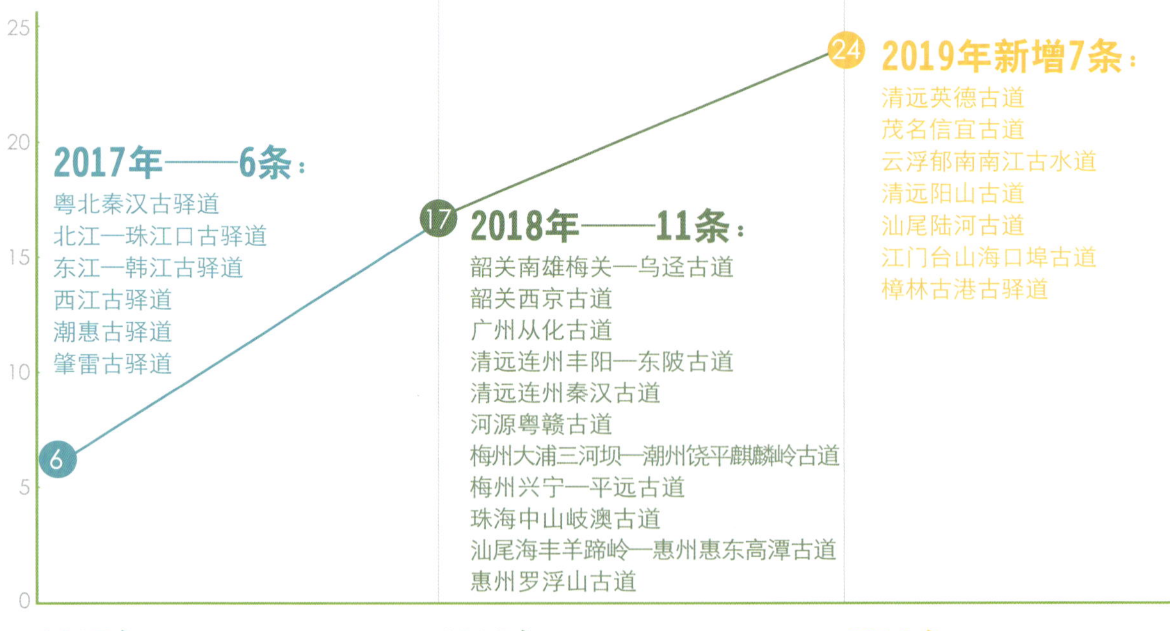

服务过的地市、县区和乡社

四年来，
驿道“三师”在
全省21个地市
57个县区
近400个乡社
（含省定贫困村）开展志愿下乡服务

迄今推出的文化创意产品

第一届：400个系列

第二届：560余项

小范围落地的产品有 30项

通过转让著作权进行落地的有 1项

实地走访和勘查过的古驿道

详细踏勘了 1130多公里 古驿道

摸清了沿线 古驿道本体 233处

了解了历史遗存的分布、保存状况及沿线的历史文化和自然资源

掌握了周边317个历史建筑
125个省定贫困村
和131个特色村
等基本情况

南粤古驿道历史演变图

广东省南粤古驿道最早起源于秦汉时期，于明清时期形成完善的网络系统，至今已有 2200 多年的历史。

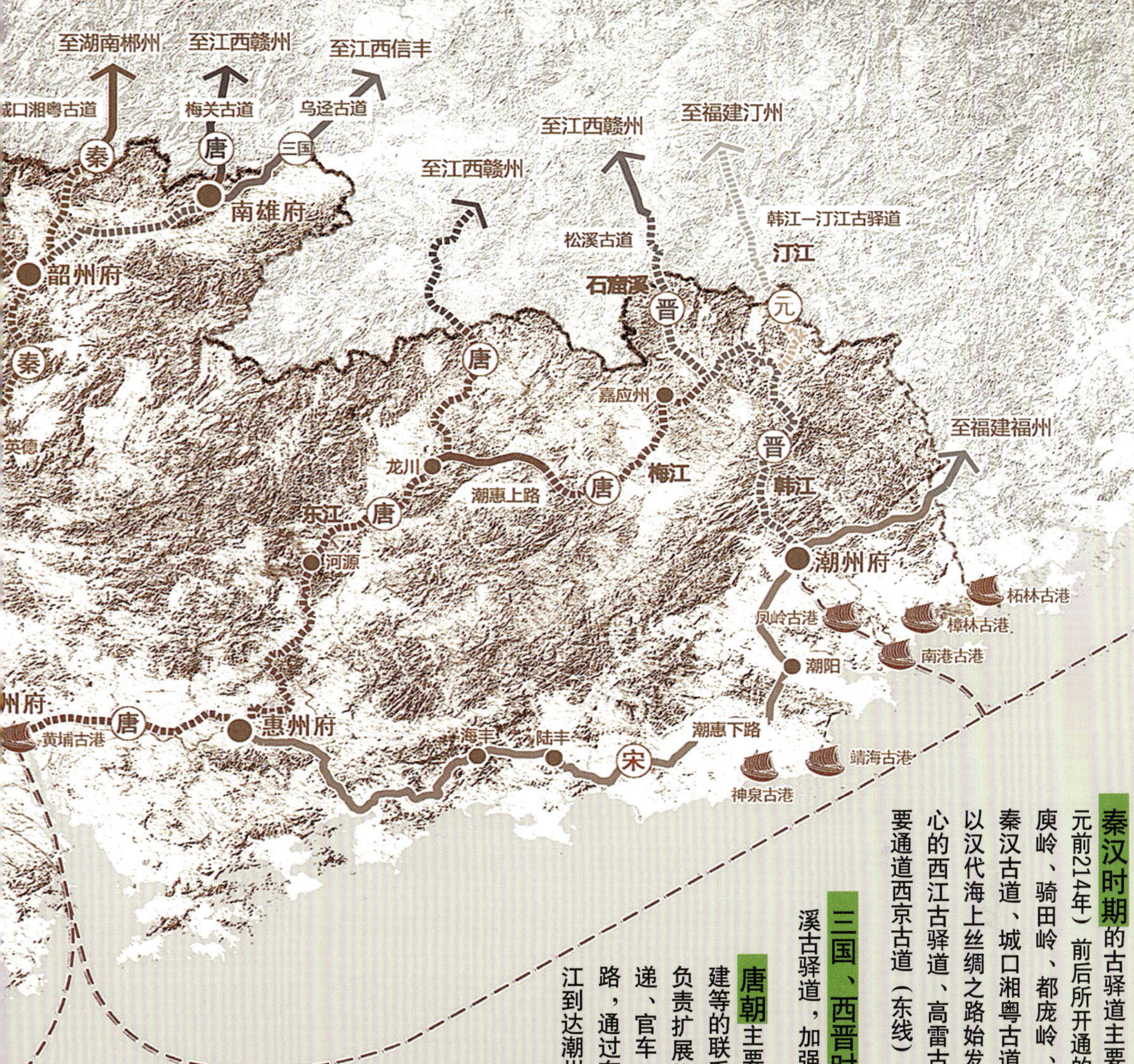

秦汉时期的古驿道主要集中在粤西北地区。如秦始皇开凿灵渠（公元前214年）前后所开通的潇贺古道、漓江—西江古驿道，越五岭（大庾岭、骑田岭、都庞岭、萌渚岭、越城岭）攻打岭南所开辟的顺头岭秦汉古道、城口湘粤古道、宜乐古道、茶亭古道、阳山秤架古道等，以汉代海上丝绸之路始发港徐闻港、古广信地区（封开、梧州）为核心的西江古驿道、高雷古驿道，东汉时期修建，沟通岭南和中原的重要通道西京古道（东线）等，均是广东最早的古驿道代表。

三国、西晋时期，新增粤北南雄乌迳古驿道和梅州蕉岭松溪古驿道，加强了广东与江西、福建的联系。

唐朝主要开通了两条古驿道，加强了广州与粤东及福建等的联系。一是梅关古道，唐玄宗下诏让宰相张九龄负责扩展梅关古道等，此后其成为南北往来的公文传递、官车、商贾以及海外贡使进京的要道；二是潮惠上路，通过东江，连接龙川，再水陆转运，联系梅江、韩江到达潮州，加强广州与粤东、闽赣之间的联系。

宋代主要加强了广州与粤东、临安的联系。南宋绍兴二十九年（1159年），参知政事林宅主持了对潮惠下路的大规模修整，绍熙年间，转运使黄枪又兴建了多座庵驿，潮惠下路便取代潮惠上路成为东路主驿道。

元代，为加强与粤西南的联系，开通了由肇庆转阳江到达广东雷州、海南、广西廉州的肇高雷廉（琼）路；同时，开通了韩江—汀江古驿道，加强了广东潮州与北部福建汀州（长汀）、江西兴隆（南昌）等地的联系。

明清时期新增了南江口到信宜、高州的新驿道。至此，广东省南粤

南粤古驿道
【重点线路分布图】
南粤古驿道网 www.nanyueguyidao.cn
南粤古驿道APP
2018年修复遗存点
古驿道相关遗存
起止点
古港、海口埠
2018年古驿道重点线路
2019年古驿道重点线路
水路古驿道
古驿道连接线
注：南粤古驿道资料及照片由广东省自然资源厅提供。
广东省地图院 编制
广东省自然资源厅 赠阅
审图号：粤S（2019）002号
2019年4月
湖 南 省
江 西
广 西 壮 族 自 治 区
清远连州秦汉古道
清远连州丰阳—东陂古道
清远阳山古道
西京古道（乐昌段）
西京古道（乳源段）
韶关南雄梅关—乌迳古道
梅州兴宁—平远古道
河源粤赣古道（大湖—热水段）
河源粤赣古道（连平田源段）
河源粤赣古道（东源段）
清远英德古道
从化古道
惠州罗浮山古道
汕尾海丰羊蹄岭—惠州惠东高潭古道（惠东段）
汕尾海丰羊蹄岭—惠州惠东高潭古道（海丰段）
郁南南江古水道
茂名信宜古道
珠海中山岐澳古道
江门台山海口埠
香港特别行政区
香港
广州市
深圳市
梧州市
贵港市
玉林市
茂名市
湛江市
万 山 群 岛
川 山 群 岛
海口市
南粤古驿道重点线路简介
惠州罗浮山古道 指分布在惠州市罗浮山的古驿道，位于在广东东江之滨，离惠州市博罗县城35千米。罗浮山古道纵横交错，现保存较完好的有拨云寺古道段和飞云顶古道段。
汕尾海丰羊蹄岭—惠州惠东高潭古道 主要分布在汕尾市海丰县和惠州市惠东县。羊蹄岭古道段位于海丰赤石、鲘门和梅陇三镇交汇处的羊蹄岭上，惠东高潭古道段位于惠东县高潭镇。古道开凿于汉代，清代设防驻兵，建东西关及总关，至今已有两千多年历史，是古代闽粤官道要冲。
梅州大埔三河坝—潮州饶平麒麟岭古道 贯穿梅州、潮州市7个镇，起于梅县松口镇火船码头，途经大埔、饶平县，最终到达饶平上饶镇茂芝会议旧址。沿线有松口古镇、三河古镇、湖寮镇、百侯镇、枫朗镇和西岩村等古村镇，红色驿道遗址有三河镇的三河坝战役纪念园、百侯镇的朱德临时指挥部旧址、枫朗镇大埔角村的南方工委旧址、天成商号和茂芝会议旧址。其中西合璧的建筑特色，南洋风格的骑楼商业街，为人们呈现了独特的侨乡聚落景观。
梅州兴宁—平远古道 主要分布在梅州市平远县，路线以仁居镇为核心，呈放射状分别向江西寻乌方向、福建武平方向和梅州蕉岭方向延伸，其中以松溪古道段、邹坊古道段、上仓子古道段等段保存最为完整。
从化古道 南起钱岗古村，北至温泉镇乌石村，曾是广州邮驿、交通、商贸等的重要通道，见证了岭南历史文化的发祥与发展历程，被认为是广州市周边最具历史文化内涵的古驿道。
河源粤赣古道 主要分布于河源市和平、连平、东源县境内，是一条“起于民间，兴于商贸”代代相…间商贸通道。重点线路分南北两段，北段为大湖—热水段，南起大湖镇，北至热水镇；南段为东源段，南起…湖，北至双江镇。
韶关南雄梅关、乌迳古道 梅关古道开凿于唐开元四年，位于南雄市东北部，南起…门，北至梅关楼，是古代官道“京广驿道”中唯一的陆路。乌迳古道的开通早于梅关古道，其从南雄市区溯昌水河而…陆路达江西省信丰县，再经水路可远至闽南、江南或中原，是历史上粤盐赣粮及其他商品流通的主要通道。
清远连州秦汉古道 为连州市古道东翼，古道从连州市大路边镇顺头岭南天门村开始向山下蜿蜒延…逶迤在骑田岭上，古道起于秦代，兴于汉代，繁荣于唐宋，一直延续到明清。秦汉古道是沟通中原与岭…早官道之一，更是海上丝绸之路与陆路的交汇点，极具历史研究价值。
清远连州丰阳—东陂古道 分东西两翼，东翼为秦汉古道，西翼为连州茶盐古道。连州茶盐古道南…穿连州市丰阳、东陂两镇。古道因茶盐贸易兴起，是明清时期湖南与广东进行商贸往来的必经之路。
西京古道 主要位于韶关市乳源瑶族自治县和乐昌市境内，开凿于东汉，是当地或岭南北上西京（长…必经之道。古道南起乳源洲街古道、北至乐昌梅花镇鸭鸪塘古道。是广东文物保护单位，并入选“2018年…大古道”。
珠海中山岐澳古道 岐澳古道跨越珠海、中山两市，修筑于明清年间，整体呈南北走势，被誉为“中…丝绸之路”和“香山近代的茶马古道”。岐澳古道可以说是在香山古道群英故里文化遗产线路中最有名的…
罗浮山古道
惠州罗浮山古道
汕尾海丰羊蹄岭—惠州惠东高潭古道（惠东段）
惠东古道
汕尾海丰羊蹄岭—惠州惠东高潭古道（海丰段）
海丰—惠东交界
羊蹄岭古道
南山岭古道
梅州大埔三河坝—潮州饶平麒麟岭古道（饶平段）
梅州大埔三河坝—潮州饶平麒麟岭古道（大埔段）
梅州兴宁—平远古道（平远段）

南粤古驿道重点线路名称		惠州罗浮山古道	高潭古道（惠东段）汕尾海丰羊蹄岭－惠州惠东	高潭古道（海丰段）汕尾海丰羊蹄岭－惠州惠东	麒麟岭古道（饶平段）梅州大埔三河坝－潮州饶平	麒麟岭古道（大埔段）梅州大埔三河坝－潮州饶平	梅州兴宁－平远古道（平远段）	梅州兴宁－平远古道（兴宁段）	从化古道	河源粤赣古道（大湖－热水段）	河源粤赣古道（东源段）	韶关南雄梅关－乌迳古道	清远连州丰阳－东陂古道	清远连州秦汉古道	西京古道（乳源段）	西京古道（乐昌段）	珠海中山岐澳古道	（韩江古水道）南粤『起航之旅』
长度（千米）	总长度	18.86	15.16	92.8	23	50.6	184.39	50.2	44.5	51.29	37.39	72.76	29	24.1	58.6	31.23	48.898	150
	本体遗存长度	9.22	5.55	11.4	1	16.7	33.06	1.9	5.6	9.42	2.71	4.45	12	11.4	10.4	8.27	12.198	150
遗存年代		明清	明清	明清	明清	明清	明清	明清	明清	南宋、清	清	唐	唐宋－明清	秦汉－清	秦汉	秦汉	明清	民国
关楼、驿站、茶亭遗址（处）		0	0	7	2	4	18	3	1	3	0	4	9	10	12	7	1	0
古桥、码头、碑刻等遗址（处）		2	0	9	4	8	20	2	1	4	5	16	5	6	17	4	9	2
历史建筑（个）		0	0	3	2	23	30	7	8	11	2	25	3	1	2	9	30	10
自然资源节点（处）		9	1	8	22	3	12	8	5	2	2	12	10	5	10	1	19	4
沿线省定贫困村（个）		0	0	18	2	7	15	7	0	3	1	13	13	18	0	0	0	26
特色村（古村、美丽乡村、传统村落等）（个）		2	5	9	1	12	11	3	4	5	1	8	20	6	5	1	11	3

驿道三师

关键词

南粤古驿道

南粤古驿道是广东境内古代进行文书传递、运输物资、人员往来的通路，包括水路和陆路，官道和民间古道。

据不完全统计，广东现存古道本体共计233条，现存古驿道本体长710.44公里，其中，秦汉时期古道遗存共32条，总长139.94公里；隋唐时期古道遗存共7条，总长30.204公里；宋元时期古道遗存共7条，总长5.329公里；明清时期古道遗存共187条，总长534.967公里。古驿道沿线现存古道本体、古亭、古桥、古关、指路石、古码头、碑刻、标语、古遗址、古建筑基址、古墓葬、古村落等文物古迹共906处。

2017年选取了汕头樟林古港、台山海口埠、广州从化钱岗古驿道等8处示范段开展修复利用工作，并以8处示范段为具体抓手，扎实推进了共300公里的古驿道保护、修复及利用工作，完善古驿道周边基础设施建设，并将古驿道保护、利用与精准扶贫、农村人居环境改善、农村危房改造、农村垃圾污水治理、畜禽污染治理、乱搭乱建整治等工作结合起来，加快了广东农村人居环境综合整治的进程，让乡村“留得住乡愁”，让村民感受到幸福。如汕头市澄海区完成樟林古港的清淤整治和垃圾清运工作，启动了古港河两侧截污管网工程，持续推进古港周边环境美化，一改往日河道两边垃圾成堆、杂草丛生的景象，得到了村民的点赞。

2018年选取了西京古道、南雄梅关—乌迳古道、粤赣古道、三河坝—麒麟岭古道、兴宁—平远古道、羊蹄岭—高潭古道、岐澳古道、钱岗古道、秦汉古道、丰阳—东陂古道等11条重点线路，全长共780多公里，综合施策进行遗存修复、设施配套、活化利用、宣传推广等工作。

南粤古驿道是跨越时空的大型线性文化遗产，保存了各个历史时期的文物古迹和非物质文化遗产，承载着南粤大地上各个历史时期深厚的文化底蕴，体现了南粤文化独树一帜、独领风骚的地域性，相互交流、融合发展的多元性， 求同存异、兼收并蓄的包容性，它不但属于今天，更属于未来。因此，将之真实、完整地保护、传承下去，是全社会共同的职责。“三师”专业志愿者呼吁全社会特别是青少年们凝聚共识、倍加珍惜，积极参与到南粤古驿道的保护、利用行动中来，推动南粤古驿道展现出时代风采和永久魅力，让南粤古驿道重新复活，让子子孙孙永远保护和利用！

South China Historical Trail

South China Historical Trail is the ancient passageway used to convey documents, transport goods and conduct personnel exchanges in Guangdong, including waterways and landways, official roads and folk ancient roads.

According to incomplete statistics, there are 233 existing ancient roads in Guangdong. The total length of the existing ancient roads is

古驿道边的古桥（广东省自然资源厅供图）

710.44 kilometers, and 32 ancient roads remained of Qin and Han Dynasties, totaling 139.94 kilometers, 7 ancient roads of Sui and Tang Dynasties, totaling 30.204 kilometers, 7 ancient roads of Song and Yuan Dynasties, totaling 5.329 kilometers, 187 Historical Trails of Ming and Qing Dynasties, totaling 534.967 kilometers. There are 906 cultural relics and monuments along historical trails, including main parts, pavilions, bridges, ancient gates, guiding stones, ancient wharfs, stele inscriptions, slogans, ancient sites, ancient building foundations, ancient tombs and ancient villages.

In 2017, eight demonstration sections, such as Zhanglin Ancient Port in Shantou, Haikou Port in Taishan and Conghua Qiangang Historical Trail in Guangzhou, were selected for restoration and utilization to cater for taking solid steps to promote the work of protection, restoration and utilization of 300 kilometers of historical trail and improve the infrastructure construction around historical trail. In addition, we should combine the protection and utilization of historical trail with precise poverty alleviation, improvement of rural human settlements environment, reconstruction of dangerous houses in rural areas, treatment of waste water in rural areas, livestock and poultry pollution, and chaotic construction and other projects to accelerate the process of comprehensive renovation of rural human settlements in Guangdong so that the rural areas can "retain homesickness" and the villagers may feel happy. For example, Chenghai District in Shantou has completed the silt removal and garbage removal of Zhanglin Ancient Port, initiated the sewage interception pipeline network project on both sides of the ancient port, and continuously promoted the environmental beautification around ancient port. At present, the scene of both sides of the river filled with rubbish piles and weeds growing around has disappeared, which has been praised by the villagers.

In 2018, eleven key routes were selected to promote the restoration, infrastructure construction, activation and utilization, publicity and promotion of South China Historical Trail, including Xijing Historical Trail, Nanxiong Meiguan-Wujing Historical Trail, Guangdong-Jiangxi

清远连州秦汉古道一白牛桥（广东省自然资源厅供图）

Historical Trail, Sanheba-Qilin Ling Historical Trail, Xingning-Pingyuan Historical Trail, Yangtiling-Gaotan Historical Trail, Qi'ao Historical Trail, Qiangang Historical Trail, Qinhan Historical Trail, Fengyang-Dongbei Historical Trail, totaling more than 780 kilometers.

South China Historical Trail is a large linear cultural heritage spanning time and space, preserving cultural relics and monuments and intangible cultural heritage of various historical periods, carrying profound cultural connotations of each historical era on the land of South Guangdong, which embodies the unique and leading regional characteristic of Guangdong culture, the diversity of mutual exchange and integration development and the inclusiveness of seeking common ground while reserving differences and incorporating both sides. It belongs not only to today but also to the future. Therefore, it is the common responsibility of the whole society to protect and inherit it truthfully and completely. "San-shi" volunteers appeal to the whole society, especially young people, to gather consensus, cherish it and actively participate in the protection and utilization of them Historical Trail to promote the development of South China, showing its fashion charm and permanent enchantment, and revive the South China Historical Trail and keep them active forever!

“三师”专业志愿者

志愿者被联合国定义为“自愿进行社会公共利益服务而不获取任何利益、金钱、名利的活动者”，具体指在不为任何物质报酬的情况下，能够主动承担社会责任，奉献个人时间和行动的人。根据中国的具体情况，志愿者是这样定义的：“在自身条件许可的情况下，参加相关团体，在不谋求任何物质、金钱及相关利益回报的前提下，在非本职职责范围内，合理运用社会现有的资源，服务于社会公益事业，为帮助有一定需要的人士，开展力所能及的、切合实际的，具一定专业性、技能性、长期性服务活动的人。”

“三师”专业志愿者，顾名思义是由规划师、建筑师和工程师这三个最主要职业群体组成的一类志愿者。随着社会需求和职责范围的扩大，“三师”专业志愿者的规模近年不断扩充，加入的职业群体也延伸到国土、环保、水利、旅游等其他数十个不同专业。与其他志愿者一样，“三师”专业志愿者也是以自愿和义务的形式向社会提供专业服务。

2017年9月6日，广东省“三师”专业志愿者下乡服务三周年纪念活动在清远恒昌村吴光亮故居举行（黄睿民摄）

自2014年9月6日在中山三乡启动以来，“三师”下乡活动取得了很好的成效和广泛的社会影响。2016年12月5日，广东省“三师”专业志愿者委员会正式成立。时至今日，“三师”专业志愿者队伍从第一批34名发展到近千名，这些富有理想、抱负、奉献精神的规划师、建筑师、工程师通过志愿行动，深入广大乡村，利用各种渠道自愿服务乡村，为科学规划建设乡村、改善农村人居环境、保护和传承历史文化、建设美丽宜居家园做出积极贡献。此外，还有很多未注册的专业人士、学生和民间志愿者通过不同方式参与到活动中，为广东乡村建设贡献自己的力量。

发动以规划师、建筑师和工程师为主体的“三师”乡村咨询志愿活动，以双方自愿为前提，组织“三师”专业志愿者与村委会结对进行对点咨询，以推动具有中华传统建筑文化自信的乡村规划与建设。建设美丽乡村，光靠村民自身的努力是远远不够的，也不能简单地把城市规划套用到乡村规划上。“水泥森林”式的城市建筑风格不适合乡村，简陋的、缺乏历史沉淀的民居更载不动那记忆中的、古书里的乡愁。

不同的地方有不同地方的文化特色、建筑特征，不同的建筑风格承载着不同的民俗，讲述着古老而不同的故事。徽派建筑、山西平遥民屋、傣族竹楼、客家围屋、潮州民居的风格固然千差万别，但天人合一的意境却随处可见。文化需要传承，建筑文化也不例外。若无传承，那些散落于乡野的古建筑随时会消失于人们的视线中，而一段历史将就此湮没无闻；若不发扬，以古建筑为根基的中华传统建筑文化则无法立足于现代，传之于后世。发动建筑师、规划师、工程师“三师”下乡，不仅是送知识、送规划，而且是一个双向学习的过程。通过鼓励“三师”下乡，专业人才能够在乡间发现古建筑，并通过研究古建筑的风格与细节特点，提取古建筑上附着的文明范式，从学术研究与实践结合的层面复兴中华传统建筑文化。同时，乡村古建筑的科学保护、规划与建设，也离不开专业人才的参与。

Volunteers of the "San-shi"

Defined by the United Nations, volunteer is an activist who volunteers to serve the social and public interests without gaining any benefits, money or fame. It specifically refers to the person who can take the initiative to undertake social responsibility without gaining remuneration and dedicate his or her time and work without any material remuneration. According to the specific situation of China, volunteers are defined as follows: "Volunteers are the people, who participate in relevant organizations, without seeking any material, monetary and related benefits in return, and within the scope of their non-official duties, rationally adopt the resources available in society to serve social public welfare undertakings and help those in need to carry out practical, professional, skilled and long-term service activities within their ability.

"San-shi" volunteers, as the name suggests, are a group of volunteers composed of planners, architects and engineers, the three most important professional groups. With the expansion of social needs and the growth of responsibilities, this group has been expanding in recent years, and the professional groups have also extended to dozens of other different fields such as land, environmental protection, water conservancy, tourism and so on. The same as other volunteers, the volunteers of the "San-shi" also provide professional services to the society in the form of voluntary and obligation.
The activities of "San-shi" in the countryside have achieved good results and wide social impact, since its start-up in September 6, 2014 in Zhongshan. On December 5, 2016, Guangdong Provincial "San-shi" Professional Volunteer Committee was formally established. At present, the professional volunteer of the "San-shi" has grown from 34 to nearly 1,000. These idealistic, ambitious and dedicated planners, architects and engineers, through voluntary, penetrate into various countryside and volunteer to serve the countryside through various channels, so as to make positive contributions to build the countryside within scientific planning, improve the living environment in the countryside, the protection and inheritance of history and culture and the construction of beautiful and livable homes. In addition, many unregistered professionals, students and non-governmental volunteers have participated in the activities in different ways to contribute their strength to rural construction in Guangdong.
On the premise of both sides' voluntary, launching the "San-shi Rural Consultation Voluntary Activities" with planners, architects and engineers as the main body, and organizing the "San-shi" professional volunteers to pair with village committees for point consultation, can promote the rural planning and construction with the confidence of traditional Chinese architectural culture. It is not enough to rely solely on the efforts of villagers themselves to build a beautiful countryside. In addition, we can't simply apply urban planning to rural planning. The "Concrete Forest" style of urban architecture is not suitable for the countryside. What's more, the humble dwellings and dwellings without historical precipitation can not contain the nostalgia in the memory and the old paper.
Different places have different cultural and architectural characteristics. Different architectural styles bear different folk customs and different stories. Hui style architecture, Shanxi Pingyao houses, Dai bamboo buildings, Hakka enclosures and Chaozhou houses vary in style, but the artistic conception of harmony between man and nature can be seen everywhere. Culture needs to be inherited, so as architectural culture. Without inheritance, those ancient buildings scattered in the

countryside will disappear in people's sight at any time, and a period of history will be obscured; if not carried forward, the traditional Chinese architecture based on ancient architecture can not stand in today and pass on to future generations. Sending "San-shi" -architects, planners and engineers to go to the countryside is not only a process of sending knowledge and planning, but also a process of two-way learning. By encouraging "San-shi" to go to the countryside, professionals can not only discover ancient buildings in the countryside, but also revive traditional Chinese architectural culture from the perspective of combining academic research with practice by studying the style and details of ancient buildings and draw lessons from the civilization paradigm attached to them. At the same time, the scientific protection of ancient architectures and the planning and construction of rural buildings are also inseparable from the participation of professionals.

文创大赛

优秀历史文化遗产的传承、发展与创新是我国历史文化发展的主要内容。2015年以来，广东省结合南粤古驿道，全面推动岭南文化的挖掘与活化利用工作，将古驿道打造为遗产活化的载体。2016年广东韶关市举办了首届南粤古驿道定向越野大赛，成功将“体育 + 文化”和“驿道+文化”的模式引入文化遗产的活化当中，发挥了较大的影响力。

2017年3月，按照省政府关于保护、开发和活化南粤古驿道的工作部署，广东省“三师”专业志愿者委员会正式启动了中国南粤古驿道首届文化创意大赛，致力于将其打造为南粤古驿道文化探索的重要路径。文创大赛是以南粤古驿道为载体，以政府为支撑、大赛为平台、文创为主题、协会为组织、院校为基础、乡村为对象、宣传为导向、转化为目标的文化创意平台。“三师”在建筑、规划设计等专业组织统筹下，将多方创意以跨界设计的方式与作品连接起来。文创大赛借力高校学生和行业精英，激发大众参与的热情，提升南粤古驿道历史文化遗产的活化度

2018年4月29日，中国南粤古驿道第二届文化创意大赛优秀作品在徐闻古港展出（田思劭摄）

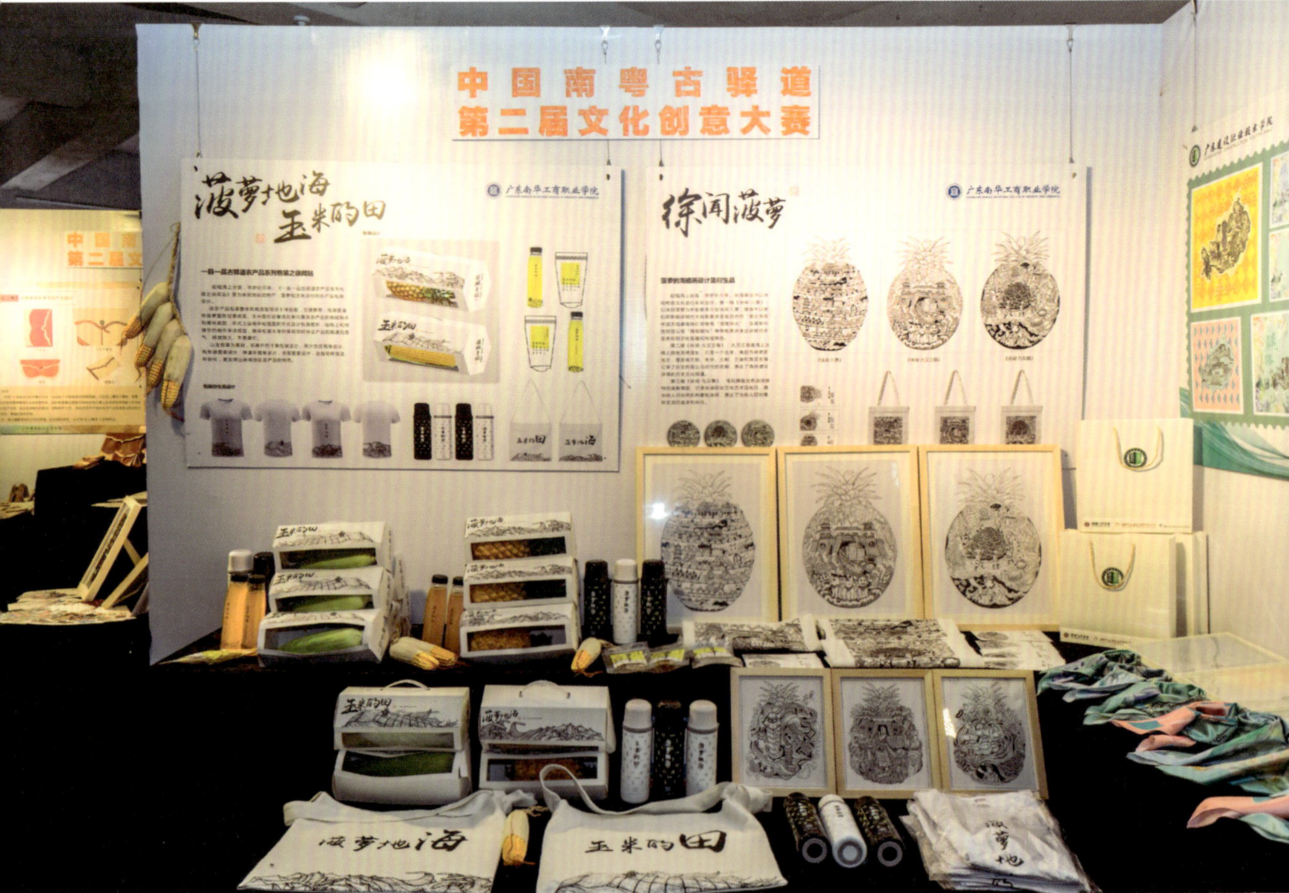

与旅游用户粘连度。首届文创大赛共设6站，分别为江门台山站、韶关仁化站、清远连州站、汕头澄海站、潮州饶平站、广州黄埔站。2017年12月17日，首届文创大赛广州站总决赛暨年度大奖颁奖典礼在广州黄埔古港举行，为首届文创大赛画上圆满句点。

2018年，广东继续依托省“三师”专业志愿者委员会，举办了湛江徐闻、清远连州、中山古鹤村、惠州惠东、梅州平远、肇庆砚洲岛等6站文创大赛，省内有31所高校和机构参加，共收到600多件文创作品。

与以往的赛事及活动相比，文创大赛表现出不同的特点：一是以跨界大设计的理念为指导，依托不同领域的专业知识，聚集多方的创意；二是将文创大赛作为融合城市与乡村的纽带，推动设计向乡村扩展，将创意、文化、情感、实用结合，生产“接地气”的文创产品。广东通过文创大赛这个平台，吸引了全国各地乃至世界各地的更多优秀创意者、创意企业前来体验古驿道景观，分享对古驿道文化的理解。

活动的开展需要面向市场，离不开政府的引领。文创大赛以省文旅厅、自然资源厅、住房和城乡建设厅、教育厅、体育局等单位为主办单位，实现了强有力的组织。“三师”专业志愿者委员会负责组织赛事，统筹各个参赛方和合作方，组织内容包括制定文创大赛实施细则、确定作品类型、提供后勤保障及进行大赛运维等事项。文创大赛通过以政府为主导、协会为高标准、高规格的组织协调，达到了多部门统筹、多专业配合的目标。文创大赛意图把古驿道所蕴含和代表的优秀传统文化留给年轻人、留给未来。

文创大赛通过发现和创作有价值的优秀设计作品并转化为文创产品，整合沿线人文、自然等特色资源，带动沿线乡村发展，实现精准扶贫，极大地提升了“南粤古驿道文化之旅”品牌的知名度和影响力。“三师”在文创大赛的基础上适当外延，在提升大赛品牌附加值上进行多维度、立体化的挖掘与探索。依托文创大赛，“三师”先后于韶关、河源、惠东等地开展义卖活动，所得善款全部用于采购文具，赠送给当地贫困小学。2018年古驿道文创团队向汕头市澄海区东里镇和洲小学的同学们送去文具并开展别开生面的校园活动，印证了“助力乡村教育”的赛事初心。

2019年3月，第三届文创大赛全面铺开。以文创大赛作为开放共融的平台，古驿道文化遗产活化利用的参与面将更广，产品将更丰富。以这样一种方式活化利用，古驿道文化遗产未来将以更加多样的形态进入公众生活，不断吸引更多的人来参与，最终在南粤古驿道上形成一种开放的可持续状态，让更多人享受古驿道上的文化盛宴，感受古驿道上的文化氛围。

Cultural and Creative Contest

The inheritance, development and innovation of excellent historical and cultural heritage are the main contents of the development of Chinese history and culture. Since 2015, Guangdong Province has promoted the excavation, activation and utilization of Lingnan culture in an all-round way in combination with South China Historical Trail, which will be built as a carrier for heritage activation. In 2016, Shaoguan, in Guangdong Province, held the first orienteering cross-country competition of South China Historical Trail, successfully introduced the "sports plus culture" and "historical trail plus culture" model into the activation of cultural heritage, achieving greater influence.

In March 2017, in accordance with the work plan of the provincial government on the protection, development and activation of South China Historical Trail, the Provincial "San-shi" Professional Volunteer Committee officially launched the "Chinese South China Historical Trail's first cultural and creative contest", which is based on building it into an important path for the cultural exploration of South China Historical Trail. The cultural and creative contest is a cultural and creative platform which takes South China Historical Trail as carrier, the government as support, the contest as platform, culture and creativeness as theme, association as organization, university as foundation, village as object, publicity as guidance, and transformation as goal. Under the co-ordination of professional organizations such as architecture, planning and design, the "San-shi" connect multi-creative ideas with works and products in the way of "cross-border design". With the help of universities' students and professional society, the contest activates public participation and promotes the activation of the historical and cultural heritage of South China Historical Trail and the cohesion of tourist users. The first cultural and creative contest consists of six stations: Jiangmen Taishan Station, Shaoguan Renhua Station, Qingyuan Lianzhou Station, Shantou Chenghai Station, Chaozhou Raoping Station and Guangzhou Huangpu Station. On December 17, 2017, the final of the first cultural and creative contest and the award ceremony of the annual grand prize were held in Huangpu Ancient Port in Guangzhou, making it a successful conclusion to the first cultural and creative contest.

In 2018, continuously relying on the Provincial "San-shi" Professional Volunteer Committee, Guangdong hold cultural and creative contest in six stations, including Xuwen in Zhanjiang, Lianzhou in Qingyuan, Guhe Village in Zhongshan, Huidong in Huizhou, Pingyuan in Meizhou and Yanzhou Island in Zhaoqing. Thirty-one universities and institutions in the province participated in the contest and more than 600 cultural and creative works were received.

Compared with the previous events and activities, the cultural and creative contest has different characteristics. First, the cultural and creative contest is guided by the concept of cross-border design, relying on the expertise of different fields, gathering creative ideas;

2017年11月18日，中国南粤古驿道首届文化创意大赛优秀作品在汕头澄海展出（黄睿民摄）

second, the cultural and creative contest is a link between the city and the countryside, promoting the expansion of design to the countryside, and combining creativity, culture, emotion and practicability to produce "down-to-earth" cultural and creative products. Through the platform of the cultural and creative contest, more excellent creative colleagues and creative enterprises from all over the country and even around the world will come to Guangdong to experience historical trail landscape and share their understanding of the culture of historical trail.

The activities need to be market-oriented and can not be carried out without the guidance of the government. "The cultural and creative contest" is organized by Provincial Cultural Tourism Department, Natural Resources Department, Housing and Urban-Rural Construction Department, Education Department, Sports Bureau and other departments, which has achieved strong organization. "San-shi" Professional Volunteer Committee is responsible for organizing the competition, coordinating all participants and partners. The organizational content includes formulating the implementation rules, types of works, logistical support and operation and maintenance of the cultural and creative contest. The cultural and creative contest achieves multi-department co-ordination and multi-professional cooperation through high-standard and high-specification organizational coordination of "government-led" and "association-organized". The purpose of the cultural and creative contest is to leave the excellent traditional culture contained and represented by historical trail to the young people and the future.

By discovering and creating valuable excellent design works and transforming them into cultural and creative products, integrating the characteristic resources of Humanities and nature along the line, driving the rural development along the line and achieving precise poverty alleviation, the brand of "South China Historical Trail Tour" has been greatly enhanced in its popularity and influence. On the basis of the cultural and creative contest, "San-shi" should be extended appropriately to explore multi-dimensional and three-dimensional ways to enhance the added value of the competition brand. Relying on the cultural and creative contest, "San-shi" held charity sales in Shaoguan, Heyuan, Huidong and other places successively. All the charity fund they received was used to purchase stationery and presented to local primary schools in poor areas. In 2018, historical trail cultural and creative team sent stationery to students of Hezhou primary school in Dongli Town, Chenghai District in Shantou, and carried out a new campus activity, which confirmed the original intention of "Helping Rural Education".

In March 2019, the third cultural and creative contest was launched in an all-round way. With "the cultural and creative contest" as an open and inclusive platform, the participation in the activation and utilization of cultural heritage will be wider and the products will be richer. In this way, the cultural heritage of historical trail will enter the public life in a more diverse form in the future, and attract more people to participate in it. Finally, an open and sustainable state will be formed on South China Historical Trail, so that more people can enjoy the cultural feast of historical trail and feel the cultural atmosphere.

“三师”下乡

“三师”下乡活动通过发动国内外城乡规划设计、建筑设计、工程管理等类型的专业技术人员和高等院校相关专业的师生参加志愿服务队，引导他们自愿与村镇结对，从传统村落格局规划、特色风貌建筑修缮以及环境改善等方面展开针对性的工作。

正式开展南粤古驿道保护利用工作以来，广东省以“三师”专业志愿者为主体，在2018年成立了历史遗存修缮指导委员会，组织专家对重点线路沿线199处重点历史遗存进行修缮设计，并成立了10个指导组，指导19个县（市、区）开展古驿道本体修复、连接线建设、历史遗存修缮、标识系统安装、配套设施建设及安全隐患整治等6个方面的工作，指导组共开展31次技术指导，派出280人次，对当地423人次进行指导培训，累计步行5700多公里。

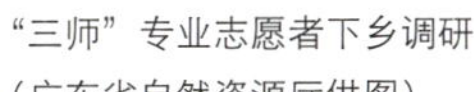

“三师”专业志愿者下乡调研
（广东省自然资源厅供图）

"San-shi" going to the countryside

The activities of "San-shi" going to the countryside lead them to pair with villages and towns voluntarily by mobilizing professional technicians of urban and rural planning and design, architectural design, engineering management at home and abroad, and teachers and students of relevant specialties of colleges and universities to participate in volunteer service teams, and carry out targeted work from aspects of traditional village pattern planning,characteristic buildings renovation and environmental improvement.

Since the protection and utilization of South China Historical Trail was officially carried out, Guangdong Province has set up a provicial level historical relics repair steering committee in 2018 with the "San-shi" volunteers as the principal, in 2018, Guangdong set up a provincial level historical relics repair steering committee, organizing experts to repair and design 199 key historical relics along the key line, and established 10 technical steering groups to guide 19 counties (municipality, district) to carry out six aspects of historical trail body repair, connection line construction, historical relics repair, marking system installation, supporting facilities construction and security hidden danger remediation. The technical guidance group carried out totally 31 technical steering, dispatched 280 people, conducted guidance training for 423 local people, and walked more than 5,700 kilometers.

艺道游学

“艺道游学”活动，是以少儿绘画大赛结合古驿道游学为主线，整合岭南文化资源联动艺术教育，通过参赛选手进行古驿道写生创作的形式，将古驿道文化融合到绘画创作当中，对推动民俗、体育、旅游、生态农业等产业发展，彰显古驿道文化特色，绽放古村落艺术风采，改善农村人居环境和推动公共艺术教育，提升国民文化素养具有积极作用。

作为广东省大型少儿艺术大赛，“艺道游学”目前已逐步覆盖广东全省21个地级以上城市，并配合开展相关活动。“艺道游学”通过持续开展古驿道、古村落游学活动，研发推广古驿道历史文化传承的游学课程，打造赛事与游学相结合的系统活动方式，避免“只旅不学”或“只学不旅”。

2017年8月31日，“艺道游学•中国南粤古驿道首届少儿绘画大赛”在广东省博物馆正式启动，吸引了近2万个家庭的积极参与，收录了近4万幅少儿绘画作品，累积了81万次的百度关键词搜索量，吸引了日均近700人次的浏览量，成效显著，提升了社会各界对南粤古驿道的认同感、自豪感和文化自信。

2017年12月3日，20多组学员家庭在教师的带领下来到素有“江头毓秀，叠滘水乡”之称的佛山市南海区江头村开展爱心徒步及南粤古建筑写生活动。2017年12月17日，“艺道游学•中国南粤古驿道首届少儿绘画大赛”的优秀绘画作品在广州黄埔古港的梁氏宗祠进行公开展览。“艺道游学•中国南粤古驿道少儿绘画大赛”很好地推动了文化游学和

“艺道游学•中国南粤古驿道第二届少儿绘画大赛”全省总决赛现场（广东省自然资源厅供图）

艺道游学•中国南粤古驿道首届少儿绘画大赛颁奖现场（广东省自然资源厅供图）

少儿美术的结合，将艺术、文化、教育、旅游融为一体，对于少儿艺术教育的创新功不可没。

2018年4月16日，艺道游学•中国南粤古驿道第二届少儿绘画大赛新闻发布会顺利召开。第二届少儿绘画大赛特别把赛事站点设置在11条南粤古驿道重点线路沿线，带领少年儿童亲身探索，走上古驿道，体味古驿道的文化内涵。

2018年5月20日，2017—2018年度艺道游学•中国南粤古驿道首届少儿绘画大赛颁奖典礼在广州美术学院大学城校区举行。现场颁发市级奖项2494份、省级奖项198份，涵盖了一等奖、二等奖、三等奖、优秀奖、优秀团体奖、优秀组织机构、优秀指导教师等奖项。

2018年8月12日，“艺道游学”首期课堂主题师训在广东社会科学中心成功开启，并于9月26～27日组织学员前往中山岐澳古道进行实地考察培训，以古驿道文化为背景，利用当地文化元素进行游学课程的设计。2019年2月23～24日，艺道游学•中国南粤古驿道第二届少儿绘画大赛全省总决赛在珠海举行。

"Art Trail Tour"

"Art Trail Tour", integrates Lingnan cultural resources and Lingnan art education with the main line of children's painting contest and art trail tour. It integrates historical trail culture into the painting creation through the form of sketching by contestants, which plays a positive role on promoting the development of industries such as folklore, sports, tourism and ecological agriculture, glowing the cultural characteristics of historical trail, blooming the artistic style of ancient villages, improving the living environment in rural areas, promoting public art education and enhancing the cultural literacy of the people.

As a large-scale children's art contest in Guangdong Province, "Art Trail Tour" has gradually covered more than 21 cities in Guangdong Province and cooperated with related activities. By continuing to launch historical trail and ancient village tourism activities, "Art Trail Tour" develops and promotes the tourism curriculum of the historical and cultural heritage of historical trail, and creates a systematic activity mode combining tournament and tourism, to avoid "travelling only but not learn" or "learning only but not travel".

On August 31, 2017, the first "Art Trail Tour•South China Historical Trail Children's Painting Contest" , was officially launched in the Guangdong Museum. The painting contest attracted the active participation of nearly 20,000 families, collected nearly 40,000 children's paintings, accumulated 810,000 Baidu keyword searches, and attracted a page view of nearly 700 people per day. The painting contest has achieved remarkable results, which has enhanced the sense of identity, pride and cultural confidence of the society on South China Historical Trail.

On December 3, 2017, more than 20 groups of students' families, led by their teachers, went to Jiangtou Village, Nanhai District, Foshan, known as "scenic Jiangtou, a water town of Diejiao" for charitable hiking and sketching about ancient buildings in South Guangdong. On December 17, 2017, the outstanding paintings of "Art Trail Tour•South China Historical Trail Children's Painting Contest" were exhibited in Liang's ancestral temple in Huangpu Ancient Port, Guangzhou. The "Art Trail Tour•South China Historical Trail Children's Painting Contest" promotes the combination of cultural tourism and children's art, and integrates art, culture, education and tourism, which contributes greatly to the innovation of children's art education.

On April 16, 2018, the press conference of "the Second Art Trail Tour• South China Historical Trail Children's Painting Contest" was held successfully, which set the contest site along 11 key routes of the South China Historical Trail where children can explore historical trail and appreciate the cultural connotation of it.

跨界大设计

跨界大设计是“三师”在举办文创大赛过程中实践和总结出来的一种创新思维模式。文创大赛创办后，面对文化遗产的活化利用程度亟需提升的问题，“三师”决定以“跨界、大设计、美观、实用”为理念，进行多部门统筹、多专业融合、多元化产品的跨界大设计探索。在过去，文化遗产活化领域存在着参与者单一、产品缺乏文化内涵及力量分散、传统文化与大众生活脱节等不足，导致传统文化刻板、传统文化价值不高、村民文化自信不足等问题。因此，“三师”尝试聚合多方资源，发掘跨界的优势，为传统文化的发掘和利用拓宽视野。文创大赛是以南粤古驿道为载体，以目标导向、问题导向的思路，将建筑小品设计、平面设计、工业设计、视觉传达、服装设计、首饰设计、文学、音乐、传媒等创意以跨界设计的方式，实现文化内涵的应用与创意的融合，让南粤古驿道文化走进大众生活。

跨界，原意是指2个或多个不同领域、不同行业、不同专业的合作，现在它更多代表着资源的整合和方式的融合，有利于创新、提升应用性和可实施性。 跨界大设计呈现了多专业的合作、创造性与创新性的产出和多层次的参与三大方面的特征，并产生了积极的效应。

2018年6月16日，中国南粤古驿道第二届文化创意大赛优秀作品在连州丰阳古村展出（田思劭摄）

2017年5月24日，中国南粤古驿道首届文化创意大赛优秀作品在台山海口埠展出（田思劭摄）

文创大赛的创办，极大地丰富了南粤古驿道文化遗产的活化利用。为实现传统文化与大众生活融合的可持续发展，“三师”专业志愿者在已有成效的基础上，继续利用跨界大设计思维，通过更多样的专业融合、更多元的活动类型、更广泛的社会参与、更成熟的运作模式，推动文创大赛取得进一步的发展。譬如在专业融合方面，在原有的建筑规划、平面设计等5个专业的基础上，加入了服装设计、首饰设计、视觉传递、少儿教育等多个专业，扩大了文创大赛的涉及面以及产品的创作面。

Cross-border Design

Cross-border design is an innovative thinking mode, summarized by the "San-shi" after practicing in the process of holding the cultural and creative contest. After the founding of the cultural and creative contest, facing the urgent need to improve the activation and utilization of cultural heritage, we decided to explore the Cross-border design of multi-department, multi-professional integration and diversified products based on the concept of "Cross-Border, Big Design, Beautiful and Practical". In the past, there were some shortcomings in the field of cultural heritage activation, such as single participants, lacking of cultural connotation and decentralization of products, disconnection between traditional culture and public life, which led to stereotypes of traditional culture, low value of traditional culture, and insufficient cultural self-confidence of villagers. Therefore, the “San-shi” aggregate multiple resources, explore cross-border advantages, and broaden the horizon for the excavation and utilization of traditional culture. Cultural and creative contest taking South China Historical Trail as the carrier, with the idea of goal-oriented and problem-oriented, integrates the creativity of architectural sketch design, graphic design, industrial design, visual communication, clothing, jewelry, literature, music and media in the way of "cross-border" design, so as to realize the integration of the application of cultural connotation and creativity and make the culture of South China Historical Trail enter the public life.

Cross-border, originally referred to the cooperation of two or more different fields, different industries and different professions. Now it more represents the integration of resources and ways, which is conducive to innovation, application and implementation. Cross-border design presents three characteristics: multi-professional cooperation, creative and innovative output and multi-level participation, and has produced positive effects.

The establishment of the cultural and creative contest has greatly enriched the activation and utilization of the cultural heritage of South China Historical Trail. In order to achieve the sustainable development of the integration of traditional culture and mass life, the volunteers of the "San-shi" will continue to adopt the cross-border design thinking on the basis of their achievements, and promote the cultural and creative contest to make a further progress through more professional integration, more diverse types of activities, wider social participation and more mature operation mode.For example, in terms of professional integration, on the basis of the original five specialties involved in architectural planning and graphic design, many specialties such as fashion design, jewelry design, visual transmission, children's education and so on were added, which enriched the coverage of the cultural and creative contest and the creation of products.

活化利用

南粤古驿道活化利用是落实习近平总书记关于文化自信和“让陈列在广阔大地上的遗产活起来”等重要指示精神的举措。这项系统工程以挖掘绿道文化内涵和改善农村人居环境为切入点，以古驿道为载体，采用“古驿道+文化”“古驿道+体育”“古驿道+旅游”“古驿道+特色农业”等创新模式，活化利用沿线历史文化遗产，打造多元文化主题线路，带动沿线农村经济社会发展。古驿道活化利用注重挖掘当地传统文化内涵，挖掘历史遗迹和人文故事，修复古驿道、古祠堂、古民居等，并在传统节庆日、墟日举办非遗文化展、摄影展等，让古老村庄焕发更多生命力和灵气，让乡村“留得住乡愁”。

如何让丰富的古驿道资源重新“活”过来，是发展古驿道文化旅游中的难点。尤其是将隐藏在古驿道沿线的历史文化基因与现代化新型产业发展融合起来，应该作为活化的重要举措。古驿道的活化中，需要进行“古”与“新”的融合发展，古驿道活化与创新创意产业结合是对古驿道资源文化进行挖掘开发的主要路径之一。学界曾提出过许多具体的活化路径，包括修复、复原、展示和演绎等方式，如开发古驿道观光游览、古驿道文化体验、古驿道文化表演等旅游产品，提升游客对古驿道

珠海古道旁会同村古建筑群活化成果受到社会广泛关注（谭瑞震摄）

文化的感知度和参与度。同时也可充分利用南粤古驿道的体育、健身延伸功能，借助大型品牌赛事和活动，结合赛事运动场地、运动配套设施等，营造古驿道的体育人文旅游氛围等。

为推进全省现存南粤古驿道的活化利用，在“三师”专业志愿者的大力帮助下，广东曾初步策划出葛洪与中医药文化遗产线路、汤显祖岭南文化遗产线路、香山古道群英故里文化遗产线路、《世界记忆》侨批和银信文化遗产线路等8条古驿道主题文化线路。

2018年全省完成了11条总长780多公里的南粤古驿道重点线路活化利用工作。

中国古迹遗址保护协会对南粤古驿道进行实地考察调研后认为：南粤古驿道真实、可信地反映出自先秦到近代，2000多年来岭南与其他区域间发生政治、经济、文化交流的史实，并可与众多历史文献记载相印证；南粤古驿道保护利用工作，建立在对古驿道价值深刻理解的基础上，高点定位，理念鲜活，以具有创造性的顶层战略设计统领全局，整合各方资源，尤其为遗产促进经济社会可持续发展做出了有益的探索与示范；在工作方式上，有效整合多部门、多层级政府，建立起一套高效实干、责权明晰、统分结合的保护管理机制，为探索符合中国国情的文化遗产保护利用之路做出了具有启发性和借鉴意义的实践；在工作推行过程中，通过大量品牌活动唤醒公众及社区对共同历史的记忆，调动公众广泛参与的热情，实现遗产的社会价值，在省内形成强劲的“古驿道热”“传统文化热”“历史文化热”，真正使遗产“活”了起来，提升文化自觉，坚定文化自信。该项工作是国家遗产线路实践路径的宝贵探索，为区域性、线性等复杂大型遗产的保护利用提供了极具参考价值的方法示范，对保护国家文化遗产、实现国家文化复兴具有突出的示范意义。

Activation and Utilization

The activation and utilization of South China Historical Trail is an important measure to implement General Secretary Xi Jinping's instructions on cultural confidence and "Make the heritage displayed on the vast land alive". This system project takes excavating the cultural connotation of the greenway and improving the living environment of the countryside as the breakthrough point, taking historical trail as the carrier, adopting innovative modes, such as "historical trail plus culture", "historical trail plus sports", "historical trail plus tourism", "historical trail plus characteristic agriculture" and so on, activates and utilizes the historical and cultural heritage and builds the multi-cultural themes trail to drive the rural economic and social development along the trail. The activation and utilization of historical trail lays stress on excavating the connotation of local traditional culture, historical relics and human stories, restoring historical trail, ancient ancestral halls and ancient buildings, and holding intangible cultural heritage exhibition

参加中国旅游日（广东省自然资源厅供图）

and photographic exhibitions on traditional festivals and market day, so as to make the old villages more vitality and inspiration and make the countryside "retain nostalgia".

How to revitalize the abundant resources of historical trail is a difficulty in the development of cultural tourism of historical trail. In particular, intergrating the historical and cultural genes hidden along historical trail with the development of modern new industries, should be taken as an important measure of activation. In the activation of historical trail, the integration of "old" and "new" is needed. The combination of the activation of historical trail and innovative creative industries is one of the main ways to excavate and develop the resources and culture of historical trail. Many specific activation paths have been proposed, including restoration, recovery, exhibition and deduction, such as the development of tourism products about sightseeing, cultural experience and cultural performance of historical trail, to enhance tourists' perception and participation in historical trail culture. At the same time, we can make full use of the sports and fitness extension functions of South China Historical Trail, and create the sports humanistic tourism atmosphere of historical trail with the help of large-scale brand events and activities, combined with sports venues and sports facilities.

In order to promote the activation and utilization of the existing South China Historical Trail, with the help of volunteers from the "San-shi", Guangdong has initially planned eight cultural routes with the theme of historical trail, such as Gehong and traditional Chinese medicine cultural heritage routes, Tang Xianzu Lingnan cultural heritage routes, The giants' former home of Xiangshan historical trail cultural heritage routes, the overseas Chinese approvals of *World Memory* and Yinxin cultural heritage routes and so on.

In 2018, the activation and utilization of 11 key routes of South China Historical Trail had been completed, totaling more than 780 kilometers.

After field investigation by the China Association for the Protection of Historical Sites, it is believed that South China Historical Trail truly and credibly reflects the historical facts of political, economic and cultural exchanges between Lingnan and other regions in the past two thousand years from the pre-Qin period to modern times, and can be verified by numerous historical documents. The work of protection and utilization is based on a profound understanding of the value of historical trail, with high-point positioning and fresh ideas, leading the overall situation with creative top-level strategic design, integrating resources of all parties, especially making beneficial exploration and demonstration for heritage to promote sustainable economic and social

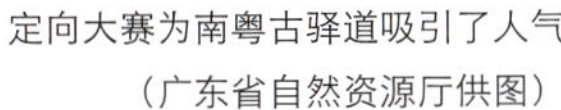

定向大赛为南粤古驿道吸引了人气
（广东省自然资源厅供图）

development. In the way of working, effectively integrating multi-sectoral and multi-level governments, it has established a set of protection and management mechanism with high efficiency and practice, clear responsibilities and powers, and unification and integration, which has made enlightening and referential practice for exploring the way of protection and utilization of cultural heritage with China's national conditions. In the process of work implementation, a large number of brand activities have aroused public and community awareness of common history, mobilizing the enthusiasm of extensive participation, realizing the social value of heritage, forming strong "popular historical trail", "popular traditional culture" and "popular historical culture" in the province, which really makes heritage "alive" and promotes cultural consciousness and strengthens cultural self-confidence. This work is a valuable exploration of practice path providing a valuable method demonstration for the protection and utilization of complex and large-scale heritage such as regional and linear, and has a prominent demonstration significance for the protection of national cultural heritage and the realization of national cultural renaissance.

结对帮扶

为达到以道带村的目的，广东把南粤古驿道保护利用工作与改善农村人居环境、精准扶贫紧密结合，综合施策。

南粤古驿道活化利用工作自2016年开展以来就立足于反哺乡村，以活化利用促进精准扶贫。据统计，古驿道两侧各5公里范围内覆盖省定贫困村数量为1320个，约占全省总数（2277个）的60%。因而，借助南粤古驿道保护利用工作带动沿线贫困村发展是古驿道产业发展的重要职能。为发挥专业技术人员的社会担当精神，“三师”专业志愿者很早就与省定贫困村进行结对帮扶，指导做好村庄建设和规划，为古驿道沿线村庄的特色农产品设计创意包装，推动农产品注册国家地理标志商标，指导改造民宿，开办特色农家乐，做好旅游开发，拓宽村民致富渠道，助力精准扶贫。

目前，“三师”专业志愿者发挥自身专业优势，为广东省古驿道、古村落的保护利用及乡村建设规划出谋划策，积极协助省定扶贫单位开展“省直接扶贫村对接志愿服务”，已成为新农村建设中的一支重要生力

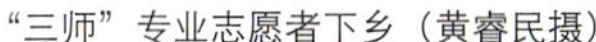

“三师”专业志愿者下乡（黄睿民摄）

台山梅家大院旁的古水道（黄健贤摄）

军。多年来，“三师”专业志愿者队伍逐步壮大，从第一批34名发展至今已有近千名志愿者登记在册，在全省83个镇街成功对接帮扶的省定贫困村超过247个，他们通过深入广大乡村，开展专业技术下乡帮扶活动，利用各种渠道服务乡村，为科学规划建设乡村、改善农村人居环境、保护和传承历史文化、建设美丽宜居家园做出了巨大的贡献。

结对帮扶原本是一项扶贫政策，即党员干部一对一结对子，帮扶城乡困难家庭。具体来说，结对帮扶是以先进带动后进的一种优势群体帮助扶持相对弱势群体的形式和手段，可以是一对一，也可以是多对一，还可以是多对多结对。结对帮扶作为一种帮助的手段，一种形式，一种载体，后来被“三师”下乡活动引进。

2014年9月6日，广东省规划师、建筑师、工程师“三师”专业志愿者下乡服务活动在中山市三乡镇古鹤村启动，第一批来自全省的34名专业的规划师、建筑师、工程师“三师”志愿者下乡开展结对服务。该活动的目的是为促进农村科学发展、加强传统村落保护、提高全省村镇规划建设管理水平提供技术服务。成功结对的志愿者，还会与省定点贫困村扶贫小组代表签订志愿服务承诺书。

按照当时的计划，结对志愿者将重点对受帮扶几类村庄的规划建设进行指导和提供技术服务。这几类村庄为：一是人居环境需要整治的村庄；二是现代农业、工业、旅游等产业发展较快且需统筹规划的村庄；三是建设活动频繁，需要加强管控的村庄，重点是城乡接合部和铁路、高速公路、国道等主要公路沿线的村庄；四是需加强保护的村庄，包括历史文化名村、传统村落等；五是以打造特色景观旅游为重点的村庄；六是近期已安排村庄规划编制、环境整治、传统村落保护发展、危房改造、公共设施建设等实施项目，并已落实规划建设资金的村庄；七是整村搬迁或存在其他规划建设热点、难点的村庄。

随着南粤古驿道保护利用工作的不断推进和粤港澳大湾区文化遗产游径建设的提出，“三师”专业志愿者结对帮扶的工作内容和范围越来越广。南粤古驿道保护利用工作也为沿线广大乡村带来了新的发展动能。南粤古驿道串联起了大片的乡村地区，而通过活用“古驿道+文化”“古驿道+体育”“古驿道+特色农业”“古驿道+旅游”等模式，未来的南粤古驿道不仅能改善沿线农村的基础设施建设，还将促进乡村旅游发展，带动农民增收。

Paired Assistance

In order to achieve the goal of leading the village to prosperity by the South China Historical Trail, Guangdong has integrated the protection and utilization of South China Historical Trail with the improvement of rural living environment and precise poverty alleviation, and takes a holistic approach.

Since its inception in 2016, the work of activating and utilizing South China Historical Trail has been based on feeding back the villages in order to promote precise poverty alleviation by means of activation and utilization. According to statistics, the number of poverty-stricken villages covered by five kilometers on both sides of historical trail is 1,320, accounting for about 60% of the total number in the province (2,277). Therefore, it is an important function for the development of historical trail industry to promote the development of poverty-stricken villages along the line by means of the protection and utilization of South China Historical Trail. In order to give full play to the social responsibility of professional and technical personnel, volunteers from the "San-shi" have been pairing up with poverty-stricken villages in the provincial level for a long time to guide the construction and planning of villages. They are responsible for designing innovative packaging for special agricultural products for villages along historical trail, promoting the registration of national geographical indications and trademarks for agricultural products, guiding the transformation of residential quarters, and launching special agritainment, which can broaden the channels for villagers to become rich and help precise poverty alleviation.

At present, the volunteers of "San-shi" give full play to their professional advantages, make plans for the protection and utilization of historical trail, villages and rural construction in Guangdong Province, and actively assist the provincial poverty alleviation units to carry out the "provincial direct poverty alleviation rural docking volunteer service", which has become an important new force in the construction of new countryside. Over the years, the professional volunteer team of the "San-shi" has been growing steadily. From the first group of 34 volunteers, nearly 1,000 volunteers have been registered so far. More than 247 poverty-stricken villages in the province have been successfully assisted in 83 towns and streets. Through going deep into various countrysides, they carry out professional and technical assistance activities in the countryside and make use of various channels to volunteer, which has made tremendous contributions to the scientific planning and construction of the countryside, the improvement of rural human settlements, the protection and inheritance of history and culture, and the construction of beautiful and livable homes.

Paired assistance was originally a poverty alleviation policy, that is, the activities of Party members and cadres pairing one to one to help urban and rural poor families. Specifically speaking, paired assistance is a form and means of helping the relatively disadvantaged groups by advancing and leading them. It can be one-to-one, many-to-one, or many-to-many pairs. As a means, a form and a carrier of assistance, paired assistance was introduced into the countryside by the activities of the "San-shi".

On September 6, 2014, Guangdong Province launched the "planner, architect, engineer (abbreviated as "San-shi") professional volunteers service in the countryside" in Guhe Village, Sanxiang of Zhongshan, when the first group of 34 professional volunteers from the whole province paired up to serve in the countryside. The purpose of the activity is to provide technical services for promoting the scientific development of rural areas, strengthening the protection and development of traditional villages, and improving the planning and construction management level of villages and towns in the province. Successful volunteers will also sign a "Volunteer Service Commitment" with representatives of poverty alleviation groups in designated poverty-stricken villages of the province.

According to the plan at that time, paired volunteers in formation will focus on guiding and technical services for planning and construction of several types of villages assisted. Firstly, villages that need to be renovated for human settlements environment; secondly, villages with rapid industrial development and overall planning, including modern agriculture, industry, tourism and other industries; thirdly, villages with frequent construction activities that need to be strengthened management and control, focusing on villages along the urban-rural fringe and major highways such as railways, highways and national highways; fourthly, villages that need to be protected, including famous historical and cultural villages, traditional villages, etc.; fifthly, villages with special landscape tourism as the focus; sixthly, villages that have been arranged for the preparation of village planning, environmental renovation, protection and development of traditional villages, transformation of dangerous houses, construction of public facilities and other recent implementation projects, and villages with planned construction funds have been implemented; seventhly, the whole village relocation or villages with other planning and construction problems of hotspot and difficulty.

With the further development of the protection and utilization of South China Historical Trail and the proposal of the construction of cultural heritage trails in Guangdong-Hong Kong-Macao Greater Bay Area(GBA), the contents and scope of volunteer group assistance of "San-shi" are becoming more and more extensive. The protection and utilization of South China Historical Trail has also brought new development momentum to various countrysides along the trail. South China Historical Trail connects a large number of rural areas. By using the modes of "historical trail plus culture", "historical trail plus sports", "historical trail plus characteristic agriculture", "historical trail plus tourism", the future South China Historical Trail will not only improve the rural infrastructure construction along the trail, but also promote rural tourism and increase farmers' income.

阿卡贝拉

阿卡贝拉即无伴奏合唱，其起源可追溯至中世纪的教会音乐，当时的教会音乐只以人声清唱，并不应用乐器。

2017年9月6日下午，广东省“三师”专业志愿者委员会在清远市英德市黎溪镇恒昌村吴光亮大屋隆重举行了“三师”下乡三周年纪念活动。在三周年纪念活动举行之际，许瑞生副省长发来寄语：“泥泞乡道有你们自驾车到乡村服务的‘胎记’，败落的祖屋有你们的气息。正因如此，城乡相通，祖屋逢春。”表达了对“三师”专业志愿者诚挚的敬意，感谢3年来志愿者们的坚守和付出，期待政府尊重专业志愿者的本质与追求。

时任广东省人民政府副秘书长赵坤，时任广东省住房和城乡建设厅党组书记杨细平，广东省住房和城乡建设厅副厅长郭壮狮，广东省“三师”专业志愿者委员会主任曾宪川，以及来自广东省委农办、共青团广东省委、广东省旅游局、清远市政府等有关单位的领导出席了活动。活动结束后，星海音乐学院合唱指挥家维多利亚博士组织志愿者团队为此次活动献上一曲精彩的无伴奏合唱。志愿者团队以乡村为背景，以田野为舞台，演唱了一首赞美大自然的歌曲《葡萄园夜曲》，完成了一次田野上的阿卡贝拉，也在全省正式拉开了“驿道新声”的帷幕。“服务、奉献、友爱、进步”的专业志愿者精神在南粤大地上薪火相传、持续发展。

此次活动举办地黎溪镇恒昌村松岗围始建于明朝崇祯年间，距今已有近400年的历史。清光绪六年（1880 年）二品官员、抗倭名将吴光亮出资重建了松岗围。村中现在有保留较完好的六座民居围屋，建筑面积 1000多平方米。六座围屋中，吴光亮故居作为主围屋，具有广州西关大屋的风格，座座相通，户户相连。

田边合唱（黄睿民摄）

Acappella

Acappella is unaccompanied chorus. Its origin can be traced back to Medieval Church music. At that time, church music was only played with human voice, and was not accompanied with musical instruments. On the afternoon of September 6th, 2017, the Guangdong Provincial "San-shi" Professional Volunteer Committee held a grand celebration of the third anniversary of the "San-shi" going to the countryside at Wu Guangliang House, Hengchang Village, Yingde Lixi Town, Qingyuan. On the occasion of the anniversary celebrations, vice governor Xu Ruisheng sent a message to the third anniversary of the "Volunteers of the 'San-shi'" activities: "The muddy country road has your birthmarks for driving to the countryside to serve, and the lost ancestral house has your breath. Because of this, the city and the countryside are connected, and the ancestral house comes to life again. " He expresses sincere respect for the the "San-shi" professional volunteers, thanks for their perseverance and dedication over the past three years, and looks forward to the government respecting the nature and pursuit of professional volunteers.

Zhao Kun, former deputy secretary-general of the Provincial People's Government, Yang Xiping, former secretary of the Provincial Housing and Urban-Rural Construction Department, Guo Zhuangshi, deputy director of the Provincial Housing and Urban-Rural Construction Department, and chairman of the Provincial "San-shi" Volunteer Committee Zeng Xianchuan and others attended the event. After the event, Dr. Victoria, the chorus conductor of Xinghai Conservatory of Music, organized a volunteer group to give a wonderful unaccompanied chorus lesson for the event. Taking the countryside as the background and the field as the stage, they sang a song praising nature, *Vineyard*, completed a field Acabella, officially kicked off "new voice of historical trail". The professional volunteer spirit of "service, dedication, friendship and progress" has been handed down and sustained on the land of South Guangdong.

Songgangwei in Hengchang Village, Lixi Town, was founded in the Region of Chongzhen in the Ming Dynasty and has a history of 400 years. In the sixth year of Guangxu in the Qing Dynasty (1880), Wu Guangliang, an official of the late Qing Dynasty and an anti-Japanese official, invested in rebuilding Songgangwei Village, which now retains six residential enclosures with a construction area of more than 1000 square meters. Among the six enclosures, Wu Guangliang's former residence is the main enclosure, which has the style of Xiguan big house in Guangzhou, whose seats are connected and the households are connected.

红色驿道

广东省拥有丰富的红色革命资源。这些资源凝结着党的光荣历史，展现了近代以来广东人民英勇奋斗的壮丽诗篇，是激发爱国热情、振奋民族精神的雄伟乐章，是党带领中国人民不忘初心、继续前进的力量源泉。新时代党和国家事业的发展，迫切需要加强红色革命遗址保护利用，深化红色革命资源价值挖掘、整合与传播。

南粤古驿道保护利用工作自开展以来，在“三师”专业志愿者的建议和推动下，全省各地一直紧密结合红色革命资源，充分发挥红色革命鼓舞精神、凝聚力量的重要作用，力求让南粤古驿道成为承载革命精神的红色驿道。

在进行古驿道重点线路选线时，“三师”专业志愿者便非常注重串联红色革命资源。譬如南雄梅关—乌迳古道是国家确定的全国红色旅游景点之一；梅州兴宁—平远古道是毛泽东同志撰写《寻乌调查》一文的见证地；梅州大埔三河坝—潮州饶平麒麟岭古道留下了“八一”起义军三河坝战役、茂芝会议的革命足迹；汕尾海丰羊蹄岭—惠州惠东高潭古道的重要节点中洞村在东江革命历史上被誉为“红色心脏”，见证了红军发展壮大的历史。

革命后代与领导参观茂芝会议纪念馆
（广东省自然资源厅供图）

在古驿道保护修复的实际工作中，由“三师”专业志愿者组成的专家组亦非常注重指导各地保护红色革命遗址、打造红色节点。具体表现在：坚持修旧如故原则，突出做好红色革命遗址的保护修复工作，结合南粤古驿道标识系统建设，注重融合红色文化元素，完善红色革命遗址的解说类标识标牌。汕尾海丰结合羊蹄岭—高潭古道的保护修复工作，对红宫红场旧址纪念馆进行升级改造，全新打造龙舌埔广场、“奔向海陆丰”景点、丘东平故居等。岐澳古道修缮革命先驱苏兆征、林伟民、杨匏安故居以及陈列馆、雕塑广场等节点。

此外，在古驿道的宣传上，亦非常注重突出红色主题。譬如，开展古驿道旅游线路策划时，梳理各重点线路红色主题，形成了梅州平远的“寻乌调查”红色之旅、惠州高潭的东江红都之旅、东江纵队胜利大营救等红色旅游产品。各地利用建党、建军、中华人民共和国成立和红军长征胜利纪念日等节庆日，结合南粤古驿道广泛开展重温入党誓词、重走红军路等红色活动，古驿道与红色文化的结合深入人心。譬如，整理了《明月当空 繁星隐去——〈明月几时有〉背后，你所不知道的“东江纵队”往事》《梅关古道上的星火革命路》《平远籍红军长征先锋和“千里眼、顺风耳”》《行走驿道：高潭红色之旅，走进“红都东江”》等多篇宣传古驿道的红色故事。

按照“三师”专业志愿者委员会的工作计划，下一步“三师”专业志愿者还要协助有关部门继续深入发掘和讲述好红色故事，通过古驿道重点线路将资源串联起来，使游客接受更多更鲜活的革命历史教育，提升文化自信，同时深入开展古驿道文创活动，组织出版古驿道文化书籍，吸引更多的社会力量关心、支持山区发展。

Red Historical Trail

红色驿道（广东省自然资源厅供图）

Guangdong Province is rich in red revolutionary resources.These resources which condense the glorious history of the party, show the magnificent chapter of the brave struggle of the people of Guangdong since modern times, are the profound nourishment to stimulate patriotism and inspire the national spirit, and the source of strength for the party to lead the Chinese people in remaining their original intention and continuing to move forward. In the new era, the development of the party and the state urgently needs to strengthen the protection and utilization of the red revolution sites, and deepen the excavation, integration and dissemination of the value of the red revolutionary resources.

Since the work of protecting and utilizing South China Historical Trail has been carried out, with the suggestion and promotion of volunteers from the "San-shi", all parts of the province have been closely combined with red cultural resources, giving full play to the important role of red cultural inspiration and cohesion, and striving to make South China Historical Trail become the red road which carry the revolutionary spirit.

When choosing the key routes of historical trail, the volunteers of the "San-shi" paid great attention to connecting the red resources in series. For example, Meiguan-Wujing Ancient Road in Nanxiong is one of the national red tourist attractions; Xingning-Pingyuan Ancient Road in Meizhou is the place where the composition of Comrade Mao Zedong's report *Investigation of Xunwu* was witnessed; and the Ancient Road in Dapu Sanhe ba, Meizhou and Raoping Qilin Ling in Chaozhou left the revolutionary footprints of the "August 1" insurrectionary army's Sanheba Campaign and Maozhi Conference; Zhongdong Village, an important node of Haifeng Yangtiling Shanwei - Huidong Gaotan Ancient Road in Huizhou, is known as the "Red Heart" in the history of the Dongjiang revolution, witnessed the history of the development and growth of the red army.

红色古道标识（广东省自然资源厅供图）

In the practical work of protection and restoration of historical trail, experts organized by volunteers from the "San-shi" also pay great attention to guiding the local protection of red revolutionary sites and building red nodes. Specifically, they adhere to the principle of repairing the old as before, highlight the protection and restoration of the red revolutionary sites, combine with the sign system of South China Historical Trail to construct, pay attention to the integration of red cultural elements, improve the interpretation of the red revolutionary sites. Haifeng in Shanwei, in combination with the protection and restoration of Yangtiling Ancient Road, upgraded and renovated the Red Palace Red Square Memorial Hall to create a new Longshepu Square, scenic spot of "Running to Hailufeng", Qiu Dongping's former residence, etc. They renovate revolutionary pioneer Su Zhaozheng, Lin Weimin, Yang Pao'an's former residence, exhibition hall, sculpture square and other nodes on Qi'ao Ancient Road.

In addition, in the activities and propaganda of historical trail, great attention has been paid to highlighting the red theme. For example, when planning historical trail Tourism routes, they untangle the red themes of key routes, forming red tourism products such as Pingyuan Meizhou's "Red Tour of Xunwu Investigation", Gaotan Huizhou's "Red Capital Tour of Dongjiang" and Dongjiang Column's "Victory Rescue". The combination of South China Historical Trail and red culture is deeply rooted in people's hearts through the use of festivals such as the founding of the party, the founding of the army, the founding of the People's Republic of China and the Victory Day of the Long March of the Red Army. For example, the organization of *Bright Moon When the Stars Disappear – When the Moon Has Behind, the Event You Do Not Know about "Dongjiang column", Meiguan Road of the Spark Revolution, Long March Pioneer of the Red Army in Pingyuan and "Thousand-mile Eye, Downwind Ear", Walking Historical Trail: Gaotan Red Journey, Walking into the "Red Capital Dongjiang"* and so on, tells red stories about historical trail.

According to the work plan of the "San-shi" Professional Volumteer Committee, the volunteers of the "San-shi" should also assist the relevant departments in further exploring and telling good red cultural stories, connecting resources through the key routes of historical trail, providing more and more vivid revolutionary history education for tourists, enhancing cultural self-confidence, and carrying out historical trail cultural and creative activities, organizing the publication of historical trail cultural books to attract more social forces to care about and support the development of the mountainous areas.

古道游

古道游是近年随着广东省大力推进南粤古驿道保护利用工作，在全省各地兴起的一种新的主题旅游形式。作为一种珍贵的大型线性历史文化遗产，南粤古驿道极具旅游开发价值。在广大“三师”专业志愿者的合力推动下，“古驿道+旅游”渐成新热点，“古驿道+乡村旅游”“古驿道+文化旅游”“古驿道+红色旅游”“古驿道+体育旅游”“古驿道+生态旅游”等吸引了越来越多游客，并带动周边农家乐、乡村民宿发展。

古驿道作为开放式的自然、历史文化游径，创造了一种新的旅游模式。主要体现在四个方面：一是体现了知识性与休闲性的结合，使许多孩子和家长在游览中获得历史和自然界的知识；二是以步行游径提供亲近南粤大地自然风光的体验，使游客提升自豪感和增强保护大自然的意识；三是吸引本省游客从到人山人海的外省旅游转向轻松的家乡游，为粤东西北乡村注入发展动力，尤其是在民宿、农产品销售等方面为农民带来实惠，乳源、东源、平远等多地出现民宿爆满的现象；四是古驿道沿线的革命先烈故居红色旅游成为红色旅游的热点，河源阮啸仙烈士故居、海丰丘东平名人故居等红色景区旅游人数大增，成为群众在国庆期间组织家庭旅游的重要选择。

瑶族高台小长鼓舞（广东省自然资源厅供图）

有关部门统计，2018年国庆黄金周期间，纳入统计的16个精华段和3个示范段共接待游客300.4万人次，收入1.06亿元，同比增长16.7%，南粤古驿道创造了一种新的旅游模式，成为广东省国庆假期旅游市场的亮点。当年国庆黄金周期间，饶平古驿道精华段、长南迳古道和秦汉古道等多处古驿道精华段及相关景点首次对外开放，带动体育、文化事业及红色旅游发展。古驿道各条线路精华段、汕头澄海樟林古港、江门台山梅家大院—海口埠、云浮郁南古水道以及沿线A级景区大部分实现不同程度增长。特别是汕头澄海樟林古港，旅游人次及旅游收入实现同比增长6倍以上。

2019年春节期间，南粤古驿道和红色旅游继续备受追捧，游客数量显著增长。仅2月4～7日，韶关两个古驿道景区共接待游客47.52万人次，同比增长5.99%，实现旅游收入10208.42万元，同比增长6.04%。其中，梅关珠玑古道景区接待游客10.87万人次，同比增长14.96%，实现旅游收入2173.96万元，同比增长17.91%；西京古道景区接待游客36.65万人次，同比增长3.59%，实现旅游收入8034.46万元，同比增长3.22%。在河源粤赣古道，大批游客自驾前来进行乡村自助游，参观古驿道古桥、体验客家风情、品尝农家菜色、自摘农家蔬果等。“古驿道+旅游”渐成新宠，带动周边农家乐、乡村民宿发展。据统计，2月4～6日，河源粤赣古道共接待游客7万多人次，实现旅游收入40多万元。云浮郁南古水道春节假日前4天共接待游客约9.9万人次，同比增长65.08%，实现旅游收入约2376.7万元，同比增长58.53%。珠海、河源、中山、清远等地的古驿道景区游客均以观古驿道、自驾游、访亲探友、品农家菜为主。

2019年“五一”期间，南粤古驿道以其独特的历史人文魅力、良好的生态环境再次吸引了大量游客访古探幽，品尝当地乡村美食，助力当地乡村旅游发展。从化区充分挖掘南粤古驿道的人文风情，挖掘“古驿道+旅游”元素，举办豆腐文化节、啤酒节、花田艺术季等旅游节庆活动，吸引粤港澳大湾区的游客集聚。韶关的梅关珠玑古道和西京古道两个古驿道景区共接待游客4.87万人次，同比增长10.37%，实现旅游收入1050.97万元，同比增长14.36%。此外，乡村游、生态游成为游客首选，观景、踏青、赏花、休闲，感受民俗文化、体验劳作乐趣，品农家菜、住民宿成为备受欢迎的假日体验。大数据监测显示，“五一”期间广州市乡村游持续火爆，5月1～3日，从化和增城两区累计接待乡村游游客156.49万人次，其中5月3日接待60.09万人次，达到前3日峰值。

Historical Trail Tour

In recent years, with the vigorous promotion of the protection and utilization of South China Historical Trail, historical trail tour is a new form of theme tourism in all parts of the province. As a precious large-scale linear historical and cultural heritage, South China Historical Trail is of great value for tourism development. Promoted by the volunteers of the "San-shi", the " historical trail plus tour" has gradually become a new hotspot. The "historical trail plus rural tour", "historical trail plus cultural tour", "historical trail plus red tour", "historical trail plus sports tour", "historical trail plus ecological tour" and so on have been chosen by more and more tourists, which drives the development of surrounding pleasure-in-farmhouse and countryside residence.

As an open natural, historical and cultural path, historical trail has created a new tourism mode. It is mainly embodied in three aspects: firstly, it reflects the combination of knowledge and leisure, where many children and parents can acquire knowledge of history and nature during family tours; secondly, it provides experience of getting close to the natural scenery of South Guangdong by walking tours to enhance their sense of pride and protection of nature; thirdly, it attracts provincial tourists choosing relaxed home tours, replacing the tour going to other provinces, full of people, which inject momentum into the villages of eastern, western and northern Guangdong, especially in the aspects of residential accommodation and agricultural products sales, bringing benefits to farmers. As a result, residential accommodation was overcrowded in Ruyuan, Dongyuan and Pingyuan, etc. Fourthly, the red tourism in the former residence of revolutionary martyrs along historical trail has become a hot spot. For example, the number of tourists in red scenic spots such as the former residence of Ruan Xiaoxian, a martyr in Heyuan, the former residence of Qiu Dongping in Haifeng, has increased greatly, which has become an important choice for family tourism during the National Day.

According to statistics from the relevant departments, during the National Day golden week in 2018, sixteen elite sections and three demonstration sections were included in the statistics, which received 3 million and 4 thousand tourists, earning 106 million yuan, an increase of 16.7% over the same period last year. South China Historical Trail created a new tourism mode, becoming the highlight of Guangdong's National Day holiday tourism market. During the National Day golden week, a number of historical trail highlights and related scenic spots were opened to the public for the first time to promote sports, cultural activities and red tourism, such as Raoping historical trail, Changnanjing historical trail and Qin Han Historical Trail Museum. Most of the lines of historical trail, the Zhanglin ancient port in Chenghai, Shantou, Meijia courtyard in Taishan, Jiangmen- Haikou port, Yunan ancient waterway in Yunfu and the A-level scenic spots along the route have increased to varying degrees. Especially Zhanglin ancient port in Chenghai Shantou, the number of tourists and tourism revenue increased more than 6 times over the same period of last year.

During the Spring Festival of 2019, South China Historical Trail and red tourism continued to be popular, and the number of tourists increased significantly. From February 4 to February 7 alone, the two scenic spots of historical trail in Shaoguan received 475,200 visitors, an increase of 5.99% over the same period of last year, with tourism revenue of 102,084,200 yuan, an increase of 6.04% over the same period of last year. Among them, the scenic spots of Zhuji historical trail in Meiguan received 108,700 visitors, an increase of 14.96% over the same period of last year, and tourism revenue of 21,739,600 yuan, an increase of 17.91% over the same period of last year. The scenic spots of Xijing historical trail received 366,500 visitors, an increase of 3.59% over the previous year, and tourism revenue of 80,344,600 yuan, an increase of 3.22% over the previous year. On historical trail of Heyuan, connecting Guangdong and Jiangxi, a large number of tourists drive to the countryside to make self-help tours, watch the ancient bridge of historical trail, experience Hakka customs, taste farm dishes, pick farm vegetables and fruits, etc. Historical trail's "tourism plus" has gradually become a new favorite, driving the development of surrounding pleasure-in-farmhouse, countryside residence. According to statistics, from February 4th to February 6th, Heyuan Historical Trail received more than 70,000 tourists, realizing tourism income of more than 400,000 yuan. Four days before the Spring Festival holiday, Yunan ancient waterway in Yunfu received about 99,000 tourists, up 65.08%

郁南古村民俗文化（彭剑波摄）

钱塘村古宋桥（余献民摄）

year-on-year, and realized a tourism income of about 23767,000 yuan, up 58.53% year-on-year. Historical trail tourists in Zhuhai, Heyuan, Zhongshan and Qingyuan mainly visit historical trail, drive by themselves, visit relatives and friends, and taste farm dishes.

On the May Day of 2019, South China Historical Trail attracted a large number of tourists to visit the ancient times again with its unique historical and humanistic charm and good ecological environment, to taste local rural delicacies, which help the development of local rural tourism. Conghua District fully excavates the humanistic customs of South China Historical Trail, the "tourism plus" elements of the historical trail and holds tofu cultural festival, beer festival, flower field art season and other tourism festivals, attracting tourists from all parts of the Pearl River Delta and Guangdong-Hong Kong-Macao Great Bay Area to gather. The two historical trail scenic spots of Zhuji Historical Trail in Meiguan, Shaoguan and Xijing Historical Trail received a total of 48,700 visitors, an increase of 10.37% over the same period of last year, and the tourism income was 10,509,700 yuan, an increase of 14.36% over the same period of last year. In addition, rural tours and eco-tours become the first choice for tourists. Landscaping, traveling, flower appreciation, leisure, feeling folk culture, experiencing the pleasure of manual labor, and tasting farm dishes and accommodation have become a kind of popular holiday experience. According to big data monitoring, rural tourism in Guangzhou continued to boom during the May Day. From May 1st to 3rd, Conghua and Zengcheng District received 1,564,900 rural tourists, of which 600,900 were received on May 3rd, reaching the peak of the three days.

产业落地

2018年11月29日，广东省“三师”专业志愿者委员会一众大咖齐聚南粤古驿道文化之旅展厅，共同见证古驿道文创作品《八珍娘酒礼盒包装设计》签约仪式，这也标志着南粤古驿道文创作品首次落地，走向市场。

该签约仪式由广东省自然资源厅城乡规划工作组副组长陈别主持，广东省建筑设计研究院党委书记、广东省“三师”专业志愿者委员会主任曾宪川，梅州市八珍娘酒业有限公司董事长韩垂财，广东工业大学艺术设计学院教师黄蓓等嘉宾共同出席。

《八珍娘酒礼盒包装设计》为中国南粤古驿道第二届文化创意大赛（梅州平远站）平面视觉类文创作品。广东工业大学黄蓓老师介绍，参赛团队的设计灵感来源于客家山歌。提取山歌中“娘”的形象，用于瓶身设计，并配以客家草帽形态的瓶盖，形象而贴切。山歌，是地域传统文化的缩影。将歌词描绘的场景通过版画呈现，用于酒盒包装，可以在彰显客家特色的同时助推客家传统文化的传承发展。黄蓓老师强调，通过进行市场调研走访，结合消费者心理，纸盒包装专门设计为带有酒瓶外形的镂空，透过镂空，使产品若隐若现，可激发出消费者强烈的好奇心。

曾宪川认为，作为南粤古驿道文创大赛的承办方，广东省“三师”专业志愿者委员会和广东省建筑设计研究院一直致力于跨界大设计，同时为寻求文化创意的转换落地，使其真正产生商品价值，带来经济效益做了多种尝试。本届大赛伊始，广东省“三师”专业志愿者委员会就分别与广东省广轻控股集团和广州市工艺美术总公司达成战略合作协议，希望共同助力优秀文创产品落地。本次签约是文创大赛的重要节点，标志着古驿道文化创意正式走向市场，接受大众检验，也印证了承办方发扬优秀传统文化、彰显文化自信、支持民营企业发展的初心。

广东省“三师”专业志愿者委员会委员方小聪表示，期待更多企业能够

南粤古驿道文创大赛专项工作小组成员

加入“南粤古驿道阵营”，并开展深度合作。

陈别在总结中感谢诸位和“三师”专业志愿者为南粤古驿道文创大赛所做的工作，要求广东省“三师”专业志愿者委员会继续集中精力做好肇庆站的年度收官之战、年度大奖的评审与颁奖典礼等重点工作。他希望更多学生参与到南粤古驿道文创大赛中来，参与到南粤古驿道保护利用和宣传推广工作中来。同时，他表示要引导学生进一步丰富作品种类，提升作品档次，注重作品的实用价值和市场价值，打磨、孵化出更多优质文创产品，借助市场力量，共同推动更多优秀设计作品知识产权的转化落地，助推乡村振兴，实现精准脱贫。

Industrail landing

On November 29th, 2018, Guangdong Provincial "San-shi" Professional Volunteer Committee gathered in the exhibition hall of South China Historical Trail Culture Tour to witness the signing ceremony of Historical Trail Cultural and Creative Works *Bazhenniang Liquor Gift Box Packaging Design*, which also marked Historical Trail Cultural and Creative Works landed on the market for the first time.

The signing ceremony was presided over by Chen Bie,the Vice-Chairman of the Working Group on Urban and Rural Planning of Guangdong Natural Resources Department. Zeng Xianchuan, secretary of the Party Committee of Guangdong Institute of Architectural Design and Research, and director of the Provincial "San-shi" Professional Volunteer Committee, Han Chuicai, chairman of Meizhou Bazhenniang Liquor Co., Ltd., and Huang Bei, a teacher of Art Design College of Guangdong University of Technology, attended the ceremony.

Bazhenniang Liquor Gift Box Packaging Design is a graphic visual cultural and creative work for the Second Cultural and Creative Contest (Meizhou Pingyuan Station). According to Professor Huang Bei from Guangdong University of Technology, the design inspiration of the team came from Hakka folk songs. The image of "Niang" in folk songs is extracted for bottle body design and matched with the cap of Hakka straw hat, which is vivid and appropriate. Folk songs are the epitome of regional traditional culture. The scenes depicted by the lyrics are presented through prints, which can be used in wine box packaging to highlight Hakka characteristics and promote the inheritance and development of Hakka traditional culture. Huang Bei emphasized that through market research and interview, combining with consumers' minds, carton packaging is specially designed for hollowing out with the shape of wine bottles. Through hollowing out, it can arouse consumers' strong curiosity.

Zeng Xianchuan believed that, as the organizer of Cultural and

Creative Contest, the Proffessional Volunteer Committee of "San-shi" and Guangdong Architectural Design Research Institute have been committed to "cross-border" design. Meanwhile, many attempts have been made to seek the transformation of cultural originality, make it produce real commodity value and bringing economic benefits. At the beginning of this contest, the "San-shi" Professional Volunteer Committee has reached strategic cooperation agreements with Guangdong Province GuangQing Holding Group and Guangzhou Arts and Crafts Corporation respectively, hoping to jointly help the landing of excellent cultural and creative products. The signing of the contract is an important node of the contest, which marks that the cultural and creative creativity of historical trail has officially entered the market and accepted the public test. It also confirms the initiator's intention to carry forward the excellent traditional culture, to show cultural confidence and to support the development of private enterprises.

Fang Xiaocong, the member of the "San-shi", said that he hoped that more enterprises would join the "South China Historical Trail Camp" and develop in-depth cooperation with activities such as the Cultural and Creative Contest and Orientation Competition.

In his summary, Chen Bie thanked all the volunteers of the "San-shi" for their work in the Cultural and Creative Contest, and asked the Provincial "San-shi" Professional Volunteer Committee to continue to concentrate on the key work of the annual closing battle of Zhaoqing Station, the evaluation and award ceremony of the annual Grand Prize. He hoped that more students would participate in the Cultural and Creative Contest. At the same time, we should guide students to further enrich the types of works, upgrade the grade of works, pay attention to the practical value and market value of works, polish and incubate more highquality cultural and creative products, and jointly promote more excellent designs with the help of market forces. The transformation of intellectual property rights will help to revitalize the countryside and realize precise poverty alleviation.

大师小筑

为贯彻落实国家关于结合实施农村人居环境整治三年行动计划和乡村振兴战略，建设好生态宜居的美丽乡村的重要指示精神，在全国政协委员、建筑师、“三师”专业志愿者许瑞生饱含了乡愁和情怀的倡议下，由广东省“三师”专业志愿者和工程勘察设计大师领衔的广东美丽宜居乡村行动——农房改造示范项目于2018年5月20日在茂名信宜启动，成为南粤古驿道助力广东实施乡村振兴战略的又一务实举措。

信宜地处粤西欠发达地区，农房建设相对缺乏设计和指导，外观简陋，和周边环境不协调。在深入当地充分调研的基础上，“三师”专业志愿者和各路大师受邀结合周边环境、地域文化及农房主具体使用需求等，对山背村一间两层高的农房进行设计改造，综合考虑安全、遮阳、排水等功能要求，从立面材料和色彩选择、屋顶檐口改造、门窗阳台装饰、小庭院营造等方面进行优化升级。志愿者们还将工作台、显示器中的设计方案搬到施工现场，撸起袖子，拿起灰刀，攀上脚手架，与当地农房主、工匠和茂名高校、职中的建筑专业师生一起，将大地当图纸、灰刀作笔尺，挂网甩浆，打底罩面，热火朝天地干起来，共绘共建农村美丽宜居小筑，体会着作为劳动者的快乐。

“三师”专业志愿者陈雄认为，建筑设计的力量是有限的，但蕴含的经济、文化、环境价值是无限的，能用有限的设计创造无限的价值，这就是意义所在。农房改造是一个很小的作品，但由多个专家、大师执笔，具有很好的示范效应。

广东美丽宜居乡村行动——农房改造示范项目通过建筑载体彰显地域文化，是特点鲜明的建筑文化创意产品；将当地企业、科研院所和高等院校紧密联系在一起，是产学研相结合的重点项目；将带动茂名乃至粤东西北地区的整体发展，是支持乡村振兴的具体行动。该项目的实施，将整合各种资源，强化各项举措，稳步有序地推进农村人居环境突出问题治理，让农民群众有更多实实在在的获得感、幸福感，为如期实现全面建成小康社会目标打下坚实基础。截至2018年底，广东省“三师”专业志愿者已开展了茂名信宜、清远连州和中山3个农房改造示范项目。

Big Master, Small Building

In order to carry out the important directive spirit of our country on "Building a beautiful ecological and livable countryside by combining the implementation of the three-year plan of action for the improvement of rural human settlements and the strategy of rural revitalization", under the initiative of Xu Ruisheng, member of the CPPCC National Committee, architect and volunteer of the "San-shi", full of nostalgia and sentiment, the "Guangdong Beautiful and Livable Rural Action – Demonstration Project of Agricultural Housing Renovation" led by “San-shi” professional volunteers and engineering survey and design

珠海“大师小筑”效果图。

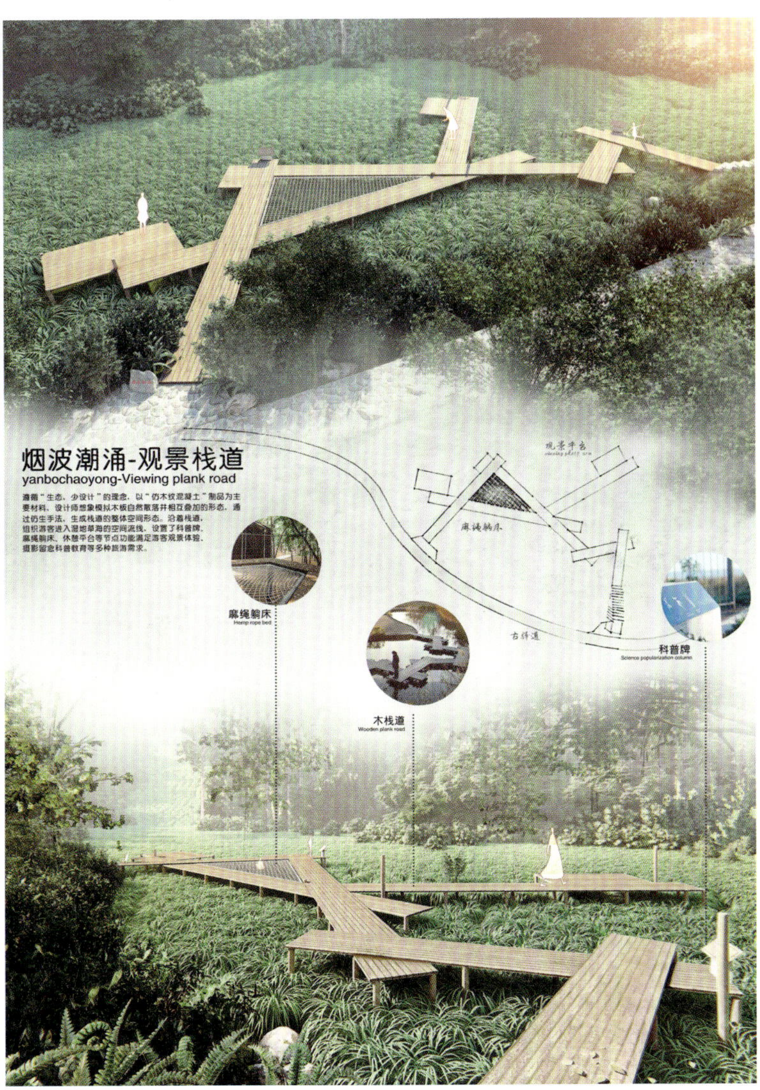

masters was launched in Xinyi, Maoming, on May 20th, 2018,which has become another practical measure for South China Historical Trail to help Guangdong implement the strategy of rural revitalization.

Xinyi is located in the underdeveloped areas of Western Guangdong, whose construction of farm houses is relatively lack of design and guidance and the appearance is simple and uncoordinated with the surrounding environment. On the basis of thorough field investigation, “San-shi” professional volunteers and a wide rage of masters were invited to design and renovate a two-storey farmhouse in Shanbei Village, combining with the surrounding environment, regional culture and the specific use needs of farmers and homeowners, taking into account the requirements of safety, shading and drainage functions, from facade materials and color, roof eaves, doors and windows, balcony decoration, small courtyard construction to optimize and upgrade. The volunteers also adopted the design of the display device to the construction site, rolled up sleeves, picked up grey knives and climbed up scaffolding. Together with local farmers, craftsmen, architectural teachers and students from Maoming universities and vocational schools, the earth acted as drawings, putty knives as pens and rulers, hanging nets and throwing pulp, laying baseplate, they worked in a fiery mood to paint and build beautiful and livable small buildings in the countryside, and to experience and harvest the happiness of design workers.

Chen Xiong, a volunteer of the "San-shi", believes that the power of architectural design is limited, but the economic, cultural and environmental values are infinite. It is the meaning where the infinite value can be created by limited design. The renovation of farmhouse is a very small project, but it is worked by many experts, which has a good demonstration effect.

The demonstration project of beautiful and livable rural farmhouse renovation highlights regional culture through building carrier, which is a creative product of architectural culture with distinct characteristics. Closely linking local enterprises, scientific research institutes and institutions of higher learning, this project is a key for combining industry, education and research. It will drive the overall development of Maoming and even the eastern, western and Northern regions of Guangdong, which is a branch of the project taking concrete actions to revitalize the countryside. The implementation of this project will integrate all kinds of resources, strengthen various measures, steadily and orderly promote the governance of outstanding problems in rural human settlements environment, so that farmers can have more real sense of gain and happiness, and lay a solid foundation for achieving the goal of building a well-off society in an all-round way on schedule.

By the end of 2018, Guangdong professional volunteers "San-shi" have carried out demonstration activities on the renovation of beautiful and livable rural houses in Xinyi, Maoming, Lianzhou, Qingyuan and Zhongshan.

粤港澳大湾区文化遗产游径

2016年以来，广东持续开展南粤古驿道保护利用工作，使沉睡已久的南粤古驿道的价值得到进一步深挖和重塑。2018年，随着粤港澳大湾区的文化和旅游合作日益深化，广东提出推进建设粤港澳大湾区文化遗产游径，追溯粤港澳大湾区文化的“源”。2018年10月23日在澳门举办的世界旅游经济论坛上，广东省副省长许瑞生首倡共建粤港澳大湾区文化遗产游径，并于同年12月在香港国际旅游论坛上进一步提出了这一倡议。2019年1月，这一倡议作为粤港澳大湾区建设的重要组成部分被写入2019年广东省政府工作报告中。同时，粤港澳大湾区文化遗产游径被列为全国文物系统2019年重大工作任务之一。2019年2月21日下午，广东召开粤港澳大湾区文化遗产游径专题工作会议，对粤港澳大湾区文化遗产游径的工作计划进行深入探讨。

建设粤港澳大湾区是中央赋予粤港澳三地的重大战略任务，粤港澳三地山水相连、同宗同源、文化相通、志气相投、南音皆通，极高的价值认同感为沟通交流提供了先天便利。随着港珠澳大桥正式开通，三地的联系和沟通将会变得更加紧密和便捷。根据广东的规划，从2019年开

开展香山古道骑行活动（广东省自然资源厅供图）

始，广东将重点加强粤港澳文化合作，推进粤港澳大湾区文化遗产游径建设，以历史为纽带，充分挖掘利用粤港澳大湾区内的文物古迹、世界文化遗产和非物质文化遗产、古驿道等资源，尤其是广州的文化遗产、珠海和中山的岐澳古道、深圳改革开放的历史遗迹、澳门的世界遗产建筑和历史城区、香港的文物径等，将香港的文物径、澳门的世界遗产建筑和历史城区及广东南粤古驿道等粤港澳三地的历史文化遗产进行有效的串联沟通，形成古道游的新旅游产品，构建一个极富特色和历史底蕴的粤港澳大湾区文化遗产游径系统，共同展示三地的包容性和岭南文化特质。

根据工作安排，2019年广东联合香港和澳门的文化、文物、旅游主管部门，加强日常联系沟通，制定详细的工作计划。将广州设为试点城市，制定游径的构建标准；将孙中山史迹径、海上丝绸之路史迹径作为首批创建游径。地方政府进一步梳理辖区特色文化资源及其保护情况，加强保护修缮工作，提出推荐线路。继续推动古驿道，特别是确定为粤港澳大湾区文化遗产游径的古驿道沿途的文物古迹修缮、博物馆建设、可通达性建设、景区建设。开展文化资源调查、旅游资源调查，实现以线性游径串联景点，传承岭南地区优秀传统文化。打破粤港澳三地的历史文化遗产和古物古迹的空间物理隔离，推动三地互标信息牌，统一路径指示牌，重视标识系统的多元功能，实现三地互为推介。推动三地在各类媒体上宣传粤港澳大湾区文化遗产游径。联合开展粤港澳互通、互借、互展文物古物活动，扩大游径的影响力。

与广东的历史文化同根同源的香港和澳门，同样在历史游径的活化上下功夫。在香港，孙中山史迹径正成为一条热门的文化旅游线路，深受外国游客尤其是欧美游客的喜爱。正是香港和澳门活化历史游径的成熟经验以及与南粤古驿道之间的紧密联系，吸引了广东省政府有关部门的注意，从而推动了粤港澳大湾区文化遗产游径的建设。近年来古驿道的活化利用工作则为游径建设奠定基础与提供经验，广东将利用好南粤古驿道重要的文化内涵和文明遗迹等资源，最大限度地加以整合，促进粤港澳大湾区文化遗产游径建设。

Cultural Heritage Tour in Guangdong-Hong Kong-Macao Greater Bay Area

Since 2016, Guangdong Province has continued to carry out the protection and utilization of South China Historical Trail, which has made the long-sleeping South China Historical Trail further excavated and reconstructed. In 2018, with the deepening of cultural and tourism cooperation of Guangdong-Hong Kong-Macao Greater Bay Area(GBA), Guangdong promoted the construction of cultural heritage tours in Guangdong, Hong Kong and Macao, tracing back to the "source" of culture in GBA. At the World Tourism Economic Forum held in Macao on October 23, 2018, Xu Ruisheng, Vice Governor of the Guangdong Provincial Government, initiated the joint construction of the "Cultural

Heritage Tour in Guangdong-Hong Kong-Macao Greater Bay Area", and further advocated it at the Hong Kong International Tourism Forum in December of the same year. In January 2019, this initiative was included in the work report of Guangdong Provincial Government in 2019 as an important part of the construction of GBA. At the same time, "Cultural Heritage Tour in Guangdong-Hong Kong-Macao Greater Bay Area" has been listed as one of the major tasks of the national cultural relics system in 2019. On the afternoon of February 21, 2019, Guangdong held a special working conference on "Cultural Heritage Tour in Guangdong-Hong Kong-Macao Greater Bay Area" to discuss in depth the work plan of cultural heritage tour in GBA.

The construction of GBA is an important strategic task entrusted by the central government to Guangdong, Hong Kong and Macao. The three places are connected by mountains and rivers, of the same clan, origin, culture, aspiration and spirit, and of the same language, and the high sense of value identity provides congenital convenience for communication and exchange. With the formal opening of the Hong Kong-Zhuhai-Macao Bridge, the contact and communication among the three places will become closer and faster. According to Guangdong's plan, starting in 2019, Guangdong will focus on strengthening cultural cooperation of GBA, promoting the construction of cultural heritage tour, and fully tapping and utilizing cultural relics, world cultural heritage and intangible cultural heritage, historical trail and other resources in GBA, especially, Guangzhou's cultural heritage, Qi'ao Historical Trail in Zhuhai and Zhongshan, historical relics of Shenzhen's reform and opening up, world heritage architecture and historic district in Macao, and cultural relics trail in Hong Kong. Cultural relics trail in Hong Kong, the old city of Macao's world heritage site and South China Historical Trail should be effectively linked in series to form a new tourism product of "historical trail tour" and to build a unique and historical system of "Cultural Heritage Tour Guangdong-Hong Kong-Macao Greater Bay Area", showing the inclusiveness and Lingnan cultural characteristics of the three places.

According to the arrangement, in 2019, Guangdong Province joined the competent departments of culture, cultural relics and tourism in Hong Kong and Macao to strengthen daily communication and formulate detailed work plans. Firstly, Guangzhou was established as a pilot city and standards for the construction of tourist routes were formulated. Secondly, takes Sun Yat-sen's historical track and the track of the Silk Road on the sea as the first batch of tourist routes. Thirdly, the government should untangle the characteristic cultural resources and their protection, strengthen the protection and repair work and put forward the recommended routes. Fourthly, promote historical trail, especially the cultural relics and historic sites renovation, Museum construction, accessibility construction and scenic spot construction along historical trail, which has been designated as the cultural heritage tour of GBA. Fifthly, carry out resources survey and tourism resources survey to achieve a series of linear track scenic spots and inherit the excellent traditional culture of Lingnan region. Sixthly, break the physical isolation of historical sites of and monuments in space, promote the mutual sign information board, unify path indicator board, pay attention to the multiple functions of the marking system, and promote each other in the three places. Seventhly, promote the three places to publicize the cultural heritage tour in GBA in various media, and jointly carry out the exhibition of cultural relics and antiquities in the Interlending and mutual exhibition of Guangdong, Hong Kong and Macao so as to expand the influence of the tour.

Hong Kong and Macao, which share the same roots with Guangdong's history and culture, have also made great efforts to activate the historical track. In Hong Kong, Sun Yat-sen's historic track is becoming a popular cultural tourism route, which takes the fancy of foreign tourists, especially European and American tourists. It is the mature experience of Hong Kong and Macao in revitalizing the historical track and the close connection with South China Historical Trail that attracted the attention of the relevant departments of the Guangdong Provincial Government, thus promoting the construction of the cultural heritage track in Guangdong, Hong Kong and Macao. In recent years, the activation and utilization of historical trail have provided the basis and experience for tourism. Guangdong intends to make good use of the important cultural connotations and cultural relics of South China Historical Trail to integrate them to the maximum extent and promote the construction of cultural heritage track in GBA.

罗浮山古道本体（广东省自然资源厅供图）

后记

不久之前，我前往茂名信宜开展今年的南粤古驿道指导工作，这是我作为“三师”专业志愿者参与指导的第二条古道。面对被历史掩映的衢道，当初和罗竑、方小聪、杜黎宏等一同参与岐澳古道指导工作时的一幕幕都浮现在脑海中。从挖掘初现、树立标识，到完善设施、投入使用，对比今昔，更觉找到了坚持的理由，四百余天中，在古道上的一切付出都顺理成章。

也许是受惑于驿道风光、民俗风情、文化沉淀，也许是有感于我们这些“老同志”的鼓舞，近两年，越来越多的优秀青年专业志愿者加入“三师”这一大家庭。大家集思广益、群策群力，希望共同为古驿道、为乡村做点事。费孝通先生曾说，中国社会是乡土性的，而村落正是中国乡土社区的单位，有赖于泥土的生活使人们像植物一般在一个地方生下了根，从而从容地去熟悉这一环境中的点滴，正如母亲对于她的儿女一般。“三师”正是这样一群有着乡土情结的人们，将修复被风雨剥蚀的沟沟谷谷、村村寨寨视为己任，期许通过自己的点滴付出，还之以最初的本色。

许多人都认为，志愿者自带滤镜与光环，而扎根于此才日渐发觉，他们真正自带的是责任与担当，技能与专长。近千人，400条村，千万里路；风雨、泥泞、崎岖；古道、建筑、音乐、赛事……在广袤的南粤大地上，“三师”将自己的智慧、思想、技能化为古驿道的青瓦黛墙、草木风物、灵气神韵，他们观察着、聆听着、探寻着，感动着、奉献着、收获着，也憧憬着……

这是“三师”与南粤古驿道“结缘”的第一本书，从萌生、筹备到确定、写作，历时10个月之久。这不仅仅是对多年志愿经历的点滴记录、回顾总结，更是以此为契机抒发情感，涤荡心灵，抚躬自问。志愿者们讲故事，也讲责任；谈情怀，更谈担当。他们将情感赋予文字，使文字冠以生机，希望通过此书，将多年来所追求、塑造与期冀的东西传播开来，传承下去。

9月，“三师”将迎来5岁生日，已度过懵懂期的“三师”不断开启着新的篇章，迎接新的挑战。道路蜿蜒，时光流淌，希望通过我们的故事，阡陌古道环丝竹，粤地风物更悠清……

曾宪川
广东省建筑设计研究院党委书记
广东省“三师”专业志愿者委员会主任
2019年7月14日

Epilogue

Not long ago, I went to Xinyi, Maoming to undertake the guiding works this year on South China Historical Trail, which is the second historical trail that I participated in as a professional volunteer of the "San-shi". Looking on the branch trail, which has been hidden by history, the scenes when I visited Qi'ao Historical Trail together with Luo Hong, Fang Xiaocong and Du Lihong, emerged in my minds. Compared with the past and the present, from excavating the initial appearance and setting up the logo to improving the facilities and putting them into use, the reason for persistence has been found. In more than 400 days, all the efforts on the historical trails have been meaningful and reasonable. It is likely attracted by the scenery of historical trails, folk customs and cultural precipitation, or inspired by our "old comrades", over the past 2 years, more and more outstanding young professional volunteers have participated in the big family of "San-shi". They brainstorm with each other and work together to collect their wisdom, hoping to do something for the historical trails and the countryside. Fei Xiaotong, once said that Chinese society is a "native soil" society, and the village is the unit of Chinese native soil society. The life depending on soil makes people grow roots in one place like plants, so that they can get familiar with the environment deliberately, just as mothers cultivate their children. The "San-shi" volunteers are such a group of people with the complex of "native soil", who regard the renovation of valleys and villages that have been eroded by the wind and rain as their own responsibility, expecting to make their own dribs and drabs of efforts to restore the originally natural scenery.

Many people consider that the title of "volunteer" has their own filters and aureoles, but only rooting in the South China Historical Trail can they be gradually found that they really have their own responsibilities, skills and expertise. A thousand people nearly, four hundred villages, tens of millions of miles; storms, mud, rugged; historical trails, buildings, music, competitions and so on, on the vast cand of South Guangdong, the "San-shi" volunteers turn to account their wisdom, thoughts and skills on grey tile and black wall, the vegetation and scenery, and the spiritual charm of South China Historical Trail. They are observing, listening, exploring, moving, dedicating, reaping, and longing...

This is the first book of the "San-shi" volunteers attach to South China Historical Trail, which lasted for 10 months from germination, preparation to determination and writing. The book not only records, reviews and summarizes many years of volunteer experience, but also brings opportunity for volunteers to express their emotions, clean their minds and examine their own conscience. Volunteers tell stories as well as responsibilities; they talk about sentiments, more about duties; they endow sentiments with words, which bring them vitality. They hope to spread and inherit what they have been pursuing, shaping and expecting for several years.

The September of this year will be the fifth anniversary of the "San-shi" . The age of innocence has gone and we are constantly opening new chapters to meet new challenges. The road is winding while time is flowing. I hope that through our story, the scenery of Guangdong, in which crisscross historical trails are surrounded by melody, become more serene and cozy...

Zeng Xianchuan
Secretary of the Party
Committee of Architectural Design and Research Institute Guangdong Province
Director
Guangdong Provincial "San-shi" Professional Volunteer Committee
July 14, 2019